LE SAINT LÉVRIER

Du même auteur

Mort d'une hérésie. L'Eglise et les clercs face aux béguines et aux béghards du Rhin supérieur du XIVe *au* XVe *siècle.* Paris / La Haye / New York, Mouton (Ecole des hautes études en sciences sociales, collection « Civilisations et Sociétés » 56), 1978.

Jean-Claude SCHMITT

LE SAINT LÉVRIER

Guinefort, guérisseur d'enfants
depuis le XIIIe siècle

FLAMMARION

Pour recevoir régulièrement, sans aucun engagement de votre part, l'Actualité Littéraire Flammarion, il vous suffit d'envoyer vos nom et adresse à :

Flammarion, Service ALF, 26, rue Racine, 75278 PARIS Cedex 06.

Pour le CANADA à :

Flammarion Ltée, 163 Est, rue Saint-Paul, Montréal PQ H2Y 1G8.

Vous y trouverez présentées toutes les nouveautés mises en vente chez notre libraire : romans, essais, sciences humaines, documents, mémoires, biographies, aventures vécues, livres d'art, livres pour la jeunesse, ouvrages d'utilité pratique...

I.S.B.N. 2-08-210956-9

Pour Pauline

Ah ! l'heureux temps que celui de ces fables,
Des bons démons, des esprits familiers,
Des farfadets aux mortels secourables !
On écoutait tous ces faits admirables,
Dans son manoir, près d'un large foyer :
Le père et l'oncle, et la mère, et la fille,
Et les voisins, et toute la famille,
Ouvraient l'oreille à Monsieur l'aumônier,
Qui leur faisait des contes de sorcier.
On a banni les démons et les fées ;.
Sous la raison, les grâces étouffées
Livrent nos cœurs à l'insipidité.
Le raisonner tristement s'accrédite :
On court, hélas ! après la vérité :
Ah ! croyez-moi, l'erreur a son mérite !

VOLTAIRE
(cité par F.M. Luzel,
Légendes chrétiennes de basse Bretagne,
Paris, 1881).

INTRODUCTION

L'Eglise médiévale a considérablement accru l'influence du christianisme dans la société, tout en renforçant son caractère de religion du Livre. Ce trait fondamental du christianisme, tel que les clercs de cette époque l'ont défini, explique l'essor d'une culture savante qui puisa largement dans l'héritage antique les moyens de lire, d'interpréter et de diffuser les enseignements de la Bible. Ainsi se développa une culture cléricale, latine et écrite, qui contribua à édifier la puissance de l'Eglise, mais aussi à isoler les clercs dans l'ensemble du corps social.

En effet, tout le peuple chrétien ne jouissait pas de cet accès direct aux Ecritures, et à l'écriture. La culture des laïcs, que les clercs appelaient les « illettrés », c'est-à-dire ceux qui ne savent pas le latin — et bien souvent c'était le cas même dans les couches les plus élevées de la société[1] —, était une culture avant tout orale et de langue « vulgaire ».

Entre ces deux cultures, dont le face à face nous semble avoir été l'un des traits les plus importants de la société féodale, existaient des relations complexes, où l'incompréhension le disputait à l'hostilité ouverte, sans empêcher toutefois des échanges, que les conflits favorisaient parfois.

Ces relations ont subi au cours du temps une évolution dont on commence à mieux connaître la chronologie et les raisons : ainsi le rôle joué de part et d'autre par des groupes en quête de promotion idéologique et sociale — petite aristocratie des chevaliers du côté laïc, nouveaux « intellec-

1. GRUNDMANN, H., *op. cit.*

tuels » au sein de l'Eglise — a certainement permis que se
réalisent au XII⁰ siècle des échanges culturels sans précédent, qui furent souvent compromis par la suite[2].

Mais la tâche qui s'offre aux historiens reste vaste. Ceux-
ci sont loin d'avoir pris l'exacte mesure de tout ce qui
distinguait la culture laïque de la culture cléricale. A l'intérieur de chacune d'elles, il leur faudra reconnaître l'infinie
variété des attitudes culturelles, en fonction de la diversité
des conditions sociales. Ils devront surtout comprendre les
enjeux sociaux représentés par cette opposition culturelle :
quel fut son rôle dans le fonctionnement et les transformations dans la longue durée de la société féodale ?

Nous voudrions tenter de donner un début de réponse à
quelques-unes de ces questions, en partant de l'étude minutieuse d'un document du XIII⁰ siècle, autour duquel ce livre
s'est peu à peu bâti. Ce document, il convient d'abord de
le présenter.

En 1261 mourut au couvent des Prêcheurs de Lyon le
frère dominicain Etienne de Bourbon, qui avait passé dans
cette communauté les dernières années de sa vie à écrire
en latin un traité sur les Sept Dons du Saint-Esprit. Il
mourut sans avoir pu achever son œuvre, que nous connaissons par un manuscrit anonyme du XIII⁰ siècle et plusieurs manuscrits postérieurs. Longtemps ignoré des érudits,
ce traité n'est véritablement connu que depuis un siècle :
en 1877, l'historien A. Lecoy de la Marche en publia de
nombreux extraits, et l'attribua avec la plus grande vrai-
semblance à Etienne de Bourbon.

Commentaire théologique sur les Dons du Saint-Esprit,
ce traité est surtout un recueil d'*exempla,* c'est-à-dire d'his-
toriettes présentées comme authentiques, utilisées par les
prédicateurs dans leurs sermons pour édifier les fidèles et
les conduire dans la voie du salut. L'utilisation d'*exempla*

---

2. Voir à ce sujet les travaux cités de Jacques LE GOFF, récemment
réédités dans un recueil d'articles : *Pour un Autre Moyen Age. Temps,
travail et culture en Occident. 18 essais,* Paris, Gallimard, 1977,
p. 223 et suiv., qui permettent de juger du changement d'attitudes
entre le haut Moyen Age et le XII⁰ siècle. Selon Keith THOMAS (*op.
cit.*), l'écart n'a fait que s'accroître au bas Moyen Age et à l'époque
moderne. Sur cette période, voir avant tout les travaux cités de
Carlo GINZBURG et de Natalie ZEMON DAVIS.

dans la prédication s'est considérablement développée au
cours des XIII° - XIV° siècles. Dès la première moitié du
XIII° siècle, ils furent rassemblés dans dès recueils destinés
à faciliter la tâche des prédicateurs. L'ouvrage d'Etienne de
Bourbon est considéré comme l'un des premiers recueils
d'*exempla*.

Certains des *exempla* d'Etienne de Bourbon ont une
origine livresque : ils sont empruntés à la Bible ou à des
auteurs ecclésiastiques (*Vies des Pères,* Grégoire le Grand...).
D'autres ont été composés à partir de récits recueillis par
Etienne de Bourbon de la bouche d'un témoin digne de
foi lui ayant raconté ce que lui-même avait entendu ou
vu de ses propres yeux. Parfois ce témoignage oral double
une tradition écrite, et cette double transmission passe pour
une garantie d'autant plus forte d'authenticité. Enfin, il est
arrivé fréquemment à Etienne de Bourbon de construire
un *exemplum* à partir de sa propre expérience. C'est un
exemplum de cette sorte que nous présentons et que nous
cherchons à expliquer ici : Etienne de Bourbon y raconte
ce qu'il a découvert et vu dans la Dombes, à une quarantaine de kilomètres au nord de Lyon[3].

3. Le manuscrit utilisé est le plus ancien des manuscrits connus de
l'ouvrage d'Etienne de BOURBON : Bibl. nat., ms. lat. 15 970, ff° 413 va-
414 ra. Nous avons vérifié sur le manuscrit l'exactitude de la
transcription de LECOY de la MARCHE, A. *Anecdotes historiques, op.
cit.,* p. 325-328. Cette vérification n'a entraîné qu'une seule correction, insignifiante. Par ailleurs, nous avons rétabli le titre, qui figure
en marge du manuscrit, au niveau du début de la troisième phrase
et qu'A. Lecoy de la Marche n'avait pas reproduit. Il est vrai que
ce titre n'est peut-être pas d'Etienne de Bourbon lui-même, mais du
scribe qui a copié le manuscrit, ou même d'un utilisateur de ce
manuscrit. Avant Lecoy de la Marche, les dominicains J. QUÉTIF et
J. ECHARD, *op. cit.,* I, p. 193, avaient déjà publié en 1719 la légende
du saint chien Guinefort, d'après le même manuscrit. J.P. MIGNE,
dans son *Encyclopédie théologique, op. cit.,* I, col. 780-782, a ensuite
cité ce texte en 1846. Mais aucune de ces deux publications ne toucha
un public érudit aussi large que l'édition de 1877.

DE ADORATIONE GUINEFORTIS CANIS

Sexto dicendum est de supersticionibus contumelio-sis, quarum quedam sunt contumeliose Deo, quedam proximo. Deo contumeliose sunt supersticiones que divinos honores demonibus attribuunt, vel alicui alteri creature, ut facit idolatria, et ut faciunt misere mulieres sortilege que salutem petunt adorando sambucas vel offerendo eis, contemnendo ecclesias vel sanctorum reliquias, portando ibi pueros suos vel ad formicarios vel ad res alias, ad sanitatem consequendam[1]. Sic fa-ciebant nuper in diocesi Lugdunensi, ubi, cum ego predicarem contra sortilegia et confessiones audirem, multe mulieres confitebantur portasse se pueros suos apud sanctum Guinefortem. Et cum crederem esse sanctum aliquem, inquisivi, et audivi ad ultimum quod esset canis quidam leporarius, occisus per hunc mo-dum. In diocesi Lugdunensi, prope villam monialium que dicitur Noville[2], in terra domini de Vilario[3], fuit quoddam castrum cujus dominus puerum parvulum habebat de uxore sua. Cum autem exivissent dominus et domina a domo et nutrix similiter, dimisso puero solo in cunabulis, serpens maximus intravit domum, tendens ad cunabula pueri ; quod videns leporarius, qui ibi remanserat, eum velociter insequens et persequens sub cunabulo, evertit cunabula, morsibus serpentem invadens, defendentem se et canem similiter morden-tem ; quem ad ultimum canis occidit et a cunabulis pueri longe projecit, relinquens cunabula dicta cruentata, et terram et os suum et caput, serpentis sanguine, stans prope cunabula, male a serpente tractatus. Cum autem intrasset nutrix et hec videret, puerum credens occisum et devoratum a cane, clamavit cum maximo ejulatu ; quod audiens, mater pueri similiter accurrit, idem vidit et credidit, et clamavit similiter. Similiter et miles, adveniens ibi, idem credidit, et, extrahens spatam, canem occidit. Tunc, accedentes ad puerum, invenerunt eum illesum, suaviter dormientem ; inqui-rentes, inveniunt serpentem canis morsibus laceratum et occisum. Veritatem autem facti agnoscentes, et do-lentes de hoc quod sic injuste canem occiderant sibi tam utilem, projecerunt eum in puteum qui erat ante portam castri, et acervum maximum lapidum super eum projecerunt, et arbores juxta plantaverunt in me-

1. Titre en marge.
2. Neuville-les-Dames.
3. Villars-en-Dombes.

moriam facti. Castro autem divina voluntate destructo, et terra in desertum redacta est, ab habitatore relicta. Homines autem rusticani, audientes nobile factum canis, et quomodo innocenter mortuus est pro eo de quo debuit reportare bonum, locum visitaverunt, et canem tanquam martyrem honoraverunt et pro suis infirmitatibus et neccessitatibus rogaverunt, seducti a diabolo et ludificati ibi pluries, ut per hoc homines in errorem adduceret. Maxime autem mulieres que pueros habebant infirmos et morbidos ad locum eos deportabant, et in quodam castro, per leucam ab eo loco propinquo, vetulam accipiebant, que ritum agendi et demonibus offerendi et invocandi eos doceret eas, et ad locum duceret. Ad quem cum venirent, sal et quedam alia offerebant, et panniculos pueri per dumos circumstantes pendebant, et acum in lignis, que super locum creverant, figebant, et puerum nudum per foramen quod erat inter duos truncos[4] duorum lignorum [introducebant], matre existente ex una parte et puerum tenente et proiciente novies vetule que erat ex alia parte, cum invocatione demonum adjurantes faunos, qui erant in silva Rimite, ut[5] puerum, quem eorum dicebant, acciperent morbidum et languidum, et suum, quem secum detulerant, reportarent eis pinguem et grossum, vivum et sanum. Et, hoc facto, accipiebant matricide puerum, et ad pedem arboris super stramina cunabuli nudum puerum ponebant, et duas candelas ad mensuram pollicis in utroque capite, ab igne quem ibi detulerant, succendebant et in trunco superposito infigebant, tamdiu inde recedentes quod essent consumpte et quod nec vagientem puerum possent audire nec videre ; et sic candele candentes plurimos pueros concremabant et occidebant, sicut ibidem de aliquibus reperimus. Quedam etiam retulit mihi quod, dum faunos invocasset et recederet, vidit lupum de silva exeuntem et ad puerum euntem, ad quem, nisi affectu materno miserata prevenisset, lupus vel diabolus in forma ejus eum, ut dicebat, vorasset. Si autem, redeuntes ad puerum, eum invenissent viventem, deportabant ad fluvium cujusdam aque rapide propinque, dicte Chalarone[6], in quo puerum novies immergebant, qui valde dura viscera habebat si evadebat nec tunc vel cito post moreretur. Ad locum autem accessimus, et populum terre convocavimus, et contra dictum pre-

---

4. Ms. *truccos.*
5. Ms. *ubi.*
6. La Chalaronne, affluent de la Saône.

*dicavimus. Canem mortuum fecimus exhumari et lu-
cum succidi, et cum eo ossa dicti canis pariter concre-
mari, et edictum poni a dominis terre de spoliacione
et redempcione eorum qui ad dictum locum pro tali
causa de cetero convenirent.*

Traduction

DE L'ADORATION DU CHIEN GUINEFORT

« Il faut parler en sixième lieu des superstitions
outrageantes, dont certaines sont outrageantes pour
Dieu, et d'autres pour le prochain. Sont outrageantes
pour Dieu les superstitions qui accordent les honneurs
divins aux démons ou à quelque autre créature : c'est
ce que fait l'idolâtrie, et c'est ce que font les misérables femmes jeteuses de sorts, qui demandent le salut
en adorant des sureaux ou en leur faisant des offrandes ; méprisant les églises ou les reliques des saints,
elles portent à ces sureaux, ou à des fourmilières ou
à d'autres objets, leurs enfants, afin que guérison s'en-
suive.

« C'est ce qui se passait récemment dans le diocèse
de Lyon où, comme je prêchais contre les sortilèges
et entendais les confessions, de nombreuses femmes
confessèrent qu'elles avaient porté leurs enfants à saint
Guinefort. Et comme je croyais que c'était quelque
saint, je fis mon enquête et j'entendis pour finir qu'il
s'agissait d'un chien lévrier, qui avait été tué de la
manière suivante.

« Dans le diocèse de Lyon, près du village des
moniales nommé Neuville, sur la terre du sire de
Villars, a existé un château, dont le seigneur avait de
son épouse un petit garçon. Un jour, comme le seigneur et la dame étaient sortis de leur maison et que
la nourrice avait fait de même, laissant seul l'enfant
dans le berceau, un très grand serpent entra dans la
maison et se dirigea vers le berceau de l'enfant. A
cette vue, le lévrier, qui était resté là, poursuivant le
serpent et l'attaquant sous le berceau, renversa le berceau et couvrit de ses morsures le serpent, qui se
défendait et mordait pareillement le chien. Le chien
finit par le tuer, et il le projeta loin du berceau. Il
laissa le berceau et, de même, le sol, sa propre gueule
et sa tête, inondés du sang du serpent. Malmené par
le serpent, il se tenait dressé près du berceau. Lorsque

la nourrice entra, elle crut, à cette vue, que l'enfant
avait été dévoré par le chien et elle poussa un hurle-
ment de douleur très fort. L'entendant, la mère de
l'enfant accourut à son tour, vit et crut les mêmes
choses, et poussa un cri semblable. Pareillement, le
chevalier, arrivant là à son tour, crut la même chose,
et tirant son épée, tua le chien. Alors, s'approchant
de l'enfant, ils le trouvèrent sain et sauf, dormant doucement. Cherchant à comprendre, ils découvrirent le
serpent déchiré et tué par les morsures du chien.
Reconnaissant alors la vérité du fait, et déplorant
d'avoir tué si injustement un chien tellement utile, ils
le jetèrent dans un puits situé devant la porte du
château, jetèrent sur lui une très grande masse de
pierres et plantèrent à côté des arbres en mémoire de
ce fait. Or, le château fut détruit par la volonté divine
et la terre, ramenée à l'état de désert, abandonnée par
l'habitant. Mais, les paysans, entendant parler de la
noble conduite du chien et dire comment il avait été
tué, quoique innocent et pour une chose dont il dut
attendre du bien, visitèrent le lieu, honorèrent le chien
tel un martyr, le prièrent pour leurs infirmités et leurs
besoins, et plusieurs y furent victimes des séductions
et des illusions du diable qui, par ce moyen, poussait
les hommes dans l'erreur. Mais surtout, les femmes qui
avaient des enfants faibles et malades les portaient à
ce lieu. Dans un bourg fortifié distant d'une lieue de
cet endroit, elles allaient chercher une vieille femme
qui leur enseignait la manière rituelle d'agir, de faire
des offrandes aux démons, de les invoquer, et qui les
conduisait en ce lieu. Quand elles y parvenaient, elles
offraient du sel et d'autres choses ; elles pendaient aux
buissons alentour les langes de l'enfant ; elles plantaient
un clou dans les arbres qui avaient poussé en ce lieu ;
elles passaient l'enfant nu entre les troncs de deux
arbres : la mère, qui était d'un côté, tenait l'enfant et
le jetait neuf fois à la vieille femme qui était de l'autre
côté. En invoquant les démons, elles adjuraient les
faunes qui étaient dans la forêt de Rimite de prendre
cet enfant malade et affaibli qui, disaient-elles, était à
eux ; et leur enfant, qu'ils avaient emporté avec eux,
de le leur rendre gras et gros, sain et sauf.

   « Cela fait, ces mères infanticides reprenaient leur
enfant et le posaient nu au pied de l'arbre sur la paille
d'un berceau, et avec le feu qu'elles avaient apporté
là, elles allumaient de part et d'autre de la tête deux
chandelles mesurant un pouce, et elles les fixaient dans

le tronc au-dessus. Puis elles se retiraient jusqu'à ce
que les chandelles fussent consumées, de façon à ne
pas entendre les vagissements de l'enfant et à ne pas
le voir. C'est en se consumant ainsi que les chandelles
brûlèrent entièrement et tuèrent plusieurs enfants, comme nous l'avons appris de plusieurs personnes. Une
femme me rapporta aussi qu'elle venait d'invoquer les
faunes et qu'elle se retirait quand elle vit un loup
sortir de la forêt et s'approcher de l'enfant. Si, l'amour
maternel forçant sa pitié, elle n'était pas revenue vers
lui, le loup, ou, sous sa forme, le diable, comme elle
disait, aurait dévoré l'enfant.

« Lorsque les mères retournaient à leur enfant et
le trouvaient vivant, elles le portaient dans les eaux
rapides d'une rivière proche, appelée la Chalaronne,
où elles le plongeaient neuf fois : s'il s'en sortait et ne
mourait pas sur-le-champ ou juste après, c'est qu'il
avait les viscères bien résistants.

« Nous nous sommes transporté en ce lieu, nous
avons convoqué le peuple de cette terre, et nous avons
prêché contre tout ce qui a été dit. Nous avons fait
exhumer le chien mort et couper le bois sacré, et nous
avons fait brûler celui-ci avec les ossements du chien.
Et j'ai fait prendre par les seigneurs de la terre un
édit prévoyant la saisie et le rachat des biens de ceux
qui afflueraient désormais en ce lieu pour une telle
raison. »

Depuis un siècle à la disposition des érudits, ce document
stupéfiant n'a jusqu'alors jamais été entièrement étudié. Le
grand historien de l'hagiographie du haut Moyen Age,
F. Graus, l'a mentionné dans une note infrapaginale : mais
son livre, en tous points remarquable, repose sur une problématique et des méthodes qui ne permettaient pas sans
doute de faire la part plus belle à ce saint chien. Des
folkloristes surtout l'ont cité : les uns, dont notamment
S. Baring-Gould en Angleterre, P. Saintyves en France, se
sont exclusivement intéressés au récit de la mort du chien,
qu'ils ont rapproché de récits semblables de la littérature
médiévale ou de la littérature populaire plus récente. Leur
point de vue a été partagé par quelques historiens de la
littérature, en particulier Gaston Paris. D'autres folkloristes
ont porté toute leur attention sur le rite de guérison des
enfants, propre à montrer l'ancienneté de pratiques attestées

encore dans les campagnes à l'époque contemporaine. Enfin,
des érudits locaux ont vu dans le texte l'illustration pittoresque du « primitivisme » dont les habitants de la Dombes
ont été longtemps crédités. Rares sont ceux qui ont tenté
de donner de ce document l'interprétation d'ensemble qu'il
mérite[4].

Des réticences d'ordre idéologique à admettre la réalité
d'un tel culte, le positivisme ambiant ou l'isolement des
disciplines expliquent sans doute que ces silences ou cette
vision mutilée du document aient prévalu pendant un siècle.
Mais l'effort d'interprétation d'aujourd'hui n'est pas davantage fortuit.

Notre rencontre avec ce document se fit à la faveur
d'une enquête collective, sur la littérature des *exempla*,
genre narratif auquel appartient ce document[5]. Cette enquête elle-même a sa place dans l'ensemble des recherches
qui fleurissent actuellement sur la « littérature populaire »,
les « traditions orales », la « culture populaire », la « religion populaire »... Notre propos n'est pas présentement de
faire l'examen critique des démarches diverses et souvent
contradictoires que recouvre chacune de ces expressions[6],
ni même de nous situer abstraitement par rapport à elles.
C'est en partant du texte que nous chercherons chemin
faisant à préciser notre démarche et nos méthodes. Il
importe pour l'instant de poser seulement les principales
questions que ce texte éveille en nous, et de dire à quelles
conditions nous pensons pouvoir les résoudre.

Brutalement se pose une première question : celle du
rapport entre une culture écrite, latine, urbaine, cléricale,
garante de l'orthodoxie chrétienne, forte d'un pouvoir spirituel et temporel de contrainte, et productrice de notre
texte, et une autre culture, populaire (au sens sociologique
étroit du terme), orale, vernaculaire, paysanne, laïque, également chrétienne (quoique en un sens différent), mais prise
dans ce texte comme objet de description et de répression.

---

4. Il est juste de reconnaître que ce souci d'interprétation globale
est présent dans les deux articles récents de EDOUARD, V., *op. cit.*
5. Il s'agit d'une enquête du *Centre de recherches historiques* et
d'un séminaire de recherche, à l'Ecole des hautes études en sciences
sociales, consacrés à la littérature des *exempla* du XIIIe au XVe siècle,
et animés par Jacques Le Goff et nous-même. Une des tâches de
cette enquête est précisément l'édition intégrale du traité d'Etienne
de Bourbon.
6. Ce que nous avons fait partiellement dans : SCHMITT, J.-C., *Religion populaire...*, *op. cit.*

Par convention, nous appellerons la première « culture savante » et la seconde « culture folklorique ». Ce dernier adjectif a l'avantage d'éviter les ambiguïtés de « populaire », sans lever il est vrai celles qui s'attachent au mot « folklore ». Mais en parlant de préférence de « culture folklorique », nous montrons bien dans quelle perspective scientifique, anthropologique, nous nous situons, indépendamment des usages communs du mot « folklore ».

Deuxième question, préalable à toutes les autres. Recherche sur des documents du passé : si l'on pense que les croyances et les pratiques que ce texte décrit, et qui sont en effet étonnantes, le sont trop pour « être vraies », qu'Etienne de Bourbon, par exemple, a mal compris ce qui lui a été dit et que jamais des paysans, même en cette époque reculée, n'ont pu vénérer la mémoire d'un chien et le « canoniser[7] », autant arrêter là sa recherche. Si l'on pense au contraire que tout cela a peut-être un sens, que le document doit être pris au sérieux, alors se révèlent d'immenses possibilités de renouvellement de l'histoire du Moyen Age : des formes insoupçonnées de la culture des masses apparaissent, jusqu'alors tenues cachées sous les représentations de la culture de l'Eglise par une historiographie traditionnelle qui, après tout, en est la fille.

Tel est bien notre propos. Mais il n'est pas de renouvellement des problématiques sans un renouvellement des méthodes. Les méthodes traditionnelles, nous l'avons dit, ont été impuissantes à résoudre les problèmes que pose un tel document : l'histoire médiévale traditionnelle est peu familière des faits de tradition orale. L'histoire littéraire est trop attachée aux caractères formels ou esthétiques des récits. L'histoire religieuse est trop portée à considérer la « religion populaire » comme un reflet émoussé, déviant et irrationnel de la religion des élites. Aux folkloristes, de leur côté, a manqué le plus souvent la perspective historique.

Mais un renouvellement des problématiques et des méthodes semble aujourd'hui possible, à la faveur d'une confrontation de l'histoire et de l'anthropologie. Chacune de ces deux disciplines peut tirer profit de cette rencontre. A l'historien, l'ethnologue des « sociétés complexes », et aussi l'anthropologue des sociétés « sans écriture » apportent, outre des informations, des méthodes neuves — celles de l'analyse

---

7. C'est la conclusion à laquelle aboutit V. EDOUARD.

structurale notamment —, une perception plus aiguë des problèmes de structure, des possibilités de comparaison. Mais ces apports, l'historien doit les assimiler en historien, ne négligeant ni les techniques d'analyse qui lui sont plus familières, ni l'exigence de la dimension temporelle (où il reconnaît sa spécificité et que lui empruntent aujourd'hui les autres sciences humaines) essentielle à l'étude des structures sociales et de leurs transformations.

C'est à ces conditions qu'une « anthropologie historique » ou « ethnohistoire » est en train de se constituer. A ces efforts, le présent essai voudrait apporter sa contribution[8].

8. Cette recherche a largement bénéficié des connaissances et des observations amicales d'un grand nombre de personnes. D'un très grand profit m'a été l'érudition de M. P. Cattin, directeur des services d'Archives de l'Ain, de M. J.Y. Ribault, directeur des services d'Archives du Cher, et de M. l'abbé P. Armand qui m'a guidé dans la bibliothèque diocésaine de Bellay. Mme Martinet, bibliothécaire de la ville de Laon, M. P. Gaché, de Châteaurenard, Mme Scart, de Crépy-en-Valois, ont bien voulu répondre à mes questions sur des points précis.

Les discussions que j'ai eues avec de nombreux collègues, souvent dans le cadre de séminaires de recherche où ils m'ont permis de présenter ce travail, m'ont été des plus utiles. C'est pourquoi je tiens à exprimer ma gratitude à MM. Franco Alessio, Jean Batany, Mlles Michelle Bastard, Carla Casagrande, M. Yves Castan, Mme Natalie Davis, MM. Georges Duby, Daniel Fabre, Claude Gaignebet, Bronislaw Geremek, Alain Guerreau, Philippe Joutard, Lester K. Little, Mme Anne Lombard-Jourdan, MM. Marc Soriano, Pierre Toubert et Richard Trexler, Mlle Silvana Vecchio. Je remercie aussi tout particulièrement M. J.M. Pesez et son équipe d'archéologie médiévale, en particulier Mlle Françoise Piponnier et M. J.M. Poisson, pour leur collaboration, qui se poursuit.

Jacques Le Goff sait mieux que personne tout ce que lui doivent ma recherche en général et ce livre en particulier.

Sur place, les informations que m'ont données MM. Lagrange, maire de Châtillon-sur-Chalaronne, Dagallier, maire de Romans, et Durand, maire de Sandrans, ainsi que MMes Chevallon, Goiffon, Pioud, Rognard et de Varax, ainsi que MM. Vacheresse et Vieux, de Châtillon-sur-Chalaronne, furent pour mon enquête orale de la plus haute importance.

Lui-même historien de saint Guinefort, le Dr Victor Edouard, de Châtillon-sur-Chalaronne, est malheureusement décédé en août 1977, avant l'achèvement de ce livre qui lui doit beaucoup et dont il attendait la parution avec intérêt.

J'ai enfin une dette de reconnaissance à l'égard du Centre de recherches historiques de l'Ecole des hautes études en sciences sociales, qui a soutenu matériellement cette recherche, et, dans le même établissement, du laboratoire de Graphique, où ont été dessinés plusieurs plans et tirés plusieurs clichés de ce livre.

PREMIÈRE PARTIE

L'INQUISITEUR

Le texte que, sans plus attendre, nous venons de livrer au lecteur, pour qu'il en soit saisi comme nous l'avons été nous-mêmes en le lisant pour la première fois, est d'un intérêt considérable pour la compréhension de la culture folklorique au XIIIe siècle. De tels documents sont rarissimes pour cette époque.

Pourtant, il serait erroné de le prendre pour un témoignage immédiat sur la culture folklorique. Il est d'abord un document de la culture savante, écrit en latin par un clerc, produit dans une situation de répression brutale du folklore, voué enfin, sous forme d'*exemplum,* à servir ultérieurement d'argument contre les « superstitions ».

CHAPITRE PREMIER

ÉTIENNE DE BOURBON

De l'auteur du traité dont cet *exemplum* est extrait, l'on sait très peu de choses : quelques renseignements peuvent être glanés dans l'ouvrage lui-même, d'autres sont donnés par l'inquisiteur dominicain Bernard Gui, au début du XIVᵉ siècle[1]. Etienne de Bourbon (ce nom indiquant seulement une provenance géographique et non, on s'en doute, l'appartenance à un lignage devenu célèbre depuis lors pour les raisons que l'on sait) serait né à Belleville-sur-Saône, vers 1180. Il a commencé à étudier à l'école cathédrale de Saint-Vincent de Mâcon, où il était *puer*, écolier. Au début du XIIIᵉ siècle, vers 1217, âgé peut-être de vingt-cinq ans, il étudia (*juvenis studiens, scolaris*) dans les écoles parisiennes, dont allait naître peu après, en 1231, l'Université de Paris.

Il se lia aux dominicains dès leur arrivée à Paris, en 1217, et la fondation, l'année suivante, du couvent des Jacobins. En 1223 au plus tard, il entra dans leur ordre, où il put parfaire sa formation théologique.

Cependant, le seul couvent auquel on le voit attaché est celui de Lyon, fondé en 1218. Il s'y trouva dès 1223, de retour dans la région où il était né, et il y mourut en 1261. Mais il ne s'y enferma vraiment qu'à la fin de sa vie, pour rédiger son ouvrage.

Entre-temps, il parcourut en tous sens l'actuelle région

---

1. En dernier lieu : BERLIOZ, J., *op. cit.*, t. I.

Rhône-Alpes, poursuivant même ses chemins en direction de la Bourgogne, la Champagne, le Jura, les Alpes, la région de Valence, l'Auvergne, le Forez, et allant même jusqu'en Roussillon. Au cours de ces voyages, Etienne de Bourbon recueillit des témoignages divers et fit des expériences qui lui fournirent la matière d'un grand nombre de ses *exempla*.

Quand Etienne de Bourbon relate une expérience personnelle, il signale très souvent qu'il l'a vécue en tant que prédicateur : « *Cum ego predicarem...* », « Alors que je prêchais... ». Il apparaît tout de suite qu'il n'était pas un prédicateur habituel, astreint aux limites souvent étroites de la zone de prédication (*praedicatio*) ou des lieux de quête (*termini*) d'un seul couvent. Son activité évoque plutôt celle d'un « prédicateur général ».

Apparus en 1228, les prédicateurs généraux étaient choisis en fonction de leur compétence théologique (ils avaient étudié au moins trois années au lieu d'une seule pour les autres frères) et de leur talent de prédicateur. Ils étaient institués par le chapitre provincial, dont ils faisaient ensuite partie de plein droit[2].

Cependant, Etienne de Bourbon s'en est allé prêcher bien au-delà des limites de la province dominicaine de France, à laquelle appartenait le couvent de Lyon, et il ne se nomme jamais « *predicator generalis* ».

Seul le statut d'inquisiteur, attribué par mandat pontifical, pouvait justifier de tels déplacements, et Etienne de Bourbon le confirme lui-même dans son ouvrage.

L'office d'inquisition dut lui être confié vers 1235, dans le diocèse de Valence, où sévissait l'hérésie vaudoise apparue un demi-siècle plus tôt à Lyon. Etienne de Bourbon fut aussi mêlé au jugement des hérétiques du Mont-Aimé, en Champagne, envoyés au supplice par Robert le Bougre. Il fut l'un des premiers inquisiteurs, trois ans après que le pape Grégoire IX eut confié l'office d'inquisition à l'ordre dominicain. Juridiction spécialisée dans l'examen des cas d'hérésie, cet office avait d'abord été exercé par les évêques. Puis, à la fin du XIIe siècle, il fut repris en main par le siège apostolique, qui délégua ses pouvoirs aux légats pontificaux, qui eurent des succès divers. En 1232 et 1238, le pape le confia aux dominicains puis aux franciscains, en la personne de leurs maîtres généraux. L'inquisition était née.

---

2. Scheeben, H.C., *op. cit.*

A leur tour, les chefs des ordres déléguèrent leurs pouvoirs aux maîtres provinciaux, et ceux-ci à des frères inquisiteurs. Mais ces derniers exerçaient leur office au nom du pape lui-même, « *mandato apostolico* », comme le rappelle Etienne de Bourbon au sujet de son propre cas.

Ses fonctions d'inquisiteur, qui expliquent son extrême mobilité, permettent aussi de comprendre l'intérêt qu'il porte à la campagne et à ses habitants.

Cela tient pourtant du paradoxe : Etienne de Bourbon était membre d'un ordre mendiant, dont la mission prioritaire était l'apostolat en milieu urbain. D'ailleurs, c'est bien à Paris que ce religieux reçut sa formation et c'est au couvent de Lyon qu'il était attaché. Mais poursuivant les hérétiques, il ne cessa d'arpenter les campagnes, de visiter les châteaux isolés, des bourgs et des villages, et, ce faisant, il apprit bien d'autres choses encore...

Ses interlocuteurs privilégiés étaient les curés de campagne, qui l'informaient des travers de leurs ouailles et lui fournissaient ainsi la matière de ses *exempla*. Cela est vrai surtout dans la région Rhône-Alpes, qu'il connaissait bien, et où il était né. Cette région, en particulier sur la rive gauche de la Saône, était peu urbanisée, en comparaison du Midi par exemple. Par suite, les établissements des ordres mendiants, implantés de préférence dans les villes, y étaient rares. Au milieu du XIIIᵉ siècle, les religieux n'étaient installés qu'à Lyon (franciscains et dominicains), à Mâcon (franciscains et dominicains) et à Villefranche (franciscains). Sur la rive gauche, l'ensemble de l'actuel département de l'Ain, qui comprend notamment la Dombes, n'accueillit son premier couvent de mendiants (des Carmes) qu'en 1343[3]. Ce « désert mendiant » obligeait peut-être les frères à compenser par une prédication rurale plus intense le caractère lâche du réseau de leurs couvents. Ils y étaient surtout contraints par le type d'apostolat qu'avaient adopté dans cette région leurs principaux adversaires, les Vaudois, qui parcouraient les villages pour y prêcher[4]. Peut-être est-ce à l'occasion d'une de ses tournées d'inquisiteur dans la Dombes qu'Etienne de Bourbon découvrit le culte étrange de saint Guinefort.

---

3. LE GOFF, J., *Ordres mendiants...*, *op. cit.*
4. LECOY de la MARCHE, A., *Anecdotes historiques...*, *op. cit.*, p. 292.

CHAPITRE II

DES « SUPERSTITIONS »

L'ouvrage d'Etienne de Bourbon aurait dû comprendre sept parties, ordonnées selon les Sept Dons du Saint-Esprit : Dons de Crainte, de Piété, de Science, de Force, de Conseil, d'Intelligence et de Sagesse. La mort le surprit avant qu'il n'ait pu achever la partie consacrée au Don de Conseil, et avant d'avoir entamé les deux dernières parties.

Reposant sur l'enseignement de saint Augustin, la réflexion sur les Dons du Saint-Esprit était au XIIIᵉ siècle au cœur de la théologie scolastique. Deux auteurs proches d'Etienne de Bourbon, qui ont eux aussi appartenu au couvent de Lyon, se sont également penchés sur cette question : Humbert de Romans, qui devint maître général de l'ordre dominicain, écrivit un traité du Don de Crainte (*De Dono Timoris*) en s'inspirant largement de la partie correspondante de l'œuvre d'Etienne de Bourbon, et Guillaume Perraud composa lui aussi un *Traité des Sept Dons du Saint-Esprit*.

Cette réflexion, particulièrement développée chez les théologiens dominicains, trouva son couronnement chez le plus célèbre d'entre eux, saint Thomas d'Aquin († 1274) qui s'efforça de définir les rôles respectifs des vertus, qui font agir le chrétien « *modo humano* », au moyen des qualités humaines, et des Dons, supérieurs aux vertus puisque venus de Dieu, et qui le font agir « *ultra modum humanum* », d'une façon surnaturelle[1].

1. Saint Thomas d'AQUIN, *In II. Sent.* d. 34, q. 1.

Etienne de Bourbon n'a pas connu l'enseignement de
Thomas d'Aquin, qui était son exact contemporain. Chez
lui, la réflexion théologique est poussée moins loin. Son
but était d'ailleurs différent : adoptant le point de vue de
la pastorale plus que de la spéculation, il chercha surtout
à montrer, à l'aide d'*exempla* concrets, quelles dispositions
morales procèdent de chaque Don. Dans la quatrième partie,
du Don de Force, dont est extrait notre texte, se retrouve
pourtant un écho de la réflexion théologique contemporaine
sur les Dons du Saint-Esprit, les vertus et les vices. L'auteur
y rappelle en effet que le Don de Force incite à repousser
« virilement » les sept vices[2]. Ces derniers servent ainsi à
désigner les sept subdivisions (*tituli*) de cette quatrième
partie : l'orgueil (*Superbia*), l'envie (*Invidia*), la colère (*Ira*),
l'acédie (*Acedia*), l'avarice (*Avaricia*), la luxure (*Luxuria*) et
la gourmandise (*Gula*).

Chacun de ces *tituli* est à son tour divisé en chapitres
(*capitula*), eux-mêmes subdivisés en sept paragraphes... On
reconnaît ici la manie classificatoire des scolastiques, poussée
jusqu'à la caricature par notre auteur. Il n'est pas même rare
de le voir pris au piège de ses propres schémas, lorsqu'il
ne parvient plus à remplir les cases données *a priori* indépendamment du contenu. Mais il ne faut pas oublier pour
autant quelle était la fonction d'un tel ouvrage : pour le
prédicateur en quête d'*exempla,* de telles classifications ai-
daient à se diriger dans le texte très dense du manuscrit,
et à se souvenir de l'enchaînement logique des récits. Ces
classifications sont avant tout des moyens mnémotechniques.

Le premier des vices que le Don de Force doit aider à
repousser est l'orgueil. L'auteur, fidèle à une tradition que
l'évolution sociale a pourtant déjà fortement ébranlée[3], y
voit « la tête et l'origine de tous les vices ».

Les seize chapitres qui traitent de l'orgueil peuvent être
réunis en deux groupes distincts. Les huit premiers concernent les aspects individuels de l'orgueil : la vaine gloire, la
vanité, l'ambition, l'hypocrisie, etc. Les huit autres traitent
des implications sociales du vice d'orgueil, qui est considéré
comme le ferment d'une insoumission aux lois de l'Eglise :

2. Lecoy de la Marche, A., *Anecdotes historiques..., op. cit.,* p. 192.
3. Little, L.K., *Pride..., op. cit.,* qui a montré comment l'orgueil,
vice chevaleresque par excellence, a cédé la place, à la tête des vices,
à l'avarice, poussée en avant par l'essor de l'économie monétaire et
de nouvelles catégories sociales.

source de désobéissance (*inobediencia*), de rébellion (*contumacia*), d'irrévérence et de sacrilège contre les personnes (*irreverencia et sacrilegium personale*), de sacrilège contre les lieux saints (*sacrilegium locale*), de violation des fêtes des saints (*sacrorum festorum violacio*), d'usurpation (*praesumpcio*), d'hérésie (*haeresis*) et enfin de superstition (*superstitio*).

Les superstitions figurent donc en dernier, juste après l'hérésie et sans être confondues avec elle, parmi les manifestations d'hostilité ouverte à Dieu, à son Eglise et à la religion. C'est dans ce dernier chapitre que se trouve notre texte.

Par « superstitions », qu'entendait Etienne de Bourbon ?

A l'époque romaine déjà, le mot *superstitio*, par opposition à *religio* qui désignait le scrupule religieux, signifiait une forme dégradée et pervertie de la religion[4]. Les Pères de l'Eglise, et en particulier Isidore de Séville[5], confirmèrent ce jugement défavorable en rattachant la superstition à l'hérésie, au schisme et au paganisme. Dans le vocabulaire médiéval, les superstitions étaient les « observations vaines, superflues, rajoutées » (*vacua, superflua, superinstituta*)[6]. L'étymologie proposée par Lucrèce, selon lequel les superstitieux considèrent les choses « supérieures », c'est-à-dire « célestes et divines », fut, dès Isidore et sans cesse ensuite, rejetée avec une énergie bien compréhensible (*Lucretius male dicit...*).

L'idée que les superstitions étaient des « observations » qui survivaient d'un autre âge dont elles étaient comme les témoins (*superstites*), et en même temps l'assimilation progressive des pratiques folkloriques à des survivances du paganisme, ont permis enfin à l'Eglise de juger superstitieuses les pratiques folkloriques qui s'éloignaient des normes fixées par elle.

En ce sens, le mot *superstitio* désigne aux XIIe - XIIIe siècles une catégorie de la pensée savante et universitaire. Il faut d'ailleurs noter que les jugements traditionnellement défavorables des clercs ont été compensés par la curiosité,

4. BENVENISTE, E., *op. cit.*, t. II, p. 265-279 : « Religion et superstition ».

5. Isidore de SÉVILLE, *Etymologies,* cap. III : « De haeresi et schismate », §§ 6 et 7. *P.L.* 82, col. 297.

6. Je dois à Mme Bautier d'avoir pu consulter au sujet du mot *superstitio* les très riches fichiers du comité Du Cange, à l'Institut de France.

pleine d'ambiguïtés bien sûr, de certains intellectuels séduits
par les *mirabilia* de la tradition orale — c'est le cas de
Gervais de Tilbury ou de Geoffroy de Montmouth — ou
par l'efficacité empirique de la culture folklorique : c'est
ainsi que le franciscain Roger Bacon, qui devait rompre
lui-même, il est vrai, avec le milieu universitaire, parle avec
sympathie, vers 1265-1267, d'un « maître des expériences »,
Pierre de Maricourt, qui, soucieux de tout savoir, « considéra
même les expériences, les *sortilèges* et les chants des vieilles
femmes et de tous les magiciens[7] ».

Mais la plupart des clercs condamnaient les superstitions,
qui appartenaient aux forces démoniaques. Les maîtres les
plus renommés, tels Jean de Salisbury († 1182) dans son
Polycraticus ou Guillaume d'Auvergne (1180-1249) dans le
De Universo à la génération d'Etienne de Bourbon[8], s'inter-
rogeaient alors sur le statut des superstitions. Il importait
de les définir, de les classer, mais pour mieux les combattre.
La théologie scolastique accomplit dans cette voie des efforts
remarquables, couronnés, là encore, par la *Somme* de saint
Thomas d'Aquin. Son contemporain, Etienne de Bourbon,
était, comme on l'a vu, trop « provincial » et trop absorbé
par d'autres tâches pour avoir pu tirer profit de l'enseignement du maître parisien, qu'il ne cite jamais. Leurs deux
démarches convergent bien souvent, mais l'œuvre d'Etienne
de Bourbon reste en deçà de la synthèse thomiste. Sur
certains points, il est nettement un homme d'avant saint
Thomas : au sujet de la sorcellerie par exemple, il reste
pleinement fidèle à la tradition qui met ses effets sur le
compte des « illusions diaboliques ». A partir de saint Thomas s'impose au contraire l'idée que ce sont des femmes
réelles qui se réunissent la nuit : la voie était ainsi ouverte
aux persécutions massives de la fin du Moyen Age[9].

Parmi les superstitions, Etienne de Bourbon distingue « les
divinations, les incantations, les sortilèges, les tromperies
diverses des démons ». Toutes ces pratiques sont présentées
comme un « vain culte » qui, à l'instar de la « vaine gloire »,
procède de la *superbia,* du vice d'orgueil opposé à l'*humi-
litas,* la vertu d'humilité du vrai chrétien face à Dieu. Et

7. BACON, R., *Opus tertium*, J.S. Brewer, London, 1859, p. 46
(souligné par nous). Je remercie M. Franco Alessio, professeur à
l'université de Pavie, d'avoir eu l'obligeance de m'indiquer ce texte.

8. HANSEN, J., *Zauberwahn...*, *op. cit.*, p. 127 et suiv.

9. CARO BAJORA, J.C., *op. cit.*, p. 97 et suiv., et COHN, N., *op. cit.*

la conséquence de cette attitude, comme le montre bien l'introduction de notre *exemplum,* c'est le mépris que les hommes orgueilleux vouent à Dieu et à leur prochain, à l'imitation des démons qui sont des anges déchus du fait de leur orgueil. L'influence augustinienne est ici évidente[10].

De la superstition, Dieu est donc la victime, et le diable le bénéficiaire. Toute cette partie de l'ouvrage est pour ainsi dire dédiée au diable.

Les superstitions manifestent son pouvoir. Un pouvoir qui n'agit que pour séduire (*seductio*) et tromper (*ludificatio*). Un pouvoir limité : il n'agit qu'avec la permission de Dieu, et se heurte aux exorcismes des prélats et à la force des sacrements. Mais un pouvoir réel.

Le diable a la possibilité de prendre forme humaine (*transmutatio, transfiguratio*), par exemple pour apparaître à une personne sous les traits d'un voisin qui chercherait à tuer les petits enfants ; par ce stratagème, le diable espère jeter l'infamie sur des personnes innocentes. Il faut une enquête soigneuse pour démontrer qu'il y a eu tromperie diabolique et que les voisins n'ont pas pu se livrer à de tels actes.

Le diable agit fréquemment par l'intermédiaire de « devins ». Etienne de Bourbon ne doute pas de leurs capacités, dans la mesure où c'est le diable qui, à travers eux, agit : par exemple, dans l'épée (*spata*) dont se sert l'un d'eux pour découvrir le coupable d'un vol, le diable fait voir le visage d'un innocent ... Les invocations nocturnes d'une devineresse (*divina*) font surgir le diable sous la forme d'une « ombre terrifiante », qui se met à parler. Les invocations qu'une autre fait à la prière d'une femme stérile font concevoir à celle-ci un enfant dont la nature diabolique se révèle au baptême.

Pour que ces hommes et surtout ces femmes (*divina, vetula, sortilega*) procèdent avec succès, il est nécessaire que le diable agisse à travers eux. Pour Etienne de Bourbon, on peut même dire que le diable agit seul : les devins, livrés à eux-mêmes, sont pour lui des charlatans qu'il ne cesse de tourner en dérision. Les augures qui prétendent interpréter

10. Saint AUGUSTIN, *Epistola CII* (*ad Deogratias*), Migne, *P.L.* 33, col. 370-386 ; surtout les §§ 18 (col. 377) et 20 (col. 378). Mêmes expressions chez le dominicain Albert le Grand : « expectare aliquid a demone vel velle aliquid percipere per ipsum, semper est fidei contumelia, et ideo apostasia ». *Commentarium in L.2 Sent.*, Dist. 7, c 10, cité par HANSEN, J., *Zauberwahn..., op. cit.*, p. 170, n. 3.

les présages dans les chants d'oiseaux (corneilles et coucous) n'ont de succès qu'auprès des sots. Les devins qui affirment tout savoir sur un homme, ou retrouver les objets volés, ou changer l'eau en vin, dissimulent en fait quelque stratagème propre à abuser les gens crédules. Il n'est pas sûr d'ailleurs que l'opinion d'Etienne de Bourbon soit propre aux milieux savants : la clientèle habituelle des devins savait vraisemblablement distinguer, de la masse des imposteurs, ceux qui avaient un pouvoir reconnu[11].

La différence est qu'Etienne de Bourbon tire argument des fraudes de quelques-uns pour ranger l'ensemble des superstitions dans le domaine de la tromperie. Soit qu'il admette qu'un effet diabolique s'est produit, soit qu'un simple charlatan abuse grossièrement une femme crédule, tout est tromperie et s'oppose à la vérité, qui appartient à Dieu et à l'Eglise.

C'est dans ce contexte de la culture savante qu'il faut d'abord replacer notre *exemplum* pour comprendre l'attitude d'Etienne de Bourbon. Cet *exemplum* illustre en effet le pouvoir trompeur du diable. C'est le diable qui a permis la naissance du pèlerinage en « séduisant, trompant et induisant en erreur » plusieurs personnes.

Mais le diable n'est pas seul responsable. Alors qu'en d'autres occasions Etienne de Bourbon se contentait de dénoncer les tromperies du diable, il doit ici faire la part des responsabilités humaines. Il s'agit d'un rite où le diable est sollicité consciemment par des femmes. Celles-ci lui font des offrandes et surtout l'*invoquent* rituellement : c'est une *vetula*, c'est-à-dire une vieille femme et pour tout dire une sorcière, qui apprend aux mères la formule requise ; ces femmes invoquent ensuite les « faunes » en faisant passer l'enfant entre les arbres. Etienne de Bourbon parle une troisième fois encore d'invocation à propos de la sortie hors de la forêt du loup, présenté comme un substitut du diable. Entre ces femmes et le diable, il y a plus qu'un simple « pacte tacite », pour parler comme saint Thomas d'Aquin : elles ne se contentent pas de faire des choses qui prêtent à l'intervention diabolique, elles recherchent explicitement l'appui du diable, concluent avec lui un « pacte exprès » caractéristique de la plus grave des superstitions, l'idolâtrie.

11. Ce qui s'observe encore en Afrique : EVANS-PRITCHARD, E.E., *op. cit.*

C'est à l'idolâtrie en effet qu'Etienne de Bourbon rattache les pratiques qu'il dénonce. Dans la tradition augustinienne, l'idolâtrie est la première des superstitions et pour saint Thomas d'Aquin encore, la plus grave d'entre elles. Elle consiste, selon ce dernier, « à accorder indûment à une créature les honneurs divins[12] ». Ce sont les termes mêmes qu'emploie Etienne de Bourbon dans l'introduction de cet *exemplum,* et l'attitude des mères semble bien répondre à cette définition, quand elles invoquent les démons — créatures de Dieu — ou quand elles aspirent à une guérison sur la tombe d'un chien, créature dont le caractère diabolique ne pouvait faire aucun doute pour Etienne de Bourbon : deux autres *exempla* voisins de celui-ci dans le recueil évoquent, l'un la meute diabolique des chiens de chasse de la « mesnie Hellequin », l'autre l'apparition du diable sous la forme d'un chien noir dans un village forézien[13].

A l'idolâtrie se mêle ici une autre catégorie de superstition : l'observation des sorts. C'est contre les sortilèges qu'Etienne de Bourbon est venu prêcher, et il dénonce « les femmes misérables jeteuses de sorts ». Le mot désigne d'abord un procédé de divination. Les sorts permettent d'entamer une action avec la certitude de pouvoir la mener à bien. Ils sont difficilement conciliables avec la pensée chrétienne, puisqu'ils supposent le désir de connaître à l'avance le dessein de Dieu, voire d'infléchir ses projets, de le déposséder en tout cas de la maîtrise du temps futur. Plusieurs textes scripturaires, cependant, pouvaient sembler légitimer l'usage des sorts, et les théologiens hésitèrent souvent à les condamner de façon radicale. Mais la persécution accrue des sorcières balaya leurs dernières hésitations, et permit de confondre dans une même condamnation divination, sortilèges et invocation des démons[14]. Ces trois pratiques délictueuses apparaissent étroitement liées dans la dernière partie du rite de guérison décrit par Etienne de Bourbon.

Enfin, une dernière forme de superstition est également présente ici, que saint Thomas d'Aquin a appelée « la superstition du culte indu du vrai Dieu », c'est-à-dire le mauvais usage du culte chrétien. Le rite qu'observent les mères

---

12. Saint Thomas d'AQUIN, *IIa IIe,* Qu XCII, art. 2.
13. LECOY de la MARCHE, A., *Anecdotes historiques...,* op. cit., p. 321 et 322.
14. HANSEN, J., *Zauberwahn...,* op. cit., p. 248-249. Voir en particulier : Thomas de CHOBHAM, *op. cit.,* p. 466-468.

semble à l'inquisiteur une dérision sacrilège du vrai pèlerinage, la vénération en tant que « martyr » d'un chien lui
semble une offense faite au culte des saints. D'abord parce
que ces femmes « méprisent les églises ou les reliques » qui,
pour Etienne de Bourbon, sont seules efficaces, au profit
d'un culte superstitieux, c'est-à-dire essentiellement vain et
inutile à ses yeux. Ensuite, l'inquisiteur est d'autant plus
furieux qu'il avait d'abord espéré découvrir un « vrai » saint
dont il ignorait jusqu'alors l'existence.

A vrai dire, la seule prétention des paysans à définir les
critères de sainteté (même si le saint avait été un homme)
serait apparue subversive aux yeux d'Etienne de Bourbon.
En effet, depuis un siècle au moins, il revenait au pape,
et à lui seul, de procéder à la canonisation des saints, au
terme d'un « procès de canonisation » qui se déroulait
selon des règles strictes : une commission de trois cardinaux
faisait une enquête minutieuse, les réponses de témoins
dignes de foi étaient enregistrées par écrit, et sévèrement
examinées[15]. Loin de révéler seulement au dominicain l'igno-
rance ou la belle présomption des paysans, le culte de saint
Guinefort prenait dès lors l'allure d'un défi lancé aux plus
hautes autorités de l'Eglise.

Il est probable qu'avec la lente christianisation de l'Occident, le troisième type de superstition, le « culte indu du
vrai Dieu », par déformation du culte chrétien vulgarisé,
prit de plus en plus d'importance. Il n'était pas ignoré de
saint Augustin. Mais pour lui, le premier type de superstition, l'idolâtrie, c'est-à-dire surtout le culte des idoles et des
dieux païens, assimilés aux démons par les Pères de l'Eglise
et les conciles, devait être combattu en priorité. Le recul
du paganisme et surtout la folklorisation des pratiques chrétiennes attirèrent de plus en plus l'attention du clergé sur le
troisième type de superstition, « la superstition du culte indu
du vrai Dieu ». Les *exempla* en livrent d'amples témoignages, au sujet notamment des superstitions relatives à l'hostie.
Chez saint Thomas d'Aquin, ce type de superstition est
passé au premier plan, précédant l'« idolâtrie », la « divination » et les « observations ». L'idolâtrie reste la plus
grave d'entre elles, mais elle n'attire plus l'attention de
façon privilégiée.

15. *D.S.*, *op. cit.*, t. II, col. 77-85, art. « Canonisation ». En attendant sur le sujet la thèse d'André Vauchez.

En même temps que ce recul relatif dans l'attention qui lui était portée, l'idolâtrie subit un déplacement dans l'espace social. Fruit de la *paganitas,* elle reste attachée à la « paysannerie ». Les textes abondent, qui présentent la campagne comme le conservatoire des pratiques païennes. Pour Guillaume d'Auvergne, c'est l'« antique idolâtrie » (*antiqua idolatria*), ce sont les « survivances de la superstition antique » (*reliquiae superstitionis antiquae*), qui sévissent encore dans les campagnes[16].

Etienne de Bourbon est moins explicite sur ce point, mais son vocabulaire trahit les mêmes conceptions : quand il utilise les mots *lucus* (bois sacré) ou *faunus* (faune), il se réfère expressément au vocabulaire religieux de la Rome antique.

Au sens de « bois sacré », le mot *lucus* est rare dans le vocabulaire médiéval, où il semble désigner plutôt le bois comme matériau[17]. Dans son acception religieuse, le mot est au contraire fréquemment attesté dans le latin classique[18]. Il reste en usage avec ce sens dans les condamnations répétées, du VIIIe au XIe siècle, contre les pratiques païennes des Germains. Déjà, Tacite avait affirmé que les Germains donnaient des noms de dieux à leurs bois sacrés (*luci ac nemora*). Lors de ses campagnes contre les Saxons, Charlemagne fit détruire plusieurs *luci,* dont le célèbre Irmensul. Vers 1074-1083 encore, Adam de Brême affirme que les Suèves ont un *lucus* où ils pendent mêlés des cadavres de chiens, de chevaux et d'hommes immolés à leurs dieux[19].

Il est probable qu'Etienne de Bourbon ne connaissait pas tous ces témoignages. Mais il n'en est pas moins sûr que ce mot était étroitement associé dans le vocabulaire des clercs au paganisme antique et à ses survivances supposées. En l'appliquant au lieu de culte qu'il a réprimé, Etienne de Bourbon montre bien qu'il a vu dans ces pratiques superstitieuses une survivance de l'idolâtrie antique.

L'allusion aux faunes confirme amplement cette hypothèse. Dans l'Antiquité, Faunus était une divinité de toute la campagne, plus ou moins bien distinguée de Silvanus,

16. Guillaume d'Auvergne, *De legibus,* cap. IV, XIV, XXVI, *in Opera, op. cit.*

17. Du Cange, C., *Glossarium media et infimae latinitatis,* nouvelle éd. Niort, 1883, t. V, p. 148, s.v. « *Lucus* ».

18. Gaffiot, F., *Dictionnaire illustré latin-français,* Paris, 1934, p. 925, s.v. « *Lucus* ».

19. Clemen, C., *op. cit.,* p. 8, 54-55, 70-73.

divinité des bois exclusivement[20]. Sa fête était célébrée le 15 février, au moment des *Lupercalia,* mot dont l'étymologie reste incertaine, mais qui de toute manière a un rapport avec le loup (*lupus*). Notons que notre texte rapproche l'agression du loup de l'action des faunes, êtres dans les deux cas de nature diabolique et sortis de la forêt.

Les mythographes de la basse Antiquité recherchèrent l'étymologie de *faunus* dans la racine du verbe *fari,* parler publiquement et aussi religieusement, et en rapprochèrent un autre dérivé : *fatuus,* le fou. *Faunus* ou *fatuus* reçut aussi un parèdre : *Fauna* ou *Fatua,* présentée comme son épouse (*uxor ejus*), et associée à *Fata,* déesse de la destinée (*fatum*), dont le nom a donné le français « fée », attesté depuis le XIIᵉ siècle. On embrasse ici un champ sémantique extrêmement riche où les vérités d'une parole folle se mêlent aux puissances troubles de la prophétie. Historiquement, il est possible que cet ensemble se retrouve ensuite, tant dans l'exaltation de la « folie sainte » surtout attestée en Orient sous les traits du « fou de Dieu[21] », que dans l'attirance mêlée de crainte des fées (« bonnes » ou « mauvaises fées »), rattachées par les clercs à la sphère du démoniaque.

En effet, les progrès du christianisme exigaient la condamnation de toute parole divine qui ne fût pas celle du vrai Dieu et ne fût pas contrôlée par l'Eglise : on ne tarda pas à assimiler aux démons tous ces « chœurs de vieillards » qui, selon Martianus Capella, « habitent les forêts, les lacs, les fontaines, les fleuves, et dont les noms sont divers : *Fanes, Fauni, Fones, Satyri, Nymphae,* et *Fatuae* ou *Fantuae* ou encore *Fanae,* mais qui ont en commun de prophétiser[22] ».

Dès la basse Antiquité, il arrivait aux faunes de passer pour des démons[23]. Mais le grand tournant fut pris par les Pères de l'Eglise quand ils firent entrer les faunes dans le système démonologique chrétien.

C'est à propos des faunes que saint Augustin établit l'« acte de naissance des démons incubes au Moyen Age[24] » : « le peuple appelle les sylvains et les faunes des démons

20. DUMÉZIL, G., *Fêtes romaines...,* op. cit., p. 52.
21. CHAURAND, J., *Fou, dixième conte de la vie des Pères.* Genève, 1871, VIII-253 p.
22. MAURY, A., op. cit., p. 9 et suiv.
23. ZIEGLER, K., SONTHEIMER, W., *Der Kleine Pauly,* Stuttgart, 1967, t. II, p. 521-522, s.v. « *Faunus* ».
24. LE GOFF, J., *Culture cléricale...,* op. cit., p. 26, n. 3.

incubes[25] », c'est-à-dire des démons de sexe masculin, par opposition aux démons « succubes ». Cette tradition augustinienne traversa le Moyen Age, d'Isidore de Séville[26] à Guillaume d'Auvergne, pour qui un faune était le « fils d'un démon incube[27] ». Cette formule n'est pas anodine : elle est une double réponse très nette à un débat alors brûlant sur la nature de ces démons : pour Guillaume d'Auvergne, dans la première moitié du XIIIe siècle, les incubes peuvent engendrer, et par ailleurs ils ont une réalité matérielle, ils ne sont pas « purs esprits ». Sur ce dernier point, la formule critique une tendance au scepticisme, sensible au siècle précédent chez Gervais de Tilbury qui hésitait à attribuer aux faunes un corps de « bête silvestre », tel qu'il est décrit à la manière antique dans la *Vie de saint Antoine* : « un grand homoncule au nez crochu avec des cornes qui pointent sur le front et des pieds de chèvre[28]. » C'est cette image concrète qui, reprise par saint Jérôme dans la *Vie de saint Paul*[29], s'est imposée au Moyen Age jusqu'à Guillaume d'Auvergne.

Du faune, ce dernier décrit aussi le comportement, qui vérifie l'étymologie de son nom : *faunus* vient de *fatuus,* fou, et Guillaume d'Auvergne en donne l'équivalent français : « folet », terme du folklore qui aujourd'hui encore désigne des êtres fantastiques et malicieux. Les follets font des niches aux hommes et excitent les bêtes, surgissent à l'improviste pour aussitôt disparaître, font du tapage la nuit, égarent les voyageurs sur la lande, avant de se réfugier dans quelque rocher (le rocher du Lutin, à Noirmoutier) ou dolmen[30]. Guillaume d'Auvergne déduit du nom « folet » toute une psychologie du faune : « Il ne lui reste pas grand-chose des lumières de la sagesse naturelle ... Les menaces les plus sottes et même les plus insensées [le] terrifient, et dans la crainte des menaces dont on l'accable, il obéit aux ordres des hommes. » Mais sa folie le pousse aussi à piquer des colères inouïes...

25. Saint Augustin, *De civitale dei*, XV, 23 : « Silvanos et faunos quos vulgo incubos vocant. »

26. Du Cange, C., *Glossarium..., op. cit.,* t. III, p. 424, s.v. « *Fauni* », et p. 394, s.v. « *Fadus* ».

27. Guillaume d'Auvergne, *De universo* II, 3, cap. III et cap. VIII, *in Opera, op. cit.,* p. 1019 et p. 1029.

28. Gervais de Tilbury, *op. cit.,* p. 897-898.

29. Saint Jérôme, Migne, *P.L.* 23, col. 23-24.

30. Sébillot, P., *Le Folklore..., op. cit.,* t. I, p. 160-232 ; t. II, p. 92 ; t. III, p. 114-115 ; t. IV, p. 30, 219.

Nous voyons mieux à présent ce qu'Etienne de Bourbon a pu vouloir désigner en parlant ici de « faunes » : des démons incubes, donc de sexe mâle, nés peut-être de l'union d'un démon et d'une femme, avatars de divinités païennes, doués d'un tempérament instable, où la docilité et la crainte alternent et se muent en redoutables colères, mais susceptibles aussi de se rendre aux invocations des hommes. Nous comprenons mieux aussi comment les faunes, démons cornus aux pieds de chèvre, ont pu servir d'images relais, de figures d'attente du grand bouc des sabbats[31].

Si le vocabulaire d'Etienne de Bourbon trahit sans doute le sentiment qu'il avait de lutter contre des survivances du paganisme, il apparaît aussi que son action concrète, telle qu'il la décrit, suivait partiellement des modèles très anciens, remontant à l'époque où le paganisme était effectivement la cible privilégiée de l'Eglise.

Cette remarque vaut en partie pour la réunion finale du « peuple », pris à témoin de la destruction du lieu de culte. Déjà, saint Marcel de Paris, selon son biographe Fortunat (vers 600), avait « réuni le peuple » au moment de livrer bataille au dragon qui infestait la ville[32]. Le *Canon Episcopi,* qui fut, du Xᵉ au XIIIᵉ siècle, la principale arme juridique de la lutte contre les superstitions, imposait aux prêtres de dénoncer l'« erreur des païens » devant « tout le peuple » assemblé dans l'église[33]. Enfin, dès le réveil de l'hérésie en Occident, en 1025, l'évêque Gérard de Cambrai tint contre les hérétiques « un sermon général au peuple[34] ».

Cependant, nous verrons que la « convocation du peuple » par Etienne de Bourbon doit aussi être replacée dans un autre type de démarche, et n'a pas forcément une signification aussi archaïsante. Il n'en va pas de même pour l'anéantissement du lieu de culte, où Etienne de Bourbon agit exactement comme un évêque ou un saint du haut Moyen Age.

L'hagiographie du haut Moyen Age donne d'abondants témoignages sur les « arbres sacrés » détruits avec un zèle farouche par les saints missionnaires et les saints évêques[35].

---

31. Cohn, N., *op. cit.,* pl. 1, 2 et 4.
32. Le Goff, J., *Culture ecclésiastique...*, *op. cit.*, p. 90.
33. Hansen, J., *Quellen...*, *op. cit.*, p. 38-39.
34. *Actes du Synode d'Arras,* Migne, *P.L.* 142, col. 1271.
35. Graus, F., *op. cit.*, p. 184-190.

C'est de cette façon, par exemple, que saint Amator mit Germain d'Auxerre sur la voie de la conversion et de la sainteté : grand chasseur, Germain suspendait aux branches des arbres les têtes du gibier qu'il avait abattu. Profitant de son absence, l'évêque coupa un jour « l'arbre sacrilège, souche comprise, et, pour que les incrédules n'en gardassent aucun souvenir, il les fit aussitôt brûler[36] ».

Les ravages accomplis par Charlemagne chez les Saxons s'inspirèrent du même modèle : « Leur temple et leur bois sacré si fameux, l'Irmensul, il les renversa. » Et Eigil († 822) ajoute à propos de la même expédition : « ils coupèrent les bois sacrés et édifièrent de saintes basiliques[37]. »

Au début du XIe siècle, le célèbre *Decretum* de l'évêque Burchard de Worms, reprenant une décision d'un concile antérieur, attire l'attention des évêques sur « les arbres consacrés aux démons, auxquels le peuple voue un culte et qu'il vénère à tel point qu'il n'ose les amputer d'une branche ou d'un rameau ». Il ordonne de « les arracher jusqu'aux racines et de les brûler ». Les pierres, qui dans les forêts sont l'objet d'un culte semblable, doivent être « complètement déterrées et jetées en un lieu où elles ne puissent plus être vénérées ». Et l'évêque conclut : « Et qu'à tous soit annoncé quel crime est l'idolâtrie[38] ! »

Mais le document qui évoque certainement le mieux l'*exemplum* d'Etienne de Bourbon, en raison même de son contexte hagiographique, se trouve dans la *Vie de saint Martin,* écrite par Sulpice Sévère vers l'an 400. Huit siècles et demi avant qu'Etienne de Bourbon évoque sa propre expérience, Sulpice Sévère a décrit comment le saint évêque de Tours réduisit à néant un culte « superstitieux », c'est-à-dire, selon ses catégories de pensée, une déviance du christianisme ou une survivance du paganisme[39] :

« Mais pour aborder toutes les autres " vertus " dont il fit preuve au cours de son épiscopat, il y avait non loin de la ville, tout proche de l'ermitage, un lieu que le préjugé populaire (*hominium opinio*) tenait pour sacré, sous prétexte

36. *Ibid.,* p. 105. Voir aussi SALIN, F., *op. cit.,* IV, p. 29 et 487 (n° 293).
37. CLEMEN, C., *op. cit.,* 54-55.
38. BURCHARD de WORMS, *op. cit.,* col. 835.
39. Sulpice SÉVÈRE, *op. cit.,* 11, 1-15, p. 277. Nous avons inséré dans la traduction de J. Fontaine les mots latins importants pour la comparaison avec notre propre texte.

que des martyrs y auraient reçu la sépulture. De fait, il s'y trouvait aussi un autel qui passait pour avoir été dressé par les précédents évêques. Mais Martin, n'en croyant point à la légère une tradition incertaine, demandait instamment aux prêtres et aux clercs les plus âgés de lui indiquer le nom du martyr et la date de sa passion. Il se disait fort troublé et embarrassé par le fait que la tradition ancestrale n'eût apporté sur ce point aucune certitude cohérente.

« Il s'abstint donc quelque temps de se rendre en ce lieu, sans en abroger le culte, étant donné l'incertitude où il se trouvait, et sans accorder non plus la caution de son autorité au populaire (*vulgus*), pour empêcher cette superstition de s'affermir encore. Mais un beau jour, il se rend sur les lieux en prenant avec lui quelques frères ; puis, debout au-dessus du tombeau même, il pria le Seigneur de lui indiquer qui était enseveli en ce lieu et quels étaient ses mérites. Alors, en se tournant du côté gauche, il voit se dresser près de lui une ombre repoussante et farouche, il lui donne ordre de dire son nom et ses qualités. Elle décline son nom, avoue son crime : elle avait été un brigand, exécuté pour ses forfaits, et vénéré à tort par le populaire (*vulgus*) ; elle n'avait rien de commun avec les martyrs, car eux demeurent dans la gloire, et elle dans le châtiment. Chose extraordinaire : les assistants entendaient sa voix, sans pourtant le voir en personne. Alors, Martin raconta publiquement ce qu'il avait vu, il fit retirer de cet endroit l'autel qui s'y trouvait jusque-là, et c'est ainsi qu'il délivra le peuple (*populum*) de l'erreur de cette superstition. »

Etienne de Bourbon connaissait naturellement la *Vie de saint Martin,* qui était sans doute le texte hagiographique le plus célèbre au Moyen Age, et dont il cite plusieurs épisodes dans son traité. Si le culte dénoncé par saint Martin ne s'adressait pas à un chien, mais à un brigand, il est question dans les deux cas de la vénération d'un faux martyr. La parenté des démarches de saint Martin et d'Etienne de Bourbon est tout aussi saisissante : dans les deux textes, le doute sur l'identité et le nom du saint suscite une « enquête » (mais seul le dominicain utilise ce mot), qui amène à la découverte du délit. Dans les deux cas, l'homme d'Eglise se déplace sur le lieu de culte (*ad locum*). Etienne de Bourbon, qui n'est pas un saint, s'y rend après avoir appris la vérité en confession. Saint Martin y va d'abord et apprend alors la vérité, par révélation miraculeuse de

Dieu. Dans les deux cas, l'anéantissement du lieu de culte a lieu en présence du peuple. Celui-ci est toujours épargné : aucun châtiment ne s'abat sur les personnes. Enfin, dans les deux cas, la victoire de l'Eglise passe pour définitive...

Le caractère contraignant du modèle martinien est sensible dans d'autres documents médiévaux encore : en 743, l'*Indiculus superstitionum et paganiarum* dénonçait, outre ceux qui sont coupables d'« incantations » et de « sortilèges », ceux qui rendent un culte « en des lieux incertains » et qui « *se façonnent des saints à partir de morts ordinaires*[40] ». Bien plus tard encore, le témoignage de Sulpice Sévère est mentionné explicitement lors de la répression d'un culte folklorique comparable à celui de saint Guinefort. En août et septembre 1443, Pierre Soybert, évêque de Saint-Papoul (actuel département de l'Aude), échangea avec l'inquisiteur dominicain de la province de Toulouse, Hugo Nigri, une abondante correspondance au sujet d'un culte de guérison « superstitieux » et « idolâtrique ». Celui-ci se déroulait au lieu-dit Les Planhes, où une ancienne fontaine à pourceaux, au pied d'un arbre, attirait de nombreux malades, qui se prosternaient, buvaient de l'eau, et prétendaient que les saints martyrs Julien et Basilice étaient ensevelis à cet endroit. Le pèlerinage s'était développé du jour où le bœuf d'un berger s'était miraculeusement agenouillé devant la fontaine ... Mais l'évêque était intraitable : les deux saints en question avaient été martyrisés à Antioche, il était donc impossible qu'ils fussent enterrés aux Planhes. Tout au plus s'agissait-il de « quelque sépulture laïque inconnue ». Et l'évêque de citer l'exemple de saint Martin et du brigand indûment vénéré comme martyr. Dans ses dernières conclusions, il formule même une autre hypothèse, qui rappelle plus encore la découverte faite par Etienne de Bourbon d'un saint chien martyr : « Dans cette fontaine des Planhes, ce sont des bêtes (*pecora*) qui tiennent la place des martyrs. Les saints martyrs Julien et Basilice furent martyrisés à Antioche et non au lieu-dit Les Planhes. » Ainsi le culte fut-il interdit, la fontaine comblée, et les pèlerins menacés d'excommunication en cas de récidive[41].

---

40. CLEMEN, C., *op. cit.*, p. 43. SALIN, E., *op. cit.*, t. IV, p. 482-483, n° 287.

41. HENNET de BERNOVILLE, H., *op. cit.*, p. 197-228. Sur l'activité de l'évêque, voir : CHOMEL, V. « Pèlerins languedociens au Mont-Saint-Michel », *Annales du Midi*, LXX, 1958, p. 230-239.

L'analyse du vocabulaire et des représentations de l'auteur, et un premier regard sur son action concrète, ont permis de replacer le récit d'Etienne de Bourbon dans une longue tradition cléricale de répression de la culture folklorique. Mais il faut aussi montrer en examinant de plus près l'activité du dominicain dans quel contexte particulier cette tradition se trouva prise et remodelée au milieu du XIIIᵉ siècle.

CHAPITRE III

PRÉDICATION, CONFESSION, INQUISITION

Etienne de Bourbon découvrit le culte « superstitieux » de saint Guinefort, alors qu'il prêchait contre les sortilèges et qu'il entendait les confessions. Ses premiers soupçons l'ont incité à faire une enquête (*inquisivi*) dont le résultat parut justifier un déplacement sur les lieux du délit (« Nous nous sommes transporté en ce lieu... »). Là, il convoqua le peuple, prêcha de nouveau, mais cette fois pour condamner précisément le culte que son auditoire avait observé. Puis il anéantit le lieu de culte et, avec l'appui du seigneur local, interdit toute récidive.

Etienne de Bourbon était d'abord un prédicateur et un confesseur. Ces deux tâches sont, dans sa pratique pastorale, intimement liées, conformément à la mission des frères dominicains : les constitutions de leur ordre n'évoquent-elles pas toujours ensemble ces deux activités du prêcheur[1] ? Dans son manuel de prédication, Humbert de Romans dénonce ceux qui prêchent, mais refusent de recueillir en confessant les fruits de leur prédication[2].

Inversement, les manuels de confesseurs dominicains précisent toujours que le prêtre doit faire précéder la confession,

---

1. SCHEEBEN, H.C., *op. cit.*, p. 115 et 120. En 1235, par exemple : « *Nullus frater predicet aut* confessiones audiat *sine speciali licentia prioris sui...* » A la fin du siècle : « *Nullus autem... nec predicet populo nec confessiones extraneorum audiat sine licentia prioris sui...* » (souligné par nous).
2. Humbert de ROMANS, *op. cit.*, I, cap. XLIII, « *De auditu confessionum a praedicatoribus* », p. 455.

sinon d'un prêche, du moins d'un bref *sermo* destiné à
« exciter la dévotion » de celui qui va se confesser, l'exhor-
tant « à ne pas rougir de confesser ses péchés » et lui vantant
les mérites du sacrement de pénitence[3].

La prédication qui allait permettre à Etienne de Bourbon
de faire sa découverte portait sur les sortilèges. Un tel
sermon entre dans la catégorie des sermons *de diversis,*
distincte des autres grandes classes des sermons médiévaux :
les sermons *de tempore* qui commentent l'évangile du jour,
les sermons *de sanctis* qui louent le saint fêté ce jour-là,
et enfin les sermons *ad status* dont le genre s'est développé
à partir du XIIIe siècle et qui s'adressent à des groupes
sociaux particuliers.

Mis à part son thème général, nous ne savons rien du
sermon effectivement prêché par Etienne de Bourbon. Nous
pouvons pourtant nous faire une idée de sa forme et de sa
teneur grâce à quelques sermons d'autres prédicateurs ayant
prêché sur le même sujet.

Les sermons en français de l'évêque de Paris, Maurice de
Sully (1160-1196), contre les superstitions sont justement
célèbres. Mais ils furent prêchés en des circonstances particulières, la Circoncision ou la Saint-Jean, pour condamner
des pratiques superstitieuses qui avaient cours lors de la
célébration de ces fêtes[4].

Plus proche sans doute du type de prédication que nous
cherchons à définir est un sermon provençal sur les Dix
Commandements. La condamnation de la croyance aux sorts,
aux augures et à la divination y est liée au Premier Commandement, qui enjoint de croire à un Dieu unique en trois
personnes[5]. Celui qui transgresse ce Premier Commandement
se rend coupable d'idolâtrie, c'est-à-dire du péché qu'Etienne
de Bourbon dénonce dans le cas du culte de saint Guinefort.
A défaut de véritables sermons *de superstitione,* il semble
bien que les sermons sur les Dix Commandements et en
particulier sur le premier d'entre eux constituent un obser-
vatoire privilégié de la condamnation ecclésiastique des
superstitions : par exemple, vers 1470, à Nantes, la célèbre
prédication de Carême du franciscain Olivier Maillard rap-

---

3. THOMAS DE CHOBAM, *op. cit.,* p. 263.
4. Bibl. nat., ms. fr. 13314, f° 9. Voir LONGÈRE, J., *op. cit.,* t. I,
p. 205-206 et II, p. 157, note 42. Et surtout : ZINK, M., *op. cit.,*
p. 343-344.
5. CHABANEAU, C., *op. cit.,* 18 (1880), p. 142. Voir ZINK, M., *op.
cit.,* p. 345.

pelle, à propos du Premier Commandement, les termes
mêmes qu'utilisait Etienne de Bourbon : le prédicateur
combat simultanément les superstitions et l'orgueil, puisque
les superstitieux adorent d'autres divinités que Dieu, et les
orgueilleux idolâtrent l'homme lui-même[6].

De véritable sermon contre les superstitions, nous n'en
connaissons en définitive qu'un seul, et de façon allusive :
c'est celui que prononça l'évêque de Saint-Papoul en septembre 1443, lorsqu'il rendit publiques ses « conclusions »
sur le culte « idolâtrique » des Planhes. Le jour de la Saint-
Michel, après avoir célébré la messe, l'évêque « fit un sermon, et dans ce sermon énonça lesdites conclusions. Il
parla sur les superstitions, les illusions et les erreurs qui,
suivant les Ecritures Saintes, doivent être observées au temps
du vrai et mystérieux Antéchrist et de l'immonde Satan, et
expliqua le passage de l'Apocalypse, v. 16. Et il y avait
une grande multitude du peuple qui se pressait et écoutait
paisiblement la parole de Dieu ». En fait, pour autant que
l'on puisse en juger, ce sermon était sans doute assez différent de celui qu'Etienne de Bourbon prononça dans des
circonstances semblables. La mise en garde de l'évêque (le
passage commenté de l'Apocalypse décrit le châtiment de
Dieu contre « les gens qui portaient la marque de la Bête »)
traduit une tout autre ambiance propre au xve siècle, et
plus particulièrement, semble-t-il, à cette région : « Tout cela
ne doit pas nous étonner, précisait l'évêque, car le règne
du démon est proche dans les montagnes des Pyrénées ... et
l'arrivée de l'Antéchrist (doit être signalée) par des prodiges
et des signes menteurs[7]. »

Mieux vaut donc se tourner vers la dernière catégorie de
sermons, les sermons *ad status*. Déjà dans les recommandations qu'il adressait aux prêcheurs, Humbert de Romans les
mettait en garde contre « les pauvres femmes » des villages,
qui sont « très portées sur les sortilèges, dont elles usent
pour elles, pour d'autres cas, pour leurs fils quand ils sont
malades, ou pour leurs animaux afin de les protéger des
loups[8] ». Il précise que toutes les femmes sont sensibles aux
sortilèges. En revanche, il n'en dit mot quand il enseigne

---

6. LA BORDERIE, A. de, *op. cit.*, p. 95-96. Voir MARTIN, H., *op. cit.*,
p. 329.
7. HENNET de BERNOVILLE, H., *op. cit.*, p. 225.
8. Humbert de ROMANS, *op. cit.*, II, cap. XCIX, « *Ad mulieres pau-
peres in villulis* », p. 505.

comment prêcher aux paysans en général (*ad rusticos*). La moisson est plus riche encore si l'on dépasse le niveau normatif du manuel de prédication, pour considérer les sermons *ad status* eux-mêmes, tels les *sermones vulgares* du séculier Jacques de Vitry (vers 1165-1240).

Ces sermons, prêchés en langue vulgaire et conservés en latin, avec leurs *exempla,* présentent pour nous un intérêt d'autant plus grand qu'Etienne de Bourbon en a connu le texte, puisqu'il en a extrait de nombreux *exempla* pour les utiliser dans son propre recueil. Il est probable qu'il s'est inspiré de certains des sermons de Jacques de Vitry pour prêcher « contre les sortilèges ».

Le deuxième des *sermones vulgares* de Jacques de Vitry destiné « aux veuves et aux femmes continentes », loue les mérites de la pénitence, qui fait obstacle aux tromperies des sorciers (*malefici*) et des devins. Suivent huit *exempla* qui s'enchaînent l'un l'autre et constituent en fait l'essentiel du sermon. Tous démontrent concrètement la perfidie des démons et des sorcières (*malefice mulieres*), de la vieille femme trompeuse (*vetula fallax*), ou de la vieille femme sacrilège et jeteuse de sorts (*vetula sacrilega et sortilega*). Un bref commentaire, ponctué de citations d'« autorités » (essentiellement saint Paul et saint Augustin) assure la transition d'un *exemplum* à l'autre. Une conclusion plus substantielle rappelle comment les « femmes jeteuses de sorts » offensent les sacrements de l'Eglise « du berceau à la tombe » (*a principio autem nativitatis usque ad senectutem et mortem*). Le prédicateur adjure donc les mères d'élever leurs fils et leurs filles dans la crainte des sortilèges[9]. Il y a tout lieu de penser qu'Etienne de Bourbon prononça un sermon semblable à celui-là.

Ensuite, il entendit les gens en confession, et apprit ainsi de quelles superstitions ils étaient coupables. L'interrogation sur les superstitions faisait en effet partie des questions que les confesseurs posaient normalement aux fidèles.

La pratique pénitentielle du haut Moyen Age, qui resta en vigueur jusqu'au XII⁰ siècle, réservait une grande place à l'examen des superstitions. Au départ, cette vigilance était justifiée par le souci d'extirper le paganisme, puis de con-

---

9. Bibl. nat., ms. lat. 17509, f° 144 v°, « *Sermo ad viduas et continentes* ». Les *exempla* cités ont été extraits de ce sermon et publiés séparément par Crane, T.F., *op. cit.,* p. 110 à 113, et p. 245 à 251 (CCLXII à CCLXX).

vertir à l'orthodoxie les « barbares » installés dans la chrétienté occidentale. C'est pourquoi les pénitentiels, catalogues de délits et de peines tarifées, livrent une documentation abondante sur les superstitions.

C'est en particulier le cas du *Decretum* et du *Corrector sive Medicus* de l'évêque Burchard de Worms, peu après l'an mil[10], puis du *Liber poenitentialis* d'Alain de Lille au XIIe siècle[11].

A partir du XIIe siècle se dessine cependant un nouveau type de confession, individuelle, fondée sur une relation privilégiée du confesseur et du pécheur, soucieuse de tenir compte des circonstances particulières dans lesquelles la faute a été commise, et notamment de l'*intention* du pécheur. Chaque chrétien fut astreint à se confesser au moins une fois l'an, à Pâques, par le canon *Omnis utriusque sexus* du concile de Latran de 1215, que les ordres mendiants contribuèrent largement à faire appliquer au cours du XIIIe siècle. L'administration, sous cette forme nouvelle, du sacrement de pénitence, exigeait que fût donnée aux confesseurs une grille de lecture des âmes pécheresses : c'est dans ce sens qu'il faut interpréter le succès des « sommes des vices et des vertus », compléments nécessaires des « manuels de confesseurs ». Ces derniers, déjà à la veille du concile de Latran, tendent à s'organiser autour des sept vices : tous les vices ayant été passés en revue, le fidèle et le confesseur pouvaient se séparer avec la certitude de n'avoir omis aucun péché.

Il fallait donc rattacher les superstitions à l'un des sept vices, et nous avons vu qu'Etienne de Bourbon, vers 1255-1261, avait jeté son dévolu sur la *superbia,* l'orgueil. Peut-être faut-il voir dans ce choix le terme d'un processus réussi d'intégration des superstitions dans le nouveau système pénitentiel. En effet, un demi-siècle plus tôt, dans le manuel de confession de Thomas de Chobham, les sortilèges n'ont pas encore véritablement trouvé leur place parmi les vices. L'auteur les rattache par le biais des empoisonnements maléfiques à l'homicide, conséquence de l'*ira*, la colère, juste avant l'*avaritia*. Place provisoire, qui éclaire une classification qui se cherche, mais souligne aussi l'importance accordée aux

---

10. BURCHARD de WORMS, *op. cit.*, col. 834-837, et VOGEL, C., *op. cit.*

11. Alain de LILLE, *op. cit.*, t. II, 1965, p. 118-120.

sortilèges, mis sur un pied d'égalité avec les sept vices[12].

Un peu plus tard, chez Etienne de Bourbon, les superstitions se trouvent définitivement rattachées à la *superbia*. Ainsi, confessant les paysans de lieu, Etienne de Bourbon dut les interroger sur tous les péchés qui dérivent du vice d'orgueil. Et arrivé aux superstitions, il découvrit l'existence du culte de saint Guinefort...

Ayant entendu en confession les aveux que sa prédication avait suscités, Etienne de Bourbon fit son enquête : *inquisivi*... Ce mot est important puisqu'il fait référence à la procédure inquisitoire, qui s'est développée dans la première moitié du XIIIe siècle, et à l'office d'inquisition, dont Etienne de Bourbon avait lui-même la charge depuis 1235. Le juge enquête lui-même, il provoque dénonciations et aveux, il n'attend pas passivement que les fautifs lui soient désignés comme dans la procédure accusatoire. Dans cette affaire, Etienne de Bourbon agit-il bien en tant qu'inquisiteur ?

Quand Etienne de Bourbon décrit son activité contre les hérétiques, il ne s'exprime pas différemment : « alors que j'enquêtais au sujet des hérétiques... » (*cum ego inquirerem de hereticis*...), dit-il fréquemment, avant de préciser s'il a trouvé (*inveni*) ou non quelque chose ou quelqu'un de suspect. A deux reprises seulement, sur une quinzaine de cas, il rappelle qu'il procédait « par mandat apostolique », « dans l'office d'inquisition ».

Par ailleurs, Etienne de Bourbon distingue rarement son activité d'inquisiteur de son activité de prédicateur et de confesseur : « comme je l'ai connu et trouvé par de nombreuses inquisitions et confessions... », « comme je prêchais contre les hérétiques albigeois... »[13]. La démarche du dominicain est complexe, comme nous le voyons aussi dans le cas du culte de saint Guinefort : trois actes sont associés, qui concourent à la découverte d'une déviance, superstitieuse ici, et là hérétique : la prédication, la confession, et l'inquisition.

C'est bien ainsi que l'avait entendu la papauté en confiant l'office de l'inquisition aux ordres mendiants, spécialistes de la prédication et de la confession nouvelles. Et, en 1215,

---

12. Thomas de CHOBHAM, *op. cit.*, p. 466-487.
13. LECOY de la MARCHE, A., *Anecdotes historiques...*, *op. cit.*, p. 293-294 et p. 140.

une des raisons de la promulgation du canon *Omnis utrius-que sexus* sur la confession nouvelle fut peut-être le souci d'une recherche plus efficace des hérétiques[14]. L'inquisiteur devait pareillement être un prédicateur : Humbert de Romans, énumérant pour les frères dominicains tous les types de sermons possibles, leur enseignait aussi comment prêcher « lors de l'inquisition solennelle », « lors de l'inquisition quand aucun crime n'a été découvert », « à la fin de l'inquisition après la découverte d'un crime », « lors de l'inquisition des hérétiques », « lors de la condamnation des hérétiques »[15].

Deux sermons encadraient en effet la procédure inquisitoriale : le sermon qui l'ouvrait et accordait un temps de grâce propice aux aveux spontanés ; et à la fin le *sermo generalis,* lors d'une séance publique à laquelle étaient convoqués le *peuple* et les représentants du pouvoir séculier auxquels les condamnés étaient éventuellement livrés[16]. Cette procédure minutieusement réglée a trouvé sa forme achevée dans la seconde moitié du XIVe siècle seulement, dans le *Directorium inquisitorum* de l'inquisiteur dominicain catalan Nicolau Eymerich (vers 1376). Mais c'est bien la même procédure que suit déjà Etienne de Bourbon dans le cas qui nous intéresse : au sermon du début en répond un autre, à la fin, pour dénoncer le délit devant le peuple (*populus*) assemblé, tandis qu'est sollicité l'appui du pouvoir séculier, en prévision d'une éventuelle récidive.

Le mot *populus* désignait, dans la langue de l'Eglise, la communauté chrétienne d'un diocèse, ou d'une paroisse. Dans la bouche des inquisiteurs, le « peuple convoqué » pour le sermon solennel était parfois celui de toute une ville. Pour sa part, Etienne de Bourbon agit le plus souvent dans le cadre d'une paroisse rurale, dont la composition sociale lui apparaissait très simple : en tête vient le curé (*sacerdos*), que suivent (de plus ou moins près !) les paroissiens (*parrochiani*)[17].

Dans le cas présent, le mot *populus* est inséparable du mot *terra :* c'est le peuple d'une terre, et celle-ci appartient à un seigneur. Etienne de Bourbon emploie le mot « terre »

14. DOUAIS, C., *op. cit.,* p. 284 : « *Item injungantur sacerdotibus quod* in poenitentiis *diligenter inquirant hereticis...* » (souligné par nous). Voir : GY, P.M., *op. cit.*
15. Humbert de ROMANS, *op. cit.,* t. II, cap. 54 à 62.
16. *D.T.C., op. cit.,* VII-2, s.v. « Inquisition », col. 2035.
17. LECOY de la MARCHE, A., *Anecdotes historiques..., op. cit.,* p. 229, 254, 273, 319, 322.

dans d'autres passages de son recueil[18], mais jamais sa
signification n'apparaît aussi clairement qu'ici : il désigne le
dominium d'un seigneur, et le « peuple de la terre » est
composé des individus qui sont soumis à son pouvoir[19]. C'est
à leur seigneur qu'Etienne de Bourbon a fait appel, conformément aux prérogatives de son statut d'inquisiteur[20].

Dans sa lutte contre l'hérésie, le tribunal de l'inquisition
se contentait de juger, de condamner et, le cas échéant,
d'imposer des peines spirituelles telles que l'obligation d'accomplir un pèlerinage. Les inquisiteurs ne prononçaient pas
eux-mêmes de peine de mort, mais livraient le condamné
au bras séculier, qui procédait à l'exécution. Quant aux
biens du condamné, ils étaient confisqués par les autorités
civiles, à la requête de l'inquisiteur. Déclarés publics, ils
étaient vendus aux enchères. Un condamné qui avait été
épargné ne pouvait rentrer en possession de ses biens, à
moins d'avoir fait entièrement pénitence[21]. Tel est bien le
sens de l'édit promulgué à la demande d'Etienne de Bourbon.
Il se confirme ainsi que notre dominicain, du début à la
fin, a bien agi en tant qu'inquisiteur.

Reste à préciser l'identité du seigneur qui prêta son
concours à l'inquisiteur.

C'est sur la « terre du sire de Villars » qu'Etienne de
Bourbon découvrit le lieu de culte de saint Guinefort, et
c'est par les « seigneurs de la terre » qu'il fit prendre un
édit.

Les pouvoirs des sires de Villars sont en effet attestés
dans cette région par d'assez nombreuses chartes[22]. Deux
familles alliées se sont succédé à la tête de cette seigneurie
au cours du Moyen Age. La première, mentionnée depuis
1030, fut illustrée au milieu du XIIᵉ siècle par Etienne II
de Villars, qui portait le titre de « sire » (*dominus*). N'ayant
pas de fils (*cum non habebat prolem sive heredem*), il

---

18. *Ibid.*, p. 261.
19. Même remarque en haute Ariège au début du XIVᵉ siècle, où
terra désigne une circonscription seigneuriale, par opposition aux
petits territoires familiaux : LE ROY LADURIE, E., *op. cit.*, p. 432.
20. *D.T.C.*, *op. cit.*, VII, 2, s. v. « Inquisition » : col. 2016. Le concours des autorités séculières fut sollicité par les inquisiteurs dès 1184
sous le pontificat de Lucius III.
21. Nicolau EYMERICH, *op. cit.*, p. 231.
22. Les actes ont été publiés : PHILIPPON, E., *op. cit.*, p. 106 et
464-465 ; VALENTIN-SMITH, GUIGUE, M.C., *op. cit.*, t. II, p. 34-36,
64-65, 104-105 ; AUBERT, L., *op. cit.*, t. I, p. 278, 325, 333 et suiv., 392
et suiv., 457, 459, 480, 497.

donna une partie de ses biens à l'abbaye de Saint-Sulpice
au moment de partir à la croisade en 1145. De retour en
1148, il fit construire, de 1163 à 1170, sur les terres qu'il
avait léguées, l'abbaye cistercienne de Chassagne, « fille »
de l'abbaye de Saint-Sulpice. En 1186, il entra au monastère
de l'Ile-Barbe.

Sa fille Agnès épousa, avant 1228, Etienne de Thoire,
« sire et chevalier » (*dominus et miles*), qui succéda à son

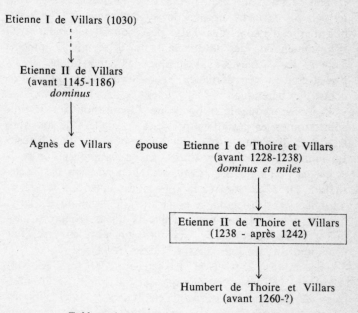

Tableau 1 : Succession des sires de Villars

beau-père avec le titre de « sire de Thoire et Villars ». Leur
fils, Etienne de Thoire et Villars, lui succéda dès 1238. Il
se rendit ensuite à Crémone pour prêter hommage à l'empereur pour tous ses fiefs d'Empire, situés à l'est de la
Saône. C'est à lui, vraisemblablement, que s'adressa l'inquisiteur. A Etienne succéda son fils Humbert de Thoire et
Villars. En 1260, il affranchit les hommes de l'abbaye de
Chassagne des redevances qu'ils lui versaient « pour sa terre
de Villars » (*pro terra sua de Villars*).

Il est difficile de préciser davantage quelles étaient les
possessions des sires de Villars à proximité immédiate de
Neuville-les-Dames et sur les bords de la Chalaronne. D'au-

tres lignages, sans parler des établissements ecclésiastiques, avaient des biens et des droits dans cette région : les sires de Beaujeu (Guichard puis Humbert) recevaient alors l'hommage de Châtillon-sur-Chalaronne, et avaient des droits sur Sandrans. Au contraire, Romans, tout près de là, était tenu en fief des sires de Bâgé par Ulrich de Varax.

En réprimant comme inquisiteur le culte de saint Guinefort, Etienne de Bourbon a procédé contre les superstitions et non, comme à l'ordinaire, contre l'hérésie. N'a-t-il pas ici débordé le cadre normal de ses compétences ? La question mérite d'autant plus d'être posée que l'inquisiteur avait bien l'intention, dès le moment où il se mit à prêcher « contre les sortilèges », de traquer les superstitions. Il n'a pas découvert ces dernières à la faveur d'une inquisition contre les hérétiques.

Il est vrai que le tribunal de l'Inquisition fut institué contre toutes les déviations possibles en matière de foi. Mais au début, il n'était explicitement question que de l'hérésie. La lutte contre les superstitions, et en particulier contre la sorcellerie, s'ajouta progressivement à la mission des inquisiteurs. En 1248 encore, le concile de Valence soumet les « sorciers et sacrilèges » à la juridiction ordinaire de l'évêque, et non à l'Inquisition ; d'ailleurs, ils ne sont pas assimilés à des hérétiques[23]. Quelques années plus tard, une évolution est sensible dans les deux réponses données le 13 décembre 1258 et le 10 janvier 1260 par le pape Alexandre IV aux questions que lui ont posées les franciscains et dominicains exerçant en Italie : ceux-ci s'inquiétaient de savoir « s'il est du ressort des inquisiteurs de l'hérésie de connaître des cas de divination et de sortilège qui leur sont dénoncés, et de punir ceux qui s'y adonnent ». Le pape répond que les questions de foi (*negotium fidei*) doivent passer avant toute autre préoccupation, et qu'en conséquence les inquisiteurs ne doivent traiter des cas de divination et de sortilège que « si manifestement ils ont la saveur de l'hérésie » (*nisi manifeste saperent haeresim*). Les autres cas continueront de relever de la justice épiscopale[24]. La même distinction est reprise dans la bulle *Quod super nonnullis* d'Alexandre IV. Une nouvelle étape fut atteinte vers 1270, quand pour la première fois un manuel d'inquisiteur fut

---

23. *D.T.C.*, *op. cit.*, VII, 2, s. v. « Inquisition », col. 2032.
24. *Bullarium ordinis praedicatorum*, t. I, Rome, 1729, p. 388 ; et HANSEN, J., *Quellen...*, *op. cit.*, p. 1-2.

consacré aux superstitions : la *Summa de officio inquisitionis,*
qui semble provenir de l'entourage de l'évêque de Marseille,
indique les questions qu'il convient de poser pour juger les
« augures et idolâtres » (*Forma et modus interrogandi augures et ydolatras*)[25]. Célèbrent-ils un culte aux démons ?
Font-ils sur les herbes, les oiseaux ou d'autres créatures des
invocations aux démons ? etc. Cependant, le qualificatif
d'« hérétiques » ne leur est jamais attribué.

Un nouveau pas est franchi avec le *Manuel de l'inquisiteur* de Bernard Gui, inquisiteur à Toulouse vers 1307-
1323[26]. Le vocabulaire est maintenant bien fixé : sont dénoncés les « jeteurs de sorts devins et invocateurs des démons » (*De sortilegis et divinis et invocatoribus demonum*).
C'est la formule rigide des bulles pontificales qui a été
reprise ici, et elle ne changera plus guère. Même si la distinction qu'il convient d'établir entre « sortilèges » et « divinations » fit l'objet de nombreux débats au XIVe siècle,
cette formule tranche par sa rigidité officielle sur les fluc-
tuations de la terminologie un demi-siècle plus tôt. De plus,
si les cas ayant « saveur d'hérésie » sont toujours l'objet
d'une vigilance particulière de l'inquisiteur, celui-ci doit s'intéresser aussi à tous les autres cas : une formule d'abjuration
est prévue « surtout pour les cas qui ont saveur d'hérésie »
mais elle ne semble pas se limiter à ces seuls cas. Enfin,
tout le vocabulaire de la procédure inquisitoriale en matière
d'hérésie est maintenant appliqué aux « sortilèges, divinations
et invocations des démons » : ceux-ci sont décrits comme
« une peste et une erreur variées et multiformes se trouvant
en diverses terres et régions », exactement de la même manière que les hérésies cathare et vaudoise.

L'évolution ne s'arrêta pas là : le perfectionnement de la
pratique inquisitoriale, en même temps que l'approfondis-
sement de la réflexion en matière de démonologie, abouti-
rent, après 1480 surtout, aux persécutions massives des
sorcières. Mais de cette évolution, nous n'avions à envisager
ici que les premières étapes, pour mieux situer l'action
d'Etienne de Bourbon dans l'affaire de saint Guinefort.

Bien qu'il fût l'un des premiers inquisiteurs, Etienne de
Bourbon utilisa contre les superstitions la procédure inquisitoriale, vingt ans environ avant que les inquisiteurs soient

---

25. HANSEN, J., *Quellen..., op. cit.*, p. 43.
26. Bernard GUI, *op. cit.*

officiellement chargés par le pape de juger les superstitions
à « saveur d'hérésie ».

L'initiative d'Etienne de Bourbon, et de même les
questions posées à Alexandre IV par les inquisiteurs ita-
liens, confirment que les instructions pontificales ont seulement ratifié et encouragé une pratique antérieure, « sur le
terrain », des inquisiteurs.

Le jugement rendu par l'inquisiteur à la fin de la procédure est à replacer dans la même évolution. En comparaison des châtiments qui à la même époque frappent les
hérétiques, la clémence d'Etienne de Bourbon est ici remarquable. Ailleurs dans son traité, l'auteur lui-même évoque
froidement le supplice d'une « vieille manichéenne » cham-
penoise et de dizaines d'hérétiques du Mont-Aimé[27]. La
clémence à l'égard des femmes venues en pèlerinage sur la
tombe de saint Guinefort et plus encore à l'égard de la
vetula qui les initiait au rite contraste surtout avec la rigueur
des peines qui frappèrent les sorcières à partir du xve siècle,
et qu'énumère le *Marteau des Sorcières* en 1486[28]. Dans
les nombreux *exempla* où Etienne de Bourbon parle des
superstitions, il ne signale jamais le moindre châtiment
physique. Lui-même innocenta au contraire une femme du
Forez accusée de sorcellerie et qu'un curé lui avait conduite
à la demande de ses paroissiens[29].

La première raison de cette clémence a déjà été donnée :
à l'époque d'Etienne de Bourbon, hérésie et sorcellerie ne
coïncident que très partiellement encore. Toutes deux dé-
coulent à ses yeux de la *superbia,* de l'orgueil. Mais si
l'hérésie est pour lui le domaine de l'erreur dogmatique
(*error*), consciente et justifiée par des arguments rationnels,
la superstition est le fait d'une tromperie diabolique (*ludificatio*) dont l'homme est moins le complice que la victime.
Aux « sophismes » des hérétiques, regroupés en « sectes »
qui prêchent la subversion contre l'Eglise, il faut opposer la
« démonstration » des articles de la Foi, les « raisons » et
les « disputations ». Et si les hérétiques persévèrent, il faut
les brûler. Au contraire, derrière les illusions d'une vieille
femme superstitieuse, il suffit de démasquer les menées du

27. LECOY de la MARCHE, A., *Anecdotes historiques..., op. cit.,*
p. 149-150.
    28. Henry INSTITORIS, Jacques SPRENGER, *op. cit.*
    29. LECOY de la MARCHE, A., *Anecdotes historiques..., op. cit.,*
p. 322.

diable, pour ramener cette « âme simple » dans le droit chemin[30].

La non-coïncidence dans l'esprit d'Etienne de Bourbon de l'hérésie et de la sorcellerie s'explique donc par sa conception différente de la nature et des dangers de l'une et de l'autre. Mais ces différences correspondent aussi à une non-coïncidence chronologique : tant que les inquisiteurs ont été confrontés aux hérétiques, les superstitions ne leur ont pas semblé justifier la même sévérité que l'hérésie. On le voit bien encore au début du XIVe siècle quand l'évêque de Pamiers Jacques Fournier traque dans les vallées de la haute Ariège les derniers « parfaits » cathares, mais néglige des superstitions paysannes bien peu conformes pourtant à l'orthodoxie catholique du temps[31]. Une fois l'hérésie extirpée, les inquisiteurs purent s'occuper sérieusement des sorcières... C'est bien ce que dit explicitement l'inquisiteur Hugo Nigri à l'évêque de Saint-Papoul, le 4 septembre 1443, pour s'excuser de n'avoir pas répondu plus tôt à la lettre de l'évêque, datée du 14 août, au sujet du culte superstitieux des Planhes : absorbé par une délicate affaire d'hérésie, l'inquisiteur s'était vu dans l'obligation « de négliger toutes les autres choses ».

Une autre raison de la clémence d'Etienne de Bourbon est la « simplicité » des paysans dont il détruisit le culte superstitieux. A l'inquisiteur Robert le Bougre, coupable d'avoir commis des abus dans l'exercice de ses fonctions inquisitoriales, il avait été reproché quelques années plus tôt d'avoir confondu dans une même persécution les hérétiques vraiment « mauvais », et ceux que l'on jugeait seulement « innocents et simples »[32]. Etienne de Bourbon ne fit pas de telles confusions : de simples paysans (*rustici*) ne méritaient pas selon lui le traitement réservé à de dangereux hérétiques.

Il est vrai que la *rusticitas* avait à ses yeux un statut ambigu. Assimilable à l'*ignobilitas* (la privation de noblesse) marquée durablement du sceau de la servitude (alors que la *nobilitas,* dit Etienne de Bourbon, est caractérisée par l'état de liberté [*liberalitas*]), la rusticité pousse naturellement au crime : *rusticitas,* rappelle l'auteur, signifie « voler » (*au-ferre*), « commettre un crime » (*malefacere*), « ravir » (*rusti-*

30. *Ibid.,* p. 299.
31. Le Roy Ladurie, E., *op. cit.,* p. 581.
32. Guiraud, J., *op. cit.,* II, p. 216.

citas est furari vel rapere)[33]. Pourtant, la rusticité a aussi
une valeur positive : représentant d'un ordre mendiant,
Etienne de Bourbon n'oublie pas que les paysans sont aussi
des pauvres, démunis du pouvoir, du savoir, et des riches-
ses, et surtout à l'abri des tentations qu'ils procurent. Leur
simplicité de vie, de mœurs et de pensées est conforme, au
naturel, à la vertu d'humilité. Témoin la mère de l'évêque
Maurice de Sully, « pauvre petite femme rustique et inculte
qui jamais ne posséda la culture des ornements[34] ». Mais
du jour où elle commença à se farder et à se parer, son
saint fils ne la reconnut plus. La simplicité des *rustici* les
rend en effet très vulnérables aux tentations. Ils se laissent
vite abuser aussi par les tromperies des ribauds et des che-
napans (*truffatores*)[35]. Ils sont surtout les victimes désignées
des illusions du diable. Leurs tentations sont à la mesure
de leur frustration sociale et des images fragiles de leurs
désirs[36]. Mais leur chute est généralement sans gravité. En
effet, à l'inverse de l'hérétique qui « a recours aux sophismes » dès qu'on l'interroge, l'homme simple (*homo simplex
et planus*) ignore les subtilités du raisonnement. Avec lui,
la tâche de l'inquisiteur est plus facile : « ou il répond bien,
ou il répond mal. S'il répond mal, il reçoit correction et
instruction[37] ». C'est exactement ce que fit Etienne de Bourbon avec les paysans venus vénérer saint Guinefort.

Ces paysans étaient surtout des femmes, plus sensibles
encore, en tant que telles, aux avances du diable. Sur ce
chapitre, Etienne de Bourbon reproduit sans originalité les
préjugés de son milieu et de son époque. Seules les femmes
nobles méritent un portrait flatteur[38]. Cependant, la méfiance
et le mépris pour les femmes ordinaires n'excluent pas, chez
Etienne de Bourbon, une certaine indulgence. Même dans

33. Lecoy de la Marche, A., *Anecdotes historiques...*, *op. cit.*,
p. 246 et 370-371.
34. *Ibid.*, p. 231.
35. *Ibid.*, p. 287-288 : l'exemple du *rusticus* qui donne l'agneau qu'il
porta sur son dos à des *truffatores* qui l'avaient convaincu que c'était
un chien.
36. *Ibid.*, p. 231 : l'exemple bien connu du *rusticus* qui portait un
fagot la nuit sur les pentes du Mont-Chat. Surpris par la Mesnie
Hellequin, il fut conduit dans un palais où il prit part à un noble
festin. Puis on lui désigna un lit où reposait une dame merveilleuse-
ment belle. Mais le matin il se réveilla « couché honteusement sur
son fagot de bois, et bien trompé ».
37. *Ibid.*, p. 311-312.
38. Voir : Flüry-Hérard, E., *op. cit.*

le cas des vieilles femmes (*vetule*) qui ont partie liée avec le diable, Etienne de Bourbon fulmine et condamne, mais n'use jamais de violence. Il dénonce l'emprise du diable, il ne cherche pas à faire brûler ses victimes : même quand elles prophétisent et jettent des sorts (*divinatrix, sortilega*), il voit d'abord en elles des âmes simples abusées par le diable[39]. Il y eut même une *vetula* — qui, il est vrai, ne jetait pas les sorts — pour trouver grâce aux yeux d'Etienne de Bourbon : tous les jours, inondée de larmes, elle récitait le *Pater*, l'*Ave* et le *Credo* jusqu'à ce qu'une colombe vînt la consoler. Emu par sa piété, l'évêque voulut lui apprendre en outre le *Psautier,* mais elle en perdit le don des larmes et la colombe ne revint plus. Tout rentra dans l'ordre quand elle eut repris sa prière accoutumée, qui apparaît ainsi comme l'oraison idéale, et suffisante, d'une simple laïque du XIIIe siècle[40]. Inversement, il est ailleurs question d'une *vetula* qui fut brûlée, mais qui, nous l'avons vu, était manifestement hérétique. Entre ces deux cas extrêmes, la grande masse des *vetule* jette des sorts, interprète des présages, prédit l'avenir, invoque parfois les démons. L'auteur les dénonce avec vigueur, mais quelque ironie indulgente se mêle à ses condamnations. Le diminutif *vetule* (ces petites vieilles !) donne le ton. Ainsi la *vetula* du XIIIe siècle est-elle encore épargnée. Au XVe siècle au contraire, la *malefica* sera brûlée sans hésitation : mais celle-ci pourra être convaincue de nuire à ses voisins — d'attenter à sa vie, à sa puissance sexuelle ou à la santé de ses vaches — avec l'aide du diable. Vers 1250, après tout, notre *vetula* se contente d'invoquer les démons pour sauver les petits enfants.

Il est vrai qu'Etienne de Bourbon ne l'entendait pas ainsi : il accusa les femmes d'infanticide, sans pourtant les menacer de les châtier sévèrement. Ici aussi son indulgence peut surprendre. Depuis le haut Moyen Age, l'Eglise n'avait pas cessé de dénoncer l'infanticide, qu'elle considéra d'abord comme un péché, sanctionné par les seules peines canoniques. A partir du XIIIe siècle, l'infanticide fut de plus en plus considéré comme un crime, instruit par les juges laïcs, et pouvant entraîner la peine capitale lorsque l'intentionnalité

39. LECOY de la MARCHE, A., *Anecdotes historiques...*, *op. cit.*, p. 59-60, 202-203, 207-209, 315-316, 319-321, 345.
40. *Ibid.*, p. 179.

de l'acte était démontrée ou en cas de récidive[41]. Les pratiques infanticides habituellement dénoncées à cette époque sont l'abandon ou l'exposition des enfants, l'étouffement du nouveau-né dans le lit de ses parents, divers accidents simulés : lorsqu'un enfant a le loisir de jouer à proximité d'une cuve d'eau bouillante, il a aussi de grandes chances d'y tomber... Il est probable qu'Etienne de Bourbon n'a pas vu dans ce culte un infanticide ritualisé, ce qui l'eût poussé à prendre des mesures autrement sévères, mais qu'il a seulement été sensible aux dangers que ce rite présentait pour la vie des enfants. D'où là encore sa remarquable clémence. Mais la question de la fonction réelle de ce culte nous apparaît aussi dans toute sa complexité : s'il est lié sans nul doute au problème alors crucial de l'infanticide, le but profond du culte n'est-il pas de sauver les enfants et non de les tuer ?

---

41. BRISSAUD, Y.B., *op. cit.* Sur l'infanticide au Moyen Age, voir surtout les travaux du groupe américain de « History of Childhood ». notamment les travaux cités de E.R. Coleman, R.C. Trexler, B.A. Kellum, et surtout le très bel article de McLAUGHLIN, M.M., « Survivors and surrogates : Children and Parents from the Ninth to the Thirteenth Centuries », *in* DEMAUSE, L., *op. cit.,* p. 101-181, et surtout p. 119. Voir aussi l'article cité de D. Herlihy.

DEUXIÈME PARTIE

LA LÉGENDE ET LE RITE

CHAPITRE PREMIER

LA LÉGENDE

Produit de la culture savante et d'une pratique répressive, notre document n'en jette pas moins sur la culture folklorique une lumière d'une vivacité et d'une précision rares dans les documents du Moyen Age.

Décrivant sa propre action, Etienne de Bourbon a rapporté aussi ce que les paysans lui ont dit de leurs croyances et de leurs pratiques. N'en doutons pas : cette fixation dans l'écrit de la parole des autres, adaptation latine d'un récit en langue vulgaire, fait déjà violence à la culture folklorique. Faut-il pour autant récuser le témoignage et se résoudre à ne pas aller plus loin ? Un *exemplum* est un récit bref. Il est probable qu'Etienne de Bourbon n'a pas rapporté tout ce qui lui a été dit. Il dut faire la synthèse de toutes les informations recueillies en confession, mais il ne paraît pas qu'il les ait trahies. La cohérence interne de l'ensemble du récit plaide au contraire en faveur de la fidélité du témoignage.

Deux parties peuvent être distinguées dans le témoignage d'Etienne de Bourbon sur la culture folklorique : un récit au passé des origines du lieu de culte, et la description d'un rite de guérison présent.

Ces deux parties seront soumises séparément au même type d'analyse : dans les deux cas l'on distinguera l'analyse formelle, attentive aux séquences narratives ou rituelles et à leur enchaînement, puis l'analyse sémantique des éléments essentiels du récit. L'on examinera ensuite le dossier hagiographique concernant saint Guinefort et l'on retracera l'histoire de son culte. Alors seulement sera tentée l'interprétation historique, qui rendra à l'ensemble du document son unité nécessairement rompue au niveau de toutes les analyses préalables[1].

Ni les paysans entendus en confession par Etienne de Bourbon, ni l'inquisiteur lui-même, n'ont mis en doute l'authenticité du récit de la mort du chien. La certitude des premiers informait leur croyance, et celle du clerc justifiait la répression. Mais nous savons que ce récit est attesté en bien d'autres lieux et en bien d'autres époques. Il développe un « motif » bien connu de la littérature orale, répertorié dans la classification internationale sous les numéros B 524 et suivants[2].

Ce récit est à nos yeux une légende. Au sens commun du mot, puisqu'il ne s'agit pas, comme l'atteste le grand nombre des versions, d'une « histoire vraie ». Et aussi au sens technique de genre narratif particulier. Selon les critères formels des tenants de la classification traditionnelle des genres narratifs, notre récit du chien fidèle oppose en effet aux caractères de la légende hagiographique (en allemand : *die Legende*) et à ceux du conte (*das Märchen*), les traits spécifiques de la légende (*die Sage*) : il en épouse la perspective historique (« le conte est plus poétique, la légende plus historique », écrit Hermann Bausinger) ; de la légende, il possède aussi la thématique familiale, l'inscription dans l'espace, l'aboutissement du récit dans la mort du héros, à l'inverse du conte qui s'arrête souvent avant que le héros ne meure. L'absence ou la discrète présence des motifs chrétiens est aussi caractéristique de la *Sage,* à l'inverse de la *Legende :* on peut remarquer ici que le titre de « saint », celui de « martyr » et le nom même de « Guinefort » ne sont pas donnés au lévrier dans la légende elle-même, mais avant ou après elle dans le texte de l'*exemplum*[3]. Cependant, les tenants de ces classifications formelles ont mis

1. Les principes de la méthode que nous essayons d'appliquer ici ont été exposés par VERNANT, J.-P., « Le mythe prométhéen chez Hésiode », *in Mythe et Société..., op. cit.,* p. 177-194.

2. THOMPSON, S., *op. cit.,* notamment B. 524.1.4.1. « *Dog defends master's child against animal assailant* ».

3. Voir notamment les ouvrages cités de A. JOLLES, M. LÜTHI, H. BAUSINGER, et de F. GRAUS (p. 269 et suiv.) pour une utilisation de ses concepts dans l'hagiographie médiévale. Plus neuf encore : JAUSS, H.R., *op. cit.*

eux-mêmes en garde contre les dangers d'une utilisation trop rigide des catégories qu'ils ont proposées : H. Bausinger notamment insiste moins sur les genres distincts que sur les « zones de chevauchement » (*Übergangslandschaft*) qui les relient entre eux. Notre document nous prémunit aussi contre une autre tentation, à laquelle cèdent trop souvent ceux qui étudient ces récits sur des versions sorties de leur contexte et figées dans des « recueils de contes et légendes » : la tentation d'oublier ceux qui ont dit cette parole, les conditions sociales et historiques dans lesquelles ils l'ont dite. Notre chance est de n'avoir pas ici seulement une version isolée, mais une légende fixée à une terre, inséparable d'un rituel et dite au cœur d'un rapport social dont on comprendra bientôt la violence.

Le corpus des récits

Ce récit est attesté sous une forme très voisine en Inde dès le VIe siècle avant J.-C. dans la littérature sanskrite : il appartient à un traité d'éducation des princes, le *Pañcatantra,* plus précisément à sa cinquième et dernière partie, qui apprend à se défier de toute précipitation et à éviter les conduites inconsidérées[4]. Contentons-nous d'en donner un résumé.

A un brahmane et à son épouse venait de naître un fils. Le même jour, leur ichneumon femelle avait eu un petit, que la femme du brahmane élevait comme son propre fils. Un jour, la brahmané dut s'absenter et elle confia l'enfant au brahmane. Mais celui-ci partit à son tour, laissant son fils seul avec l'ichneumon. Peu après, un serpent noir sortit d'un trou et menaça l'enfant, que l'ichneumon sauva en tuant le serpent. A son retour, la mère vit la gueule ensanglantée de l'ichneumon, et croyant qu'il avait dévoré son enfant, le tua. Mais entrant dans la chambre, elle découvrit son fils sain et sauf, et le corps en morceaux du serpent. Elle comprit sa méprise et s'en affligea, et quand le brahmane rentra à son tour, elle lui reprocha d'être parti en dépit de ses recommandations et le rendit responsable de la mort de leur « fils » ichneumon.

Indépendamment de ce récit indien — qui court toujours

---

4. *Pañcatantra, op. cit.,* p. 315-316.

dans la tradition orale aujourd'hui en Inde — une autre
version, sensiblement différente, a été recueillie en Grèce,
vers 160-180 après J.-C., par Pausanias. Il s'agit de la
légende « étiologique » d'une cité, Amphiclée de Phocide[5],
dont les habitants disaient : « Un homme qui avait une
certaine autorité dans la contrée, soupçonnant quelque
complot de la part de ses ennemis contre son fils encore
enfant, le mit dans un vase et le cacha dans l'endroit du
pays où il crut qu'il serait le plus en sûreté. Un loup étant
venu attaquer cet enfant, un très gros serpent, qui s'était
entortillé autour du vase, en prit la défense ; lorsque le père
arriva, il crut que le serpent en voulait à son enfant, et,
ayant lancé un trait, il le tua et tua son fils du même coup.
Il apprit ensuite des bergers des environs qu'il avait tué le
bienfaiteur et le protecteur de son fils. Il mit sur le même
bûcher son fils et le serpent ; aussi dit-on que la terre de
ce canton ressemble à la cendre d'un bûcher. On prétend
que la ville a pris de ce serpent le nom d'Ophitée... »

Par rapport au récit indien, cette version grecque présente
des différences évidentes : le serpent est ici le défenseur de
l'enfant, et non l'agresseur. L'enfant est effectivement tué,
mais par son père, etc. Cette version grecque semble bien
indépendante de la longue série des ouvrages orientaux issus
du *Pañcatantra*.

Ce traité, en effet, a connu en Orient un très grand succès.
Peu avant 570 après J.-C., il fut traduit en pehlvi sur l'ordre
d'un prince sassanide. Après l'invasion arabe de 652, cette
traduction aujourd'hui perdue fut elle-même traduite en
arabe, sur l'ordre du khalife al-Mansour (VIIIe siècle).
Composée par Ibn al-Muqaffa', cette version arabe est
connue sous le nom de *Livre de Kalila et Dimna*. Un certain Siméon, fils de Seth, est peut-être le traducteur en grec
de ce livre, à la fin du XIe siècle. Rabbi Joël en donna de
son côté une traduction en hébreu, le *Mishle Sendabat,* au
milieu du XIIIe siècle. C'est ce dernier ouvrage qui a été
traduit en latin entre 1263 et 1278 par un juif converti au
christianisme, Jean de Capoue, sous le titre *Directorium
humanae vitae*[6].

Cette première traduction dans l'Occident latin du récit

---

5. PAUSANIAS, *Description de la Grèce*, M. Clavier, Paris, 1821, V,
p. 506-509, « Phocide », chap. XXXIII, « Amphiclée ».
6. Jean de CAPOUE, *Directorium... in* HERVIEUX, L., *op. cit.*,
p. 258-261.

oriental est, on le voit, postérieure de quelques années à la mort d'Etienne de Bourbon. Par conséquent, la version paysanne que nous possédons vers 1250 ne peut en aucun cas être rattachée directement à l'ensemble des récits dont nous venons de suivre la tradition.

Mais dans la chrétienté latine, notre légende paysanne de 1250 n'est pas la première version attestée : dès 1155 environ, on en trouve une version en ancien français, dans la première version connue du *Roman des sept sages*. Une deuxième version antérieure à notre *exemplum* et *a fortiori* à la traduction de Jean de Capoue, est donnée en latin dans un autre traité, le *Dolopathos* du cistercien lorrain Jean de Haute-Seille, vers 1184. Cet ouvrage a été traduit en français au XIII° siècle par un certain Herbert.

Ces deux traités, le *Roman des sept sages* et le *Dolopathos,* sont par leur conception et leur composition à la fois proches l'un de l'autre et proches des ouvrages qui appartiennent à la longue tradition issue du *Pañcatantra :* tous deux narrent les aventures d'un jeune prince qui, élevé loin de chez lui par un précepteur après la mort de sa mère, est rappelé chez son père lorsque celui-ci se remarie. Mais avant son départ, son maître lui recommande de feindre d'être muet dès qu'il arrivera à la cour. Sa marâtre, sûre de son silence, tente de le séduire, mais n'ayant pu parvenir à ses fins, elle accuse le jeune homme d'avoir voulu abuser d'elle. Le roi veut mettre son fils à mort, mais sept sages l'en dissuadent en faisant chacun un ou deux récits, selon le cas, pour démontrer que trop d'empressement nuit. L'un de ces récits est celui du chien fidèle. Le roi finit par gracier son fils, dont l'innocence éclate à la fin de l'ouvrage.

Entre ces deux ouvrages et les traités d'éducation orientaux, les rapports ne font aucun doute. Mais les canaux de transmission ne sont pas connus, bien que l'on puisse penser que la traduction grecque de Siméon-Seth, à la fin du XI° siècle, ait vraisemblablement été le relais indispensable. Cependant, si cette influence orientale est manifeste au niveau de la composition d'ensemble de ces ouvrages et du sujet même de certains des récits qu'ils contiennent, des précédents orientaux ne peuvent être retrouvés pour tous les récits : dans le *Dolopathos* en particulier, Jean de Haute-Seille a aussi procédé à la collecte de récits locaux originaux.

Ainsi le problème de la genèse de notre légende paysanne attestée au milieu du XIII° siècle grâce à Etienne de Bourbon reste-t-il entier. Deux hypothèses peuvent être formulées : ou bien cette légende est une version vulgarisée des récits savants occidentaux, et se rattache ainsi, indirectement, aux récits orientaux dont on a suivi la tradition. Cette hypothèse n'a pas, *a priori,* notre préférence : les abus du diffusionnisme, les recours trop faciles aux fausses explications par les « influences » — dénoncés dès 1893 par Joseph Bédier[7], mais aujourd'hui encore trop souvent invoqués — détournent de cette solution. De plus, nous ne savons rien des conditions dans lesquelles se serait effectuée, par l'intermédiaire de certains clercs, ou de l'aristocratie locale, cette vulgarisation d'un récit savant.

Certains arguments militent néanmoins en faveur de cette hypothèse : les échanges entre culture savante et culture folklorique, et entre aristocratie et paysannerie, étaient assez intenses aux XIIᵉ-XIIIᵉ siècles pour avoir rendu cette vulgarisation possible. Il faut noter de plus l'étroite parenté de cette légende et des versions du *Roman des sept sages :* nous avons vu au contraire plus haut à quel point divergeaient les versions indépendantes du *Pañcatantra* et de Pausanias, que séparait, il est vrai, dans l'espace et dans le temps, un écart considérable.

Notons enfin que des efforts sont accomplis aujourd'hui pour réintroduire, sur des bases nouvelles, une problématique de la diffusion des motifs de la tradition orale : c'est notamment ce qui vient d'être fait dans le cas des contes africains[8].

Une seconde hypothèse a, en principe, notre préférence. Mais est-elle ici fondée ? La légende paysanne du lévrier fidèle ne devrait rien aux influences extérieures. Elle appartiendrait aux traditions orales de la paysannerie locale issues du vieux fond indo-européen : une même appartenance à la communauté indo-européenne expliquerait que ce récit soit attesté tant en Inde qu'en Grèce ou en France. Contre cette hypothèse militent cependant l'antériorité des deux versions savantes du *Roman des sept sages* et du *Dolopathos,* et surtout l'étroite parenté de ces textes et de la légende paysanne.

---

7. Bédier, J., *op. cit.,* montra dès 1893 que la plupart des fabliaux du Moyen Age ne devaient rien aux récits orientaux (qui, selon certains, se seraient transmis en Occident à la faveur des Croisades) mais qu'on ne pouvait les comprendre en dehors du *folklore* occidental.

8. Paulme, D., *op. cit.*

Seul un examen approfondi de la légende et des versions parallèles permettra peut-être de trancher entre ces deux hypothèses.

Un bref parcours dans le temps et l'espace nous a fait entrevoir un certain nombre de récits parallèles à celui dont nous sommes partis. Il apparaît déjà évident que nous serons incapables de proposer une interprétation de notre document et plus particulièrement du rôle qu'y joue la légende du chien fidèle, si nous ignorons à quel ensemble narratif celle-ci appartient et quelle y est sa place.

En raison des différences formelles qu'elles présentent, et qui vont être analysées, les versions parallèles à notre récit de références sont regroupées en trois ensembles, d'importance inégale :

Premier ensemble

Les neuf récits qui sont ici regroupés appartiennent tous, à l'exception d'un seul, aux versions du *Roman des sept sages*, écrites entre le XIIe et le XIVe siècle. Ces versions sont ici énumérées dans l'ordre où elles ont été classées par Gaston Paris[9], et non dans l'ordre chronologique :

R 2 : Récit du chien dans *Les Sept Sages de Rome*, version dérimée en français, XIIIe siècle. G. Paris : version D[10].

R 3 : Récit du chien dans *Historia septem sapientium*, manuscrit latin de 1342. G. Paris : version H[11].

R 4 : Récit du chien dans *L'Ystoire des sept sages*. Adaptation française de l'œuvre précédente[12].

R 5 : Récit du chien dans la version latine dite *Versio italica*, XIVe siècle. G. Paris : version I[13].

R 6 : Récit du chien dans *Li Romans des sept sages*, en vers français, vers 1155. G. Paris : version K[14].

R 7 : Récit du chien dans le *Roman des sept sages*, en prose française, XIIIe-XIVe siècle. G. Paris : version L[15].

---

9. *Les Sept Sages de Rome*, in PARIS, G., *Deux rédactions...*, op. cit., p. XXIII et suiv., et p. XLIII.
10. *Ibid.*, p. 1-54.
11. BUCHNER, G., op. cit., p. 16-18.
12. *L'Ystoire des sept sages...*, in PARIS, G., op. cit., p. 74-79.
13. MUSSAFIA, A., op. cit., p. 100.
14. KELLER, H.A., op. cit., p. 46-55.
15. *Roman des sept sages*, Leroux de Lincy, in LOISELEUR-DES-LONGCHAMPS, A.L.A., op. cit., p. 16-21.

R 8 : Récit du chien dans le *Liber de septem sapientibus,* au milieu du XIIIe siècle, perdu, mais transmis sous une forme abrégée par Jean Gobi, *Scala Celi,* vers 1330, en latin. Gaston Paris : version S[16].

De ces versions peut en être rapprochée une autre, qui n'appartient pas à la série du *Roman des sept sages :*
R 9 : Récit du chien dans la version anglo-latine de *Gesta Romanorum,* recueil d'*exempla* moralisés en latin, XIVe siècle[17].

Deuxième ensemble

R 10 : Récit du chien dans Jean de Haute-Seille, *Dolopathos sive de rege et septem sapientibus,* en latin, vers 1184-1212[18].
R 11 : Récit du chien dans *Li Romans de Dolopathos,* adaptation en vers français de l'œuvre précédente, par Herbert, vers 1223[19].

Ces deux versions ont pour principale originalité de faire précéder le récit proprement dit de la mort du lévrier par le récit de l'histoire du chevalier et de sa famille. En voici le résumé :

Un « jeune » (*juvenis*) de noble lignage est soucieux d'accroître sa renommée par ses prouesses et ses largesses, et d'attacher à son service une troupe abondante de compagnons. Mais quand il hérite de ses parents, il ne peut se résoudre à s'établir, et il poursuit sa vie d'aventures et de dépenses. Ses amis lui conseillent la prudence, mais il les repousse et les accuse d'« envie ». Le voilà bientôt ruiné. Plein de honte et de repentir, mais « trop tard », il quitte son pays accompagné seulement de sa femme, de son enfant qui vient de naître, de son cheval, de son faucon et de son lévrier.

A force d'errer, il parvient un soir à une cité où un bourgeois l'héberge dans une maison inhabitée depuis cinq ans, et située à l'écart. Le chevalier se refuse à travailler de ses mains ou à mendier. Mais tous les jours il part à la chasse avec ses trois animaux, et il rapporte du gibier pour nourrir sa famille.

---

16. Jean GOBI, *op. cit.,* s. v. *Femina,* f° CXXVII a-b.
17. MADDEN, F., *op. cit.,* p. 85-89.
18. OESTERLEY, H., *op. cit.,* p. 42-44.
19. BRUNET, Ch., MONTAIGLON, A. de, *op. cit.,* p. 168-178.

Un soir, il rentre bredouille. Il décide de repartir le
lendemain sans son chien, qu'il attache à l'intérieur de la
maison. Durant son absence, sa femme, craignant que son
enfant ne meure de faim, va demander de la nourriture à
une noble dame du voisinage. La suite est comparable aux
récits que nous connaissons déjà.

Troisième ensemble

R 12 : Récit de celui qui tua son chien, de Jean Pauli,
Schimpf und Ernst, en allemand, vers 1520[20].

Ce récit est classé à part parce qu'il est un peu plus
tardif que les autres récits, et parce que le chevalier y est

Illustration 1. Le chevalier tue son chien avec une massue, Jean Pauli,
Schimpf und Ernst, Strasbourg, B. Greininger, 1535, fol. XLVIV (photo
B.N., Paris).

seul à agir : aucune place n'est faite aux nourrices, et la
mère n'apparaît qu'à la fin du récit, pour autoriser son mari,
meurtrier du lévrier, à entrer au monastère.

De ce récit doit être rapprochée une gravure de l'édition
strasbourgeoise de 1535, qui représente le moment précis

20. PAULI, J., J. Bolte, *op. cit.,* n° 257.

The moost nobyll lady & pryncess borne of the ryall blode of thys
realmes loyally descendyng fro pryncys kyngys emperours &
mony gloryous sceptres dam Anne by the grace & vysyon of god quene
of englond & of fraunce & lady of Ireland. Wyfe furst to pryncε Edward
Son and eyre to kynge hary the syxt And aftyr hys deceße indelydly
conveyed by all the corners and gyres of the whole of fortune &
at some exaltyd a hoyne hee then chys stue was to the moost hye
trone & hono on all oy ladys of thys nobyll realme Anoyntyd
And crownyd Quene of ynglod Wyfe vnto the moost victoryos pu
kynge Rychard the thyrd · In pysone sthe was semely Ameabyll &
bewteos & yn condycyons full comendabyll & ryght wemes And
acordynge to the interpretacyon of hys name Anne full grayows
Sho was secund douht & on of the eyrys of ye moost myghtty
nobyll lord Syr Rychard nevyll eale of Waryewyk & of salysbu
And hys worshyppfull lady and wyfe dam Anne · Thys most
nobyll pryncess was borne yn the castell of Waryewyk The
day of the monythe of June the yere of oure lord xiiij cccc liij
And yn oure lady churche there wythe grett solemnyte was sthe
cryftynd

The moost myghty
of ynglond and of fra
mony W dyt dyscous
by eyre male linea
All grayece for a sce
comenth the o
extenoures and app
yse were venues by o
thank of god And lo
get sayd of the prose

Illustration 2. Le lévrier et le berceau, emblèmes du Pays de Galles, *Rous' Roll* (1483-1484), Londres, British Museum (photo du musée).

où le chevalier tue son chien. Cette gravure sera considérée pour elle-même, et non comme la simple illustration du texte (illustration 1).

Au total, notre *corpus* comprend douze récits et un document iconographique. Tous émanent de la civilisation de l'Europe occidentale entre le milieu du XIIe siècle et le début du XVIe siècle. C'est pour ne pas rompre l'homogénéité de ce *corpus* que nous en avons exclu d'autres versions.

En effet, nous ne tiendrons aucun compte, dans l'analyse et l'explication, des versions orientales (*Pañcatantra,* Pausanias, etc.), qui appartiennent à d'autres milieux culturels. Nous excluons même du *corpus* la traduction de Jean de Capoue, où l'empreinte orientale est trop forte pour que nous puissions mettre ce récit sur le même plan que les autres. Par exemple, le père de l'enfant y est un ermite — avatar du « dévôt » musulman du *Livre de Kalila et Dimna,* qui lui-même a remplacé le brahmane du *Pañcatantra* — et non un chevalier comme dans toutes les versions de notre *corpus*[21]. Or, au-delà de ce personnage, c'est tout le cadre du récit qui est différent. Certes, ces différences ne s'opposeraient pas à une comparaison formelle de ce récit et des versions de notre *corpus*. Mais l'analyse du contenu ne peut être séparée selon nous de celle de la structure, et ce récit demande à l'évidence une tout autre interprétation que celle que nous proposerons pour les versions retenues.

Nous décidons également d'exclure du *corpus* deux versions récentes du même récit : l'une est la légende galloise de Llewelin et de son lévrier Gelert. Elle est attestée par écrit depuis 1800 seulement, lorsque Spencer en fit un poème[22]. En vérité, cette légende est sûrement bien plus

21. L'œuvre de Jean de Capoue a elle-même été traduite peu après en allemand (*Das Buch der Weisheit,* entre 1265 et 1325) et en espagnol (*Exemplario contra los enganos y peligros del mundo*). Cette dernière version et une version arabe du *Livre de Kalila et Dimna* ont été utilisées par Raymond de Béziers pour la rédaction de son *Liber Kalilae et Dimnae,* dédié au roi Philippe le Bel. Sur les œuvres juives et arabes intermédiaires entre le *Pañcatantra* et Jean de Capoue, voir : DERENBOURG, J., *Deux versions hébraïques...*, op. cit., p. 148-149 et IBN al-MUQAFFA', op. cit., p. 199. Au XIIIe siècle, le *Liber Kalilae et Dimnae* aurait aussi été imité par un fabuliste latin d'Italie du Nord, connu sous le nom d'*Alter Aesopus.* Dans sa fable XVI, l'animal qui sauve l'enfant est une hermine, et non un chien : DU MÉRIL, E., *Poésies inédites du Moyen Age,* Paris, 1854, p. 242.

22. BARING-GOULD, S., op. cit., p. 134-144, et SAINTYVES, P., *En marge...*, op. cit., p. 428-431. KITTREDGE, G.L., op. cit., p. 272.

ancienne, comme permet de le penser une illustration de
la chronique de John Rous (1483-1484) dédiée aux ducs
de Warwick, et qui représente le roi d'Angleterre Richard III
entre sa femme et le prince de Galles. Aux pieds de celui-ci,
le cimier qui surmonte les armes du Pays de Galles représente un lévrier couché dans un berceau[23] (illustration 2).
Ce détail héraldique, par ailleurs inconnu, est certainement
à mettre en relation avec la légende qui nous intéresse.
Malheureusement, nous ne possédons pas à cette date de
version locale de cette légende.

De même, nous ne retiendrons pas la légende du saint
chien Ganelon, attestée en 1713, qui pourtant, au moins
d'un point de vue thématique, est la plus proche de notre
récit de référence. En effet, le chien fidèle aurait été également « canonisé » par des paysans, et l'endroit de son
martyre serait devenu le lieu d'un culte de guérison[24]. Si
nous nous refusons à considérer ici ce récit, ce n'est pas
parce qu'il est attesté à une date sensiblement postérieure
aux dates des autres versions. Il serait toutefois gênant de
rompre l'homogénéité chronologique de notre *corpus*. La
principale raison est que nous ne savons rien de cette
légende : ni les conditions dans lesquelles elle a été recueillie, ni à quelles traditions locales (le texte situe l'action
« en Auvergne ») elle pourrait éventuellement se rattacher.
Les recherches que nous avons faites au sujet du nom du
chien, et de ses rapports possibles avec le nom du traître
de la *Chanson de Roland,* sont restées également vaines[25].
Dans ces conditions, nous avons jugé plus prudent d'écarter
ce récit[26].

23. Russel, A.G.B., *op. cit.*, pour la version latine du *Rous Roll,* et
surtout pour la version anglaise et l'iconographie : Wright, C.E., *op.
cit.*, planche XXVII.
24. Ce récit a été publié pour la première fois par l'abbé Drouet
de Maupertuy, *op. cit.*, p. 21-32, en 1713, sans indication de provenance. Le livre de Maupertuy a été recensé l'année suivante dans le
Journal des savants, Trévoux, 1714, p. 317, et suscita des débats entre
érudits, notamment l'abbé Lebeuf et le président Bouhier, en 1734.
Il est fait mention de ces débats dans une note de l'*Intermédiaire des
Chercheurs et des Curieux,* IV, 1876, p. 675-676. Voir aussi Saintyves,
P., *En Marge...*, *op. cit.*, p. 411-444.
25. Voir les travaux de Louis, A., en particulier *L'Epopée française
et carolingienne,* Saragosse, 1956, et Sébillot, P., *Le Folklore...*, *op.
cit.*, IV, Index, s. v. « Ganelon », et Crampon, M., *op. cit.*, p. 166.
26. Il en va malheureusement de même d'une autre version, qui
m'a été signalée par M. Audibert : dans un entretien donné aux
Cahiers du Cinéma, en 1954, Roberto Rossellini, aujourd'hui décédé,
résumait ainsi le scénario de son film *Le Miracle* : « Selon moi, *Le*

Ayant justifié les règles de constitution et les limites de notre *corpus,* nous allons comparer entre elles les versions qui le composent. Cependant, notre récit de référence restera toujours privilégié puisqu'il est associé au culte de saint Guinefort.

Analyse formelle

Dans l'analyse formelle comparée des différentes versions du *corpus,* nous considérons successivement l'espace et le temps, les acteurs et les actions, la logique du récit.

1. *Espace et temps*

Dans notre récit de référence (R 1), l'action se déroule dans un château, qui n'est pas décrit : on apprend seulement, et tardivement, qu'il possède une porte et un puits

Miracle est une œuvre absolument catholique. Je suis parti d'un prêche de saint Bernardin de Sienne ; il s'agit d'un saint qui s'appelle Bonino : un paysan va à la campagne avec son fils de deux ans et un chien. Il laisse l'enfant et le chien à l'ombre d'un chêne et s'en va travailler. Quand il revient, il trouve l'enfant égorgé avec des traces de dents sur sa gorge ; dans sa douleur de père, il tue le chien et à ce moment-là seulement, il aperçoit un gros serpent et comprend son erreur. Conscient de son injustice, il enterre le chien dans les rochers proches et grave une inscription sur la tombe : " Ci-gît Bonino (c'était le nom du chien) que la férocité des hommes a tué. " Plusieurs siècles s'écoulent, près de la tombe passe une route ; les voyageurs qui s'arrêtent à l'ombre du chêne lisent l'inscription. Peu à peu, ils se mettent à prier, à demander l'intercession du malheureux, là enseveli : les miracles arrivèrent, si nombreux que les gens de la contrée construisirent une belle église, et un tombeau pour y transférer le corps de ce Bonino. Ils s'aperçurent alors que c'était un chien. » (*Cahiers du Cinéma,* VII, juillet 1954, nº 37, p. 4.) Malheureusement je n'ai pu retrouver ce récit dans les sermons publiés de Bernardin de Sienne, au début du xvᵉ siècle, ni même dans les collections d'*exempla* tirés de ses sermons. Jusqu'à plus ample informé, le texte de Rossellini est pour moi inutilisable. Mais on peut cependant en souligner les caractères originaux : l'enfant — cas unique — est effectivement tué par le serpent ; Bonino est le nom du chien (comme Ganelon mentionné plus haut) et non le nom d'un saint donné ultérieurement au chien martyr (comme dans le cas de Guinefort). Toutefois, il existe aussi un saint Bonino homme, mais qui n'est connu que par la mention de son nom dans une épitaphe datée du 1ᵉʳ novembre 1626 signalant que ses reliques se trouvaient, avec celles de deux autres martyrs, Soterius et Paulinus, dans l'église des saints Gervais et Protais de Pavie (*AA.SS.,* Mai III, p. 456). Pure coïncidence ? Cette église, on le verra, abrite également, aujourd'hui encore, le corps de saint Guinefort homme. Notons aussi la ressemblance du nom Bonino et d'une des formes italiennes de Guinefort : Boniforto. Mais il m'est interdit pour l'instant même de suggérer qu'il puisse y avoir un lien entre l'*exemplum* d'Etienne de Bourbon, saint Guinefort et saint Bonino de Pavie, et le chien Bonino de ce récit dont il faudrait pour commencer retrouver l'origine.

à côté de cette porte. Les abords du château ne sont pas,
mieux précisés, et aucune description de l'intérieur de la
demeure n'est donnée. Il y a simplement un « dehors » —
où vont ceux qui « sortent » — et un « dedans » — où
entrent les acteurs du récit. En revanche, le château est
soigneusement situé dans l'« espace » juridique *présent* de
la contrée : cet espace se définit du triple point de vue des
circonscriptions ecclésiastiques (le diocèse de Lyon), du réseau monastique (le monastère féminin de Neuville) et des
juridictions laïques (sur la terre du seigneur de Villars).

L'action se déroule dans un passé indéterminé (*fuit quoddam castro...*). Aucune indication ne permet d'en situer le
moment dans le cours de l'année.

A la fin du récit, le cadre spatial change d'apparence,
alors qu'un laps de temps (non précisé) s'est écoulé depuis
le meurtre du lévrier : le château est détruit et la terre est
réduite à l'état de « désert ».

Dans les autres récits, le cadre spatio-temporel est sensiblement différent. Trois versions du *Roman des sept sages*
sont toutefois, de ce point de vue, assez proches de notre
légende : dans R 3 et R 4 l'action se déroule dans le château
d'un chevalier, plus précisément dans la grande salle ou
aula ; le serpent sort d'un trou du mur. Dans R 8, il s'agit
d'une bastide en dehors de la ville, qui possède des prés et
une fontaine. Le toùt est entouré de « murs ruinés et très
vieux », dont le serpent va sortir.

Toutes les autres versions du *Roman des sept sages* situent
explicitement l'action dans un cadre urbain, et plus précisément à Rome. La demeure du chevalier est un hôtel ou
un château, situé tout près du mur d'enceinte de la ville.
L'intérieur est bien décrit : la chambre, le berceau, une
huche, un autre lit, la porte (que les nourrices ferment
derrière elles), la fenêtre (par où entre le serpent) (R 2 et 6).
En R 7, la maison s'ouvre sur une cour. Tout près est le
mur de la ville « grans et anciens » (R 2), plein de trous.
Il est couronné de créneaux et la porte de la ville est dotée
d'un pont-levis (R 7). Dans R 5 seulement, tout le récit se
déroule à l'intérieur de la ville : le chevalier et les siens se
sont absentés pour assister aux jeux de Rome sur la place
des fêtes (*ludus Romae in agone*). Dans les autres récits
au contraire, la ville s'ouvre à l'extérieur sur le « pré », où
se déroulent chasse à l'ours ou tournoi, qui attirent les habitants de la maison.

Cet espace de la ville et de ses abords est le véritable
cadre du récit. La fin du récit, qui s'achève dans la plupart
des cas sur le départ « en exil » du père (R 2 et 6) ou en
Terre sainte (R 3, 7 et 9), évoque sans le décrire un espace
lointain, mais indéterminé. Cet épisode n'est pas présent en
R 1. En revanche, dans les versions R 2 à 9, le château du
chevalier ne disparaît pas comme en R 1 à la fin du récit.

L'action a lieu dans un temps reculé : « jadis », « en
l'antif tans », comme dans R 1. Le moment de l'année est
précisé : à la Pentecôte (R 2 et 6), où « selon la coutume »
le chevalier organise une chasse à l'ours dans le « pré » ;
ou à la Trinité (premier dimanche après la Pentecôte) en
R 7, le chevalier se rendant l'après-midi à un tournoi qui
finit le soir. Un tournoi est aussi invoqué en R 3, 4 et 8
pour justifier l'absence du chevalier et des siens, même si
dans ces versions aucune date précise n'est mentionnée.

Le cadre spatio-temporel est différent dans les deux versions du *Dolopathos* (R 10, 11) : le chevalier et les siens
ont reçu l'hospitalité d'un bourgeois près d'une cité, dans
une grande maison de pierre inhabitée depuis cinq ans et
située en deçà d'un pont. Le temps du récit n'est pas le
temps festif du tournoi ou de la chasse ritualisée d'un ours
sorti de sa cage pour la circonstance ; c'est le temps quoti-
dien de la chasse en forêt, à laquelle le chevalier se livre
tous les jours pour nourrir les siens, et c'est la chasse qui
ce jour-là justifie son absence. Ici l'espace n'est donc pas
clos par le pré aux abords de la ville. Il s'ouvre sur la forêt
riche de venaison. Autre différence par rapport au *Roman des
sept sages :* à la fin le chevalier ne part pas. Il n'est donc
pas fait mention de lieux d'exil ou de pèlerinage. La maison
du chevalier n'est pas non plus détruite comme en R 1.

La version de Jean Pauli (R 12) est en règle générale avare
de détail. Mais à la fin il est précisé que le chevalier entre
dans un monastère bénédictin (équivalent de l'exil ou de la
Terre sainte de plusieurs versions précédentes ?).

2. *Les acteurs et les actions*

Dans notre récit de référence, les personnages sont les
suivants :

— le père, appelé indifféremment *dominus* ou *miles* ;
— l'enfant : *puer parvulus,* au berceau, où il dort « dou-

cement » (*suaviter*). On peut admettre qu'il est de sexe masculin ;

— la mère, triplement qualifiée d'épouse du chevalier (*uxor sua*), de châtelaine (*domina*) et de mère de l'enfant (*mater pueri*) ;

— la nourrice ;

— le serpent (*serpens*) « très grand » (*maximus*) ;

— le lévrier, souvent appelé simplement « chien ». A la fin, son « utilité » (*tam utilis*) est reconnue ;

— la « volonté divine ».

Les acteurs s'associent ou s'opposent dans un certain nombre d'actions dont on étudiera plus loin l'enchaînement dans le récit ; le principal caractère de ces actions est qu'à chacune en correspond le plus souvent une autre qui lui est contraire. D'où une série de couples antagonistes : entrer/sortir, agresser/défendre, tuer/sauver, dévorer/tuer, renverser/redresser (le berceau). Certaines actions, qui paraissent identiques, sont accomplies différemment : sortir en même temps/rentrer successivement ; projeter (au loin)/projeter (dans le puits). Des comportements en apparence semblables débouchent sur des actions différentes qui caractérisent en les opposant les acteurs qui les accomplissent : les femmes (nourrice puis mère) entrent, voient, croient et *crient ;* l'homme entre, croit, tire son épée et *tue le lévrier.*

Dans les versions R 2 à 9 (*Roman des sept sages* et *Gesta Romanorum*), les acteurs sont les suivants :

— le père est un chevalier, dont est généralement souligné le caractère valeureux, la noblesse, la richesse, sa passion des tournois, et aussi l'amour qu'il a pour son chien et pour son enfant ;

— sa femme est elle aussi « courtoise et sage » ;

— le fils, encore au berceau, *infans,* est leur seul enfant, né après neuf ans de mariage stérile (R 2) ;

— il n'a pas à son service une, mais trois nourrices qui ont pour devoir de le baigner, coucher et allaiter, et aussi, en R 8 et 9, de laver ses habits ;

— le chien est toujours un lévrier, dont l'âge est parfois précisé : cinq mois ou environ (R 2), un an (R 6). On insiste surtout sur ses qualités de chasseur (aucune proie ne lui échappe), « quant il prenoit la salvagine yl la tenoit fermement jusques que son maître fut venu » (R 4), et ses dons de prévision : quand son maître part à la guerre, il le retient s'il pressent qu'un danger le menace (R 3 et 4).

Toujours est louée la « fidélité » du lévrier, et il est désigné
comme « le salut et la protection de la maison » (R 8 :
*leporarius peroptimus et fidelissimus, salus et protectio
hospicii*) ;

— dans les récits R 3, 4 et 9, le lévrier est accompagné
d'un faucon (*falco, accipiter*), lui aussi très bon chasseur :
« Jamais ne voloit qu'il ne prist quelque proie. » En l'absence de son maître, il se tient sur son perchoir, dans la
chambre de l'enfant ;

— le serpent fait l'objet des descriptions les plus détail-
lées. Dans tous les cas, il sort du vieux mur en partie ruiné
de la ville qui est son repaire habituel, ou du mur du château lui-même. Dans deux cas (R 2 et 6), il entre dans la
chambre par la fenêtre.

Dans tous les récits, il est moins un ennemi de l'« extérieur », comme en R 1, qu'un ennemi des confins, de la
limite entre extérieur et intérieur. Il ne vient pas de la forêt,
espace de la chasse qu'aime tant le chevalier. Il sort des
anfractuosités du mur tout proche et peut-être des profon-
deurs de la terre. Voici comment il est décrit : R 2 : « Une
serpente de merveilleuse force et grandeur [...] qui pluseurs
foiz por temps de vainnes ou de mouvemens de terre avoit
este veue yssir de sa caverne [...]. Sa queue estoit tranchant
comme ung raseur, que c'estoit le mauvais serpent. » Le
mot « vainnes » désigne les crevasses qui s'ouvrent dans la
terre quand celle-ci tremble. R 4 : « En ung partuys de
cestuy chastiau avoit ung serpent mussé [= caché] que
nul ne sçavoit. » Le titre de ce récit, apparemment contemporain du reste du texte, l'appelle « dragon » mais ce mot
n'apparaît pas dans le texte lui-même.

R 5 : *serpens terribilis et magnus*.

R 6 : « un félon serpent sathanas ». Après qu'il a été coupé
en morceaux par le lévrier, on retrouve : « la teste et
l'aguillon, ki molt estoit agus ».

R 7 : « le serpens grant et gros, et estoit hideus et porpris
de rouse coulor, venimus en toz les manbres de lui ».

R 8 : *serpens maximus*.

Comme dans notre récit de référence, la taille inhabituelle
du serpent est soulignée, mais il n'est pas un dragon : le
seul cas où ce nom lui est donné, en dehors du récit proprement dit, peut seulement être retenu en tant que signe
de l'ambiguïté du serpent. Nous y reviendrons.

Le serpent est « félon » comme le lévrier est « fidèle ».

Il est aussi appelé « Satan ». Ce n'est pas le cas dans R 1,
où Dieu (la « volonté divine ») est au contraire présent. R 6
est le seul récit où Satan est explicitement présent, R 1 est
le seul où Dieu est expressément évoqué.

Dans tous ces récits, les actions sont les mêmes qu'en
R 1, à quelques détails près, et moyennant une fin différente.

Le faucon, qui est ici présent, réveille le lévrier en battant
des ailes à l'approche du danger.

Les nourrices ont le même rôle qu'en R 1 — revenues
les premières, elles préviennent la mère, qui informe à son
tour le père —, mais désignées comme *fautives* dès le moment où elles quittent l'enfant, ce qui n'est pas le cas en
R 1, elles *s'enfuient* aussitôt qu'elles ont aperçu le lévrier ;
en R 1 au contraire, la nourrice participe à la déploration
et aux funérailles du lévrier.

Le chevalier tue le lévrier comme en R 1, mais ayant
retourné le berceau et compris sa méprise, son attitude est
pour finir sensiblement différente. Rappelons qu'en R 1, il
se lamente avec les siens et ensevelit le lévrier ; puis le
château est détruit par la « volonté divine » et la terre est
réduite à l'état de désert. Dans les récits R 2 à 9, le chevalier se lamente également, mais les raisons de sa douleur
sont mieux explicitées : « le chevalier fut tant marry que
s'il avoit occis ung homme » (R 2). Puis il reproche à sa
femme de l'avoir mal conseillé (R 3, 4, 5, 7) et en R 9 la
fait même jeter en prison ; il rompt sa lance en trois (R 3,
4, 9), parle de se suicider (R 4 : « Je me veulx défaire »),
se condamne lui-même à faire pénitence (R 3 : *A me ipso
penitenciam accipiam*). R 7 : « Nus ne m'en donra la pe-
nance, ge meismes l'en prendrai », et pour cela part pieds
nus en exil et disparaît à jamais (R 7 : « Si que nus ne pot
savoir où il estoit alez ») ; ou bien il s'en va finir ses jours
en Terre sainte (R 3, 4, 9). Il abandonne tout ce qui lui
était cher « sans regarder fame, ne fil, ne heritage, ne or,
ne argent » (R 7).

Sans chercher pour l'instant à rapprocher ce dénouement
de celui de R 1, notons au contraire ce qui les distingue :
la fin du premier récit met l'accent sur le souci des hommes
de préserver la mémoire du lévrier mort, et sur l'intervention
de Dieu. La fin des récits R 2 à 9 met l'accent sur le
repentir du meurtrier et sur l'initiative qu'il prend lui-même
face à Dieu en s'infligeant une pénitence.

Dans les deux versions du *Dolopathos* (R 10 et 11), les acteurs sont les suivants :

— le père, désigné comme « jeune » (*juvenis*) ou « damoiseau » dans la première partie du récit (où il se ruine et quitte son pays) est maintenant appelé « bachelier », et surtout « chevalier » (*miles*). Sa seule activité est de chasser tous les jours avec son cheval, son lévrier et son faucon, afin de nourrir sa famille. Il se refuse en effet à mendier ou à travailler de ses mains ;

— sa femme a pour fonction d'allaiter l'enfant ;

— il n'y a pas de nourrice ;

— l'enfant vient de naître ;

— le lévrier accompagne ordinairement son maître à la chasse. Laissé ce jour-là à la maison, il est attaché à une chaîne. Sa fidélité est soulignée ;

— le faucon et le cheval n'accomplissent pas d'action particulière ;

— le serpent est très grand (*serpens immanis*) et il sort du mur de la maison, de dessous une grande pierre où il demeurait ;

— Dieu n'est mentionné ni explicitement comme en R 1, ni implicitement comme dans les récits où le chevalier s'impose une pénitence.

Par rapport aux récits précédents, certaines actions diffèrent :

Le chevalier ne va pas au « pré » pour un tournoi, ni même pour une chasse à l'ours. Il part selon son habitude chasser dans la forêt. La veille, il était rentré bredouille : ce jour-là, il décide de repartir, mais sans son chien, qu'il attache dans la maison. Il rentrera chargé de venaison.

La mère part après lui, parce qu'elle craint que son enfant ne meure de faim. Elle s'en va quérir quelque nourriture chez une noble dame du voisinage. Son départ n'est pas une faute, contrairement au départ des nourrices dans R 2 à 9, et sa quête n'est pas un acte de mendicité qui la ferait déroger : sur ces deux points le récit est très clair.

De plus, elle rentre *après son mari* et non avant lui : elle n'intervient donc pas dans la mort du lévrier, comme les nourrices ou la mère des récits précédents. D'ailleurs elle ne prend pas la fuite, mais dès qu'elle rentre s'approche du berceau, le retourne, et sans mot dire allaite l'enfant (R 11) :

> « L'enfant alète doucement
> Et moult le bèse tendrement. »

Si le chevalier parle, comme dans R 4, de son désir de mourir, c'est au moment où il croit son fils mort (« Bien voulist estre mis en bière »), et non quand il découvre qu'il a injustement tué son chien. Dans sa fureur, il tue non seulement le lévrier, mais aussi son cheval et son épervier. Sa femme ayant découvert l'enfant vivant, il se repent, « mais trop tard », d'avoir tué le lévrier. La même expression désignait, à la fin de la première partie du récit, les sentiments du *juvenis* regrettant, « mais trop tard », d'avoir dilapidé son héritage.

Là s'arrête le récit : le chevalier ne part pas en pèlerinage comme en R 2-9, et il n'ensevelit pas le lévrier comme en R 1.

Le récit de Jean Pauli (R 12) développe bien le même thème, mais avec des moyens beaucoup plus réduits. Les seuls personnages sont :

— le noble (*Edelman, Juncker*) ;
— sa femme ;
— l'enfant, encore au berceau ;
— le lévrier, que son maître aime beaucoup : « Il ne s'en serait pas séparé, même pour une forte somme d'argent. » A l'approche du serpent, « il sent l'odeur de la mort » ;
— le serpent, qui sort du mur.

Selon Jean Pauli, le chevalier tue son lévrier, avec son épée (*mit dem Schwert*). Mais la gravure qui, dans l'édition de 1535, accompagne le texte, le représente frappant le lévrier *avec une massue*.

Dans le texte comme dans l'illustration, le berceau ne s'est pas renversé au cours du combat. Sur ce point, les deux documents concordent.

Quand il découvre sa méprise, le chevalier part, comme dans R 2 à 9, mais pour devenir moine. Il n'est pas question d'ensevelissement du chien.

Sa femme n'intervient dans le récit qu'à la fin, pour l'autoriser à entrer au monastère.

3. *La logique du récit*

Les actions qui ont lieu au cours du récit sont groupées dans le texte même en longues séquences narratives (sept en tout), qu'enchaînent des conjonctions temporelles : *cum* = alors que, *autem* = or, *tunc* = alors, *ad ultimum* = pour finir.

1. *In diocesi... de uxore sua :* présentation du cadre spatio-temporel.

2. *Cum autem exivissent... similiter mordentem*

   a) sortie simultanée du chevalier, de la mère et de la nourrice ;

   b) entrée du serpent et agression contre l'enfant ;

   c) poursuite du serpent par le lévrier qui renverse le berceau ;

   d) morsures réciproques du serpent et du lévrier.

3. *Quem ad ultimum... tractatus*

   a) meurtre du serpent par le lévrier ;

   b) projection au loin du corps du serpent par le lévrier ;

   c) attente du lévrier couvert de sang.

4. *Cum autem intrasset... canem occidit*

   a) rentrée de la nourrice qui alerte la mère ;

   b) rentrée de la mère qui alerte le père ;

   c) rentrée du père qui tue le chien.

5. *Tunc... occisum*

   a) découverte de l'enfant sain et sauf ;

   b) découverte du corps du serpent.

6. *Veritatem autem... in memoriam facti*

   a) douleur des maîtres du lévrier ;

   b) projection du corps du lévrier dans le puits ;

   c) ensevelissement du corps sous une grande masse de pierres ;

   d) plantation d'arbres à côté du puits, « en mémoire du fait ».

7. *Castro autem... ab habitatore relicta*

   a) destruction du château ;

   b) désertion de la terre.

Un schéma simplifié peut être présenté pour les autres versions (R 2 à 9), en signalant par des caractères italiques les séquences narratives différentes de celles de R 1 :

1. Présentation du cadre spatio-temporel.

2. Sortie du chevalier et de sa femme.

3. Sortie postérieure et fautive des nourrices.

4. Entrée du serpent et agression contre l'enfant.

5. *Le faucon réveille le lévrier.*

6. Poursuite du serpent par le lévrier qui renverse le berceau.

7. Meurtre du serpent et dissimulation de son corps.

8. Attente du lévrier.

9. Retour des nourrices *qui s'enfuient.*

10. Retour de la mère, alertée par les nourrices. Elle alerte le père.

11. Retour du père qui tue le chien.

12. Retournement du berceau, découverte de l'enfant sain et sauf puis du corps du serpent.

13. Lamentations et *départ pénitentiel du père*.

Dans les deux versions des *Dolopathos*, le déroulement du récit est le suivant :

1. Le chevalier, *qui la veille est rentré bredouille de la chasse*, décide de repartir sans son chien.

2. *Départ postérieur de la mère qui craint que son enfant ne meure de faim.*

3. Entrée du serpent et agression contre l'enfant.

4. Poursuite du serpent par le lévrier qui renverse le berceau.

5. Meurtre du serpent par le lévrier.

6. *Retour du chevalier en premier lieu.* Il tue le lévrier, *son cheval, et son faucon, et veut se suicider.*

7. *Retour de la mère en second lieu : elle retourne le berceau et allaite l'enfant.*

8. Remords tardifs du père.

Enfin dans la version R 12, nous avons plus simplement :

1. Présentation du récit : un noble avait un lévrier qu'il aimait beaucoup. *Le cadre spatial n'est pas précisé dès l'abord.*

2. Sortie du noble.

3. Sortie du serpent hors du mur, agression contre l'enfant.

4. Le lévrier, sentant l'odeur de la mort, attaque et tue le serpent.

5. De retour, le chevalier, *que nul n'a alerté,* voit le lévrier, mais non le serpent dissimulé sous le berceau. Il tue le lévrier avec son épée (texte) ou *avec une massue* (gravure).

6. Le chevalier découvre le serpent et comprend sa méprise.

7. Lamentations du chevalier qui *entre dans l'ordre bénédictin avec l'approbation de sa femme.*

Les différences que nous avons déjà notées entre tous ces récits apparaissent maintenant en situation dans le déroulement de l'intrigue. Elles concernent trois moments de l'action :

a) La sortie initiale des acteurs humains :

— soit que le chevalier, seul acteur humain, soit seul à sortir (R 12) ;

— soit que la nourrice sorte en même temps que ses maîtres et sans commettre de faute (R 1) ;

— soit que la mère sorte après son époux, sans commettre de faute (R 10 et 11) ;

— soit que les nourrices sortent après le chevalier et son épouse, de manière fautive (R 2 à 9).

b) Le retour des acteurs humains :

— soit que le chevalier, seul acteur humain, rentre seul (R 12) ;

— soit que la nourrice rentre la première, alerte la mère et, non fautive, ne prenne pas la fuite, mais participe à la déploration et aux funérailles du chien (R 1) ;

— soit que les nourrices rentrent les premières, alertent la mère et, fautives, prennent la fuite (R 2 à 9) ;

— soit que la mère rentre seule, *après le chevalier* (R 10 et 11).

c) La fin du récit :

— soit que le chevalier devienne moine bénédictin (R 12) ;

— soit que le chevalier et les autres acteurs humains ensevelissent le chien devant le château qui ensuite disparaît (R 1) ;

— soit que le chevalier devienne pénitent, quittant à jamais son château et les siens (R 2 à 9) ;

— soit que le chevalier et son épouse se contentent de regretter la mort du chien (R 10 et 11).

Si l'on prend ce classement à rebours, l'on s'aperçoit que les diverses fins possibles sanctionnent des fautes commises ou non par le chevalier seul ou avec d'autres acteurs soit au moment de la sortie, soit au moment du retour : Qui est parti fautivement, et qui est parti à bon droit ? Qui est le premier responsable de la méprise ?

Les diverses possibilités peuvent être ainsi classées :

		R 10-11	R 1	R 2-9	R 12
Départ	fautif (des nourrices) — de la nourrice			■	
	non fautif — de la mère (en l'absence de nourrices)		■		
	non fautif — du chevalier (seul présent)	■			■
Premier responsable de la méprise	le chevalier — en l'absence de sa femme				■
	le chevalier — sa femme étant rentrée après lui		■		
	la ou les nourrices	■		■	
Fin du récit	départ pénitentiel du chevalier : éclatement de fait de la famille				■
	funérailles du lévrier, destruction du château et désertion de la terre		■	■	
	simples regrets	■			

Tableau 2 — La logique du récit.

En commençant par la fin, ce tableau permet d'établir d'abord une liaison entre les deux types de récits R 2-9 et R 12 : dans chacun d'eux, le départ pénitentiel du chevalier (en exil, en Terre sainte, ou au monastère) entraîne l'éclatement de la famille. Notre tableau permet d'autre part d'opposer le type R 2-9 au type R 10-11 : dans le premier, ce sont les nourrices qui ont la charge d'allaiter l'enfant ; elles sont fautives dès le départ, et dans ce récit seulement ; rentrées les premières, elles prennent la fuite. Le récit s'achève sur le départ pénitentiel du père et l'éclatement de la famille. Dans le second, la mère a la charge de nourrir l'enfant ; elle n'est pas en faute lorsqu'elle part, mais elle se soucie au contraire de trouver de la nourriture pour pouvoir allaiter son enfant ; elle rentre *après* son mari, n'est donc pour rien dans la mort du lévrier, et, loin de s'enfuir, allaite aussitôt son fils. Le récit s'achève sur un nouvel équilibre, et non sur le départ du père et la séparation des membres de la famille. Cette comparaison permet d'établir une relation entre la faute commise éventuellement par la femme chargée d'allaiter l'enfant, et le dénouement du récit. Qu'en est-il dans notre récit de référence ?

La nourrice a la charge de l'enfant. Comme la mère en R 10-11, la nourrice de R 1 ne commet pas de faute au départ. Mais contrairement à elle, elle rentre avant tout le monde et induit les autres en erreur, comme en R 2-9. Ce récit est donc à la fois proche et différent et de R 2-9 et de R 10-11, ce qui confirme son dénouement, qui est singulier, quoique plus proche du premier type que du second : il n'y a pas de nouvel équilibre, mais bien anéantissement à terme du *castrum*. L'ensevelissement du chien peut être rapproché des conduites pénitentielles de R 2-9 et R 12, mais à condition de souligner une différence essentielle : notre récit *paysan* met l'accent sur la mémoire de la victime et non sur le repentir du meurtrier ; sur l'intervention transcendante de la « volonté divine », plus que sur l'initiative du chevalier.

Analyse de contenu

Comme précédemment, seront étudiés successivement le cadre spatio-temporel, les principaux acteurs et les actions qui les lient, mais cette fois du point de vue de leur signification dans la culture de leur temps.

Toutes les versions, y compris notre légende paysanne, situent l'action dans la société chevaleresque contemporaine. Le lieu où l'action se déroule dans la quasi-totalité des cas est le château, fût-il « romanisé ». L'habitent le chevalier, sa dame, les nourrices, et l'héritier du lignage. Leurs occupations sont celles de l'aristocratie laïque : les « jeux » tels la chasse à l'ours et en particulier les tournois, qui avaient effectivement lieu, le plus fréquemment, à la Pentecôte, à la suite de l'adoubement des jeunes chevaliers[27]. Les autres activités de l'aristocratie étaient la chasse et la guerre, également évoquées dans nos récits.

Quelle est, dans cette société, la place du lévrier, héros de tous nos récits ?

Il faut d'abord noter que si, de façon générale, le chien est plutôt déprécié au Moyen Age, le lévrier au contraire est toujours fortement valorisé. Au milieu du XIIIe siècle, Vincent de Beauvais distingue trois sortes de chiens : les chiens de chasse aux longues oreilles pendantes, les chiens de garde, qui sont « plus rustiques que tous les autres chiens », et les lévriers, qui au contraire sont « les plus nobles, les plus élégants, les plus rapides à la course, les meilleurs à la chasse »[28].

Dans la société chevaleresque, le lévrier est aussi un emblème : on le rencontre en particulier représenté sur les tombeaux, aux pieds de la statue funéraire des gentilshommes, dont il symbolise les vertus chevaleresques (la foi), les occupations (la chasse) et de façon générale tout le mode de vie aristocratique. Aucun doute n'est ici permis : sur les tombeaux, le lévrier est toujours associé aux chevaliers — concurremment avec le lion, symbole de la force — et jamais à la dame, à laquelle est associé généralement le petit roquet de luxe, symbole de fidélité conjugale et de vertu domestique[29].

Cette remarque éclaire la signification du crime du che-

---

27. Nous nous permettons de renvoyer à SCHMITT, J.-C., *Jeunes...*, *op. cit.*

28. Vincent de BEAUVAIS, *op. cit.*, Lib. XIX, cap. XIV : *De diversis generibus canum.*

29. Van MARLE, R., *op. cit.*, p. 32 et p. 217. MALE, E., *op. cit.*, p. 426. Voir aussi le merveilleux catalogue des plaques funéraires anglaises : CLAYTON, M., *op. cit.* En particulier la planche 23 où, côte à côte, le chevalier est associé au lévrier et la dame au petit roquet (*anno* 1479).

valier, et en souligne la gravité : le chevalier tue l'animal
qui incarne son propre système de valeurs, une sorte de
double de lui-même, ou de son fils appelé à lui succéder
un jour. Ainsi la *fides* du lévrier, la foi au sens féodal du
terme, est-elle soulignée dans presque tous les récits.

Au lévrier s'oppose le serpent. Le mot est ambigu, puisqu'il désigne à la fois une famille entière de reptiles et l'un
de ces reptiles particuliers : chez Isidore de Séville, le
chapitre « *De serpentibus* » énumère ainsi l'*anguis* marine,
le serpent, qui vit sur terre, la couleuvre « lubrique », et le
dragon, qui vole dans les airs[30]. Au XIIIᵉ siècle, le *Bestiaire*
de Gervaise oppose trois sortes de serpents : la vuivre (vi-
père), la couleuvre et le dragon[31].

Nos récits mettent en scène un serpent au sens particulier
du terme, et non un dragon : le confirment son existence
dans la terre, et non dans les airs, et le fait qu'il morde le
lévrier : selon Isidore, les serpents ont toute leur force dans
leurs dents, les dragons l'ont dans leur queue. Il est vrai
qu'une hésitation est perceptible dans nos récits : le titre de
l'un d'eux remplace « serpent » par « dragon », et deux
récits insistent sur le caractère tranchant de sa queue. Il
s'agit pourtant d'un serpent, et non d'un dragon semblable
à ceux que de nombreux saints affrontent dans l'hagiographie : notre serpent ne ressemble ni à la Tarasque domptée
par sainte Marthe, ni au dragon vaincu par saint Marcel
de Paris[32].

Au Moyen Age, l'un des textes le plus souvent cités à
propos des serpents est celui de la Genèse (3, 1) : « Le
serpent est plus chaud que tous les autres animaux » (Raban
Maur, Hugues de Saint-Victor, Pierre le Mangeur, Vincent
de Beauvais...). Il a aussi une nature humide[33]. Ses deux
caractères expliquent qu'il vive sur la terre, dont les caractères sont contraires et peuvent par conséquent s'associer
aux siens : la terre est froide et sèche, par opposition à l'eau
(froide et humide), à l'air (chaud et humide) et au feu
(chaud et sec)[34].

30. Isidore de SÉVILLE, *Etymologiae, op. cit.,* Lib. XII, cap. IV :
De serpentibus.
31. GERVAISE, *op. cit.,* p. 433.
32. DUMONT, P., *op. cit.* et LE GOFF, J., *Culture ecclésiastique...,*
op. cit.
33. Hugues de SAINT-VICTOR, *De bestiis..., op. cit.,* Lib. III, cap.
LIII : *De serpentum varia natura.*
34. Isidore de SÉVILLE, *De natura rerum, op. cit.,* col. 981.

Sa double nature chaude et humide rend le serpent vulnérable au froid. C'est pourquoi il se terre durant l'hiver dans les rochers, et les arbres creux. De même il est moins nocif la nuit, à cause du froid. Il sort de préférence le jour, et au printemps : *Verno tempore prodeunt,* dit Vincent de Beauvais au XIII° siècle.

Nos textes le confirment : le serpent sort à la Pentecôte, et l'après-midi (R 7).

Dans le folklore du XIX° siècle encore, la sortie du serpent était redoutée au début du cycle de mai : dans certaines régions, un petit arbre ou une branche feuillue étaient alors plantés sur le fumier pour empêcher les serpents de venir téter la mamelle des vaches[35].

Dans la plupart de nos récits, le serpent sort de l'anfractuosité d'un vieux mur. En effet, le serpent, selon Hildegarde de Bingen, recherche entre les pierres l'ombre qui le protège des ardeurs du soleil[36]. Toute une tradition, reprise par les bestiaires comme par nos récits, montre le serpent habitant dans les anfractuosités des vieux murs[37].

Dans un de nos récits, la couleur du serpent est indiquée : il est rouge, et plus particulièrement pourpre. Cette couleur est bien connue dans la littérature médiévale, le vêtement, la symbolique de la souveraineté et l'héraldique[38]. Philippe de Thaün affirme que la pourpre symbolise la passion du Christ[39]. Son origine est pour nous l'essentiel : la pourpre procède en effet des éléments qui caractérisent la nature du serpent. Selon Vincent de Beauvais, un rayon de soleil (chaud) qui traverse de la vapeur d'eau (humide) donne aux nuages une couleur « rouge-flamme qui est dite pourpre[40] ». Notre serpent ne tient-il pas sa couleur des vapeurs chaudes et humides qui agitent l'intérieur de la terre ?

En effet, dans un autre récit, le serpent passe pour avoir coutume de sortir de son repaire lors des tremblements de terre. Or, les tremblements de terre seraient produits par une agitation de vapeurs d'eau dans les entrailles de la terre. Pour que ces vapeurs se dégagent, il faut à la fois

35. Van GENNEP, A., *Manuel...*, *op. cit.*, I, IV, 2 ; p. 1440.
36. Hildegarde de BINGEN, *op. cit.*, Lib. VIII, cap. II : « *De quadam serpente* », P.L. 197, col. 1339.
37. McCULLOCH, F., *op. cit.*, p. 170-171, et planche VIII, fig. 4.
38. OTT, A.G., *op. cit.*, p. 109-119.
39. Philippe de THAÜN, *op. cit.*, p. 89-90.
40. Vincent de BEAUVAIS, *op. cit.*, Lib. II, cap. 70 : « *De generatione colorum in nubibus* ».

une forte humidité et de la chaleur : c'est pourquoi la terre tremble rarement en été ou en hiver parce que le temps est alors soit trop sec, soit trop froid. En revanche, les tremblements de terre sont fréquents pendant les saisons pluvieuses : l'automne, et — comme dans notre texte — le printemps[41].

Nos récits font peu de place au symbolisme chrétien du serpent : la seule mention explicite est en R 6, l'assimilation du serpent au « félon serpent Sathanas ». Cette mention s'inscrit dans la tradition de la Genèse, et plus précisément encore dans celle de l'Apocalypse où le Dragon, appelé aussi l'« antique serpent », s'apprête à dévorer l'enfant qui vient de naître ; tandis que la mère s'enfuit au désert, saint Michel intervient avec l'aide de ses anges et le Dragon est jeté à terre (*Apocalypse,* 12, 1-9). Comme le serpent de l'un de nos récits, le Dragon-serpent de l'*Apocalypse* est appelé « diable et Satan » (12, 9). Son ambiguïté s'est maintenue dans les représentations médiévales. Mais tantôt l'accent fut mis sur son caractère de dragon et tantôt sur son caractère de serpent. Dans les deux cas, sa nature diabolique ne fait aucun doute : le danger qui menace l'enfant et l'enjeu du combat qui oppose le lévrier au serpent prennent ainsi tout leur sens.

Un autre acteur essentiel de nos récits est le chevalier. Dans son titre même, dans ses activités (chasse, guerre, tournois), il représente l'éthique chevaleresque : c'est par crainte du déshonneur que le *juvenis* ruiné quitte son pays et va refaire sa vie ailleurs, évitant de travailler ou de mendier, occupations « rustiques » indignes du noble chasseur (R 10-11). Or, le chevalier tue le lévrier qui lui est « fidèle », par opposition au serpent qui est au contraire « félon ». Commettant une « injustice » meurtrière à l'égard du lévrier fidèle, qu'il pleure « comme s'il s'agissait d'un homme », le chevalier devient félon comme le serpent. C'est en ce sens que peut être interprétée la gravure du XVIe siè-cle : le *Junker* ne tient pas une épée, mais une massue, c'est-à-dire l'arme de l'homme sauvage. Certes, il faut faire ici la part des vogues esthétiques dans l'art allemand de la Renaissance, où les hommes sauvages abondent. Mais ce détail explicite aussi la portée du geste meurtrier du che-valier : négation de sa propre éthique, il équivaut à un

41. *Ibid.,* Lib. VI, cap. XXXII.

refus de la culture, à un ensauvagement. Seul le départ
pénitentiel (dans ce cas au monastère, ailleurs en Terre
sainte) peut racheter le coupable, mais sans le ramener
dans son milieu d'origine, puisqu'il « meurt au monde ».
Dans la version R 12, et la gravure qui l'accompagne, le
personnage du chevalier passe ainsi par trois stades au cours
du récit :

Chevalier		Meurtrier		Moine
=	$\rightarrow$	=	$\rightarrow$	=
maître du château		homme sauvage		mort au monde

Dans cette version, le moment de l'année auquel se situe
le meurtre n'est pas indiqué. On peut toutefois remarquer
que dans les représentations folkloriques, et spécialement en
Allemagne, la « sortie » de l'homme sauvage a lieu au printemps, plus précisément à Carnaval ou à la Pentecôte[42]. C'est
aussi à cette dernière date que se situe l'action de plusieurs
versions du *Roman des sept sages*.

Le problème de l'allaitement de l'enfant et le rôle des
nourrices (dans les versions R 1 à 9) sont apparus essentiels
lors de l'analyse de la logique du récit. Plus précisément
l'absence, la présence ou la gravité plus ou moins grande
de la faute des nourrices commande le choix de « possibles
narratifs » différents. La « moralité » des nourrices est effectivement à cette époque une préoccupation majeure de
l'éthique domestique de l'aristocratie. Un autre passage du
Roman des sept sages déplore que les nourrices ne soient
plus choisies avec le même soin qu'autrefois, et que l'influence néfaste d'un lait indigne « n'abaisse les lignages » :

> « Lors estoit droite la lignie
> Mais or est forment abaissie [...]

> « Quant un haus home a un enfant
> Son fils courtois et avenant
> Lors devroit une gentil femme
> Querre entour lui partout le regne
> Se li fesist l'enfant bailler
> Pour bien norrir et ensaigner...[43]. »

42. Van GENNEP, A., *Manuel...*, *op. cit.*, I, III, 1, p. 924.
43. SCHULTZ, A., *op. cit.*, I, p. 151, n 2.

La fin de notre récit de référence mérite une attention particulière. L'ensevelissement du lévrier injustement tué comprend plusieurs phases : le corps du chien est jeté d'abord dans le puits, *devant* la porte du château. Or, la porte tient dans nos récits une grande place : par la porte les acteurs humains sortent du château ou y entrent. Dans R 2, les nourrices prennent la précaution de « fermer l'uys de la chambre ». Dans R 10, le chevalier hébergé par le bourgeois dans une maison inhabitée depuis cinq ans reçoit la clef de la porte des mains de son hôte. Inversement, le serpent ne semble jamais entrer par la porte : il sort du trou du mur du château, ou bien entre *par la fenêtre* s'il est d'abord sorti d'une cavité dans le mur de la ville. Le serpent évite ou contourne la porte, il ne la franchit pas. Dans toutes les sociétés indo-européennes, la porte concrétise avec force la limite entre l'extérieur et l'intérieur : E. Benveniste remarquait qu'un même mot, *foris,* désignait la porte et le dehors[44]. Dans nos récits, la porte du château sépare matériellement l'espace domestique de l'espace extérieur, et protège le premier des dangers qui viennent du second. C'est pourquoi le serpent ne peut emprunter la porte. En R 7, la porte de la ville, munie d'un pont-levis, sépare aussi l'espace urbain de l'espace suburbain des jeux chevaleresques. Autant d'espaces disposés de façon concentrique autour de la *domus,* autant de portes. Dans notre récit de référence, aucun horizon plus lointain n'atténue l'opposition vigoureuse de l'intérieur et de l'extérieur de la maison. Or, le lévrier est enseveli près de la porte, mais à l'extérieur de la maison : la « mémoire » du mort est ainsi dissociée du *castrum* destiné à disparaître et elle pourra survivre.

Le corps du lévrier est jeté dans le puits et recouvert d'un très grand tas de pierres. Puis des arbres sont plantés à côté du puits. Il n'est pas facile d'interpréter ce motif complexe dans sa totalité. La projection du corps dans le puits puis la lapidation du corps peuvent faire penser que le chevalier, déjà responsable de la mort du lévrier, commet ici une nouvelle injustice en traitant ignominieusement le corps de sa victime. Cette hypothèse est d'autant plus légitime que le puits est souvent assimilé à la bouche de l'enfer, comme le montre par exemple la légende apocryphe de Ponce Pilate : celui-ci se serait suicidé et son corps aurait été jeté successivement dans le Tibre puis dans le Rhône,

44. BENVENISTE, E., *op. cit.* I, p. 314.

où sa seule présence provoquait tempêtes et inondations. Pour se débarrasser définitivement de ce cadavre maléfique, on le jeta dans un lac des Alpes, ou, d'après l'enluminure d'un manuscrit milanais, dans un puits. Celui-ci figure la bouche de l'enfer, car l'homicide de soi-même condamne à la damnation éternelle[45]. Par ailleurs, la projection puis la lapidation dans un puits étaient, au XIIIᵉ siècle, un châtiment ignominieux : le 3 mai 1211, après la prise du château de Lavaur par Simon de Montfort et l'armée de la croisade albigeoise, Giraude de Lavaur, la dame du lieu, qui avait la réputation d'être une dangereuse hérétique, fut jetée dans un puits, et celui-ci fut ensuite comblé de pierres. Moins défavorable aux Albigeois que les autres chroniqueurs, Guillaume de Tudèle déplora ce châtiment qui fut à ses yeux « un malheur et un crime[46] ».

Mais cet épisode n'est pas tout à fait de même nature que le motif qui nous intéresse : Giraude de Lavaur fut jetée vive dans le puits, alors que dans notre récit c'est un cadavre qui y est enfoui. Dans les deux cas, le comblement du puits est lié à la totale destruction (militaire dans un cas, surnaturelle dans l'autre) d'un château entaché par le crime (hérésie dans un cas, meurtre injuste dans l'autre) et à la supression de toute occupation permanente du sol puisque le point d'eau est tari. Mais dans le deuxième cas, et dans celui-ci seulement, des arbres sont plantés à côté du puits comblé. Enfin, si le sort réservé au corps du lévrier était aussi négatif que le châtiment infligé à la dame de Lavaur, comment expliquer les pleurs du chevalier et des siens ? Sans aggraver encore sa faute, le chevalier paraît au contraire se repentir de l'injustice qu'il a commise, et accomplir un rite funéraire positif. D'autres récits ou d'autres pratiques confirment-ils cette hypothèse ?

La signification du puits n'est pas univoque : il n'est pas

45. Schmitt, J.-C., *Le Suicide, op. cit.*, p. 13.
46. *La Chanson de la Croisade albigeoise*. Editée et traduite du provençal par E. Martin-Chabot. Paris, CHFMA, 1960-1961, t. I, p. 165-167. Voir aussi les autres témoignages : Pierre de Vaux de Cernay, *Hystoria albigensis*, P. Guébin - E. Lyon, Paris, 1926, t. I, p. 227-228 et t. III, p. 79 ; Aubri de Trois-Fontaines, *Chronica*, P. Scheffer-Boichorst, Monumenta Germaniae Historica, Scriptores XXIII, Hanovre, 1874, p. 892 ; Robert d'Auxerre, *Chronicon*, O. Holder-Egger, *ibid.* XXVI, Hanovre, 1882, p. 276. Je remercie Mlle Michelle Bastard (université de Toulouse - Le Mirail) d'avoir bien voulu attirer mon attention sur cet épisode de la croisade albigeoise, et M. Yves Castan de m'avoir suggéré l'hypothèse que je discute ici.

toujours la bouche de l'enfer. Notre légende doit être rapprochée plutôt des croyances relatives à plusieurs saints martyrs dont le corps ou une partie du corps furent jetés dans des puits : c'est le cas par exemple de saint Valérien dans la crypte de l'église Saint-Philibert de Tournus, ou de saint Bausange à Saint-Pierre-et-Saint-Bausange (Aube)[47]. Si ce rapprochement est justifié, l'ensevelissement du lévrier, suivi de la plantation des arbres, annoncerait dans la légende elle-même le culte rendu ensuite par les paysans au lévrier. Cependant, une différence essentielle doit être notée : dans le cas de saint Valérien ou de saint Bausange, le puits reste en usage et son eau acquiert, grâce à la présence du corps saint, un pouvoir de guérison. Dans le cas de saint Guinefort, la description du rite ne mentionne plus la présence du puits, comme si l'amoncellement de pierres jetées sur le corps avait été assez grand (*maximus*) pour combler entièrement le puits. Mais cela n'est pas dit explicitement. Certes, les arbres sont plantés à côté (*juxta*) du puits, comme si celui-ci gardait son ouverture. Mais n'est-il pas préférable d'admettre l'hypothèse d'un comblement du puits ? Celui-ci préfigurerait la désertion de la terre, mentionnée juste après dans la légende. Par ailleurs, le grand tas de pierres qui recouvre le corps du lévrier évoque un rite folklorique précis : la constitution des « mergers » ou « murgers ». Ces tas de pierres ont la réputation d'avoir été progressivement édifiés pour conserver le souvenir d'un accident ou la mémoire d'un mort, et les légendes locales les présentent généralement comme des tombeaux[48].

La plantation des arbres « en mémoire du fait » peut quant à elle être rapprochée d'un motif de la tradition orale, « l'arbre magique sur la tombe », qui a fait l'objet d'une étude de Vladimir Propp. Celui-ci a rattaché ce motif aux rites propitiatoires des civilisations de chasseurs (souvent une part du gibier tué est ensevelie sous un arbre pour assurer à l'avenir la multiplication du gibier) et d'agriculteurs (où un rite comparable assurait la fécondité des arbres fruitiers). Un témoignage français du XVIe siècle encore montre

---

47. SÉBILLOT, P., *Le Folklore..., op. cit.*, II, p. 318. Les martyrs de la légion thébaine passèrent aussi pour avoir été décapités et jetés dans un grand puits : voir notamment le beau tableau d'Anton Woensam von Worms (Cologne, vers 1475), des Bayerische Staatsgemäldesammlungen de Munich, actuellement prêté à la National Gallery de Washington.

48. *Ibid.*, I, p. 235-236 et 349-350.

que l'ensevelissement d'un chien mort sous un arbre en train
de dépérir passait pour devoir rendre sa force à l'arbre et
le rappeler à la vie[49]. Dans tous les cas, la croissance de
l'arbre au-dessus du cadavre symboliserait le jaillissement de
la vie hors de la mort. C'est pourquoi le motif a été aisément christianisé : il n'est pas rare, dans les légendes hagiographiques du haut Moyen Age, de voir un arbre pousser
sur la tombe d'un martyr[50].

Dans sa forme complexe, le récit de l'ensevelissement du
lévrier se rattache ainsi à des rites, des croyances et des
traditions orales folkloriques liés au culte des morts et plus
particulièrement au culte des saints martyrs.

Après l'ensevelissement du lévrier, « le château fut détruit
par la volonté divine et la terre, abandonnée par l'habitant,
fut réduite à l'état de désert ».

Deux lectures sont possibles : ou bien la ruine et la désertion sont voulues par Dieu sans pour autant qu'il s'agisse
d'un châtiment divin : les paysans auraient simplement cons-
taté le fait, et l'aurait expliqué en évoquant la volonté de
Dieu. Ou bien Dieu a voulu par là punir le chevalier de
son crime.

Cette dernière hypothèse paraît préférable : en effet, les
nombreuses traditions médiévales relatives à des destructions
ou des désertions sont le plus souvent, sinon dans tous les
cas, rapportées à un châtiment surnaturel, une malédiction,
un anathème, une excommunication. Bien des *exempla*
d'Etienne de Bourbon le confirment : ici un lignage chevaleresque est réduit à néant à la suite d'une excommunication,
et le château est abandonné. Là des cités, maudites jadis
par Charlemagne, sont depuis lors « réduites à l'état de

---

49. PROPP, V.J., « L'albero magico sulla tomba. A proposito
dell'origine della fabia di magia », *in* PROPP, V.J., *Edipo..., op. cit.,*
p. 36. Cette étude annonce déjà la problématique des *Racines historiques...* (*op. cit.*), fortement marquée à l'inverse de la *Morphologie
du conte* de 1929, par les exigences de la période jdanovienne : son
évolutionnisme, notamment, nous semble aujourd'hui critiquable.
Mais il faut reconnaître à Propp de grands mérites : d'avoir voulu
dépasser la seule analyse morphologique pour proposer en même
temps une interprétation historique ; d'avoir comparé folklore européen et sociétés sans écriture ; d'avoir lié contes et rites. Autant que
sa *Morphologie*, ses essais d'interprétation historique du conte, trop
souvent méconnus, restent essentiels aujourd'hui pour toute réflexion
sérieuse sur les traditions orales.

50. GRAUSS, F., *op. cit.*, p. 100, n. 267.

désert et abandonnées par tous les habitants ». Ailleurs un
prêtre excommunie un verger où la jeunesse cueillait des
fruits le dimanche, et le verger devient stérile. Près de
Belley, Etienne de Bourbon s'étonne de l'aridité d'une forêt
et de l'absence de poissons dans un étang : les habitants lui
apprennent qu'un prieur voisin a jeté l'anathème sur cette
forêt et cet étang dont un chevalier s'était emparé aux dépens des moines[51]. Les résultats sont identiques dans notre
récit, mais il procèdent directement de la « volonté divine » :
aucune formule de malédiction et, à plus forte raison, aucune
excommunication ecclésiastique ne sont proférées. On voit
ainsi comment les malédictions ecclésiastiques pouvaient être
efficaces : elles trouvaient dans la culture folklorique un
écho qui les rendait crédibles, au point que les laïcs eux-
mêmes ont parfois affermi la confiance des clercs dans leurs
propres formules[52].

Une autre raison invite à interpréter comme un châtiment
divin la ruine du château et la désertion de la terre : dans
la culture folklorique, le meurtre de son chien est un geste
lourd de conséquences. En Provence, il entraîne sept années
d'infortune[53]. Un proverbe du XVIIe siècle affirme aussi :
« Tuer son chien porte malheur, soit au meurtrier, soit à un
habitant de sa maison[54]. »

Or, le châtiment de Dieu apparaît ici d'autant plus dur
qu'il est sans appel : dans les versions R 2 à 9 et R 12, le
chevalier prend l'initiative de sa pénitence et peut espérer,
dans l'épreuve du pèlerinage, un pardon de Dieu. Dans notre
légende au contraire, ce n'est pas la volonté du chevalier qui
est prise en compte, mais celle de Dieu. Et même si le
meurtrier prend soin d'ensevelir sa victime d'une manière
telle que son souvenir puisse se perpétuer, le château et la
terre du seigneur n'échapperont pas à la colère divine.

---

51. Lecoy de la Marche, *Anecdotes...*, *op. cit.*, p. 261-266.
52. *Liber exemplorum...*, *op. cit.*, n° 112, p. 65-67 : un *exemplum*
irlandais du XIIIe siècle raconte comment un mauvais chevalier
différait sans cesse le moment de son repentir. Au bout de trente
années, la terre s'ouvrit et engloutit son château. Quelques instants
plus tard, n'était plus visible à cet endroit qu'une fontaine, sur la
surface plane du sol. Ce récit dut se répandre en Terre sainte : un
prédicateur y ayant un jour utilisé cet *exemplum,* tout en émettant
des doutes sur l'authenticité de l'histoire, un auditeur l'interrompit
pour le rassurer : « Frère, raconte sans crainte cet *exemplum,* je
connais le lieu où cela s'est passé ! » Sur les formules de malédiction,
voir : Little, L.K., *Formules...*, *op. cit.*
53. Fabre, D., Lacroix, J., *La Vie quotidienne...*, *op. cit.* p. 98.
54. Sébillot, P., *Le Folklore...*, *op. cit.*, III, p. 112-113.

L'originalité de la version paysanne

L'analyse comparée des différentes versions de notre récit ne vise pas à les confondre, mais à marquer au contraire leurs différences. Il nous apparaît ainsi que notre récit de référence s'oppose sur plusieurs points essentiels à toutes les autres versions.

De toutes les versions, R 1 est la seule qui émane de la tradition orale paysanne. Toutes les autres sont extraites d'écrits savants. Cependant, il faut rappeler que, même dans le premier cas, nous avons seulement accès à un texte écrit de la culture savante, un *exemplum,* ayant ses propres lois de composition. Il est par conséquent difficile de dire quelles sont les particularités de ce récit qui relèvent de la culture orale paysanne, et quelles sont celles qu'a imposées le « genre » précis de l'*exemplum,* en tant que « genre » particulier de la littérature savante.

Notre *exemplum* dit « la même chose » que les autres récits et en particulier R 2 à 9, mais le plus souvent avec une économie de moyens remarquable : il n'y a pas trois, mais une seule nourrice ; un lévrier seulement, et pas de faucon ; le serpent « entre », sans que l'on sache d'où il « sort » ; il est « très grand », sans autre précision ; le berceau est renversé au cours du combat, mais l'on omet de dire qu'il a été ensuite redressé, alors que ce geste est logiquement nécessaire à la découverte de l'enfant...

Il est possible que la présence d'une nourrice unique et l'absence du faucon relèvent d'une représentation typique du milieu chevaleresque vue des chaumières paysannes. Ce modèle comprendrait : le châtelain, la dame, leur fils, unique héritier, une nourrice, un lévrier. Mais l'*exemplum* qui toujours schématise peut aussi bien avoir réduit le nombre des personnages possibles.

Le traitement de l'espace dans ce récit est sans doute l'un de ses traits les plus originaux. Or, il nous semble que le genre littéraire de l'*exemplum* n'imposait pas, le plus souvent, cette spécificité : ici ce sont bien les paysans qui parlent.

Au début, les autres versions situent l'action d'une manière assez vague « à Rome », « dans une cité ». Notre *exemplum* est beaucoup plus précis : il indique dans quel diocèse, près de quel village, sur la terre de quel seigneur *actuels* s'est déroulée l'action. Cette particularité peut caractériser l'*exem-plum.* Dans la mesure du possible, celui-ci doit donner en effet des garanties d'authenticité : de quel informateur « digne de foi » l'auteur de l'*exemplum* tient-il le récit qu'il rapporte ? Où et quand l'auteur a-t-il fait l'expérience dont il tire un *exemplum* ? Cette explication est pourtant insuffisante, car la légende paysanne doit elle aussi s'inscrire le plus précisément possible dans l'espace puisqu'elle est liée à un lieu de culte particulier.

C'est ce que confirme la fin du récit. Dans toutes les autres versions, la fin du récit ne laisse aucune trace dans l'espace. Souvent, le chevalier lui-même disparaît : personne ne l'a jamais revu et parfois l'on ignore même vers quel pays il a dirigé ses pas. Après le dénouement de R 1, au contraire, le sol garde dans son apparence le souvenir de l'action : là où jadis le lévrier fut injustement tué s'élève à présent un bois qui cache une tombe au milieu d'un « désert »...

Ce dénouement singulier s'explique aisément. Tous les autres récits appartiennent à des ouvrages d'édification, où ils ont pour fonction de dissuader l'auditeur ou le lecteur d'agir avec précipitation et aussi, dans certains cas, d'écouter les conseils de sa femme ou de s'abandonner à une colère aveugle.

Jean Pauli lui-même achève ainsi son récit : « Dans la ville où ces événements se sont passés, il est maintenant prescrit de ne rien entreprendre d'important avant d'y avoir réfléchi trois fois et d'en avoir débattu au Conseil. D'autres ont ordonné que, pour ne rien faire avec précipitation, l'on énumère les vingt-quatre lettres de l'alphabet avant d'agir, comme aurait dû le faire l'empereur Théodose que bannit saint Ambroise parce qu'il avait fait verser précipitamment beaucoup de sang. »

Aucune « morale » de cet ordre ne prolonge la légende paysanne. Celle-ci s'inscrit dès son début dans un espace précis ; dans son déroulement même, elle en refaçonne l'apparence et prétend jeter les bases matérielles d'un rite qui logiquement la prolonge.

Ce dénouement de la légende paysanne porte incontestablement l'empreinte de la culture folklorique : si pour l'analyse sémantique des autres parties du récit nous avons dû mettre en œuvre un grand nombre d'informations venues de la culture cléricale et savante (Bible, encyclopédies, bestiaires...) ou encore de la culture laïque aristocratique (ouvrages de vénerie), le dernier épisode au contraire ne pouvait être compris qu'en faisant appel à la culture paysanne, et souvent même à ce que nous savons d'elle aux époques récentes.

Cette observation permet peut-être de répondre à l'une des questions initiales que nous avions posées : entre l'hypothèse de l'« autochtonie » de la légende paysanne, et l'hypothèse de la double diffusion (diffusion d'un récit oriental puis vulgarisation d'un récit savant), que choisir ? Dans ses grandes lignes, R 1 est très proche des récits R 2 à 9, et l'on est en droit d'émettre ici l'hypothèse d'une vulgarisation dans la seconde moitié du XIIᵉ siècle, même si l'on ignore tout des conditions dans lesquelles cette vulgarisation se serait accomplie. Mais l'empreinte de la culture folklorique et plus particulièrement paysanne n'est pas moins forte : elle a consisté à enraciner la légende dans l'espace local, à l'enrichir d'un ensemble de motifs folkloriques, à la rendre inséparable d'un rite de guérison. Il serait donc vain d'opposer les deux hypothèses : loin d'être inconciliables, toutes deux comportent sans doute une part de vérité.

CHAPITRE II

LE RITE

Au début de son *exemplum*, Etienne de Bourbon mentionne, pour illustrer l'idolâtrie qu'il condamne, deux pratiques superstitieuses auxquelles se livrent des femmes jeteuses de sorts pour soigner les enfants : les unes « adorent » des sureaux et leur font des offrandes, les autres portent les enfants malades à des fourmilières ou d'« autres choses ». Dans l'esprit de l'inquisiteur, ces pratiques sont de même nature que celles qu'il a réprimées sur le lieu de culte de saint Guinefort.

Les vertus curatives du sureau sont fréquemment attestées dans le folklore récent : le sureau est utilisé pour guérir le bétail, ou éloigner des vaches les serpents qui soutirent leur lait.

Les fleurs de sureau soignent aussi les hommes. « Le sureau est médecin », disait-on en haute Bretagne, et chacune de ses fleurs passait pour être le refuge d'une fée. Cette plante a aussi partie liée avec la sorcellerie : elle éloigne les sortilèges, et les sorciers battus avec du sureau souffrent plus que si les verges sont faites d'un autre bois ; le sureau peut avoir lui-même un pouvoir maléfique : toucher une bête avec une baguette de sureau risque d'entraîner sa mort, faire du feu avec ce bois peut empêcher les poules de pondre... Dresser un « mai » de sureau à une jeune fille est une injure : c'est lui reprocher son manque de franchise ou sa conduite légère[1].

1. Sébillot, P., *Le Folklore...*, *op. cit.*, III, p. 134, 279, 369, 381, 385, 387, 390, 403, 413, 419, 421.

Les vertus des fourmilières sont du même ordre. Il faut
éviter de les bousculer ou de les détruire, car l'on risquerait
de voir ses vaches périr peu après. Alors que le rôle des
insectes est beaucoup moins important dans la médecine
populaire que celui des plantes, les fourmilières sont souvent
utilisées pour guérir les bêtes ou les hommes. Il faut y déposer un œuf : lorsque les fourmis ont achevé de le manger,
le malade est guéri. Pour s'attirer les faveurs de celle qu'on
aime, on peut aussi placer dans une fourmilière une boîte
percée de trous où est enfermée une grenouille : quand la
grenouille a fini d'être dévorée, le sortilège produit son
effet[2]...

Le rite accompli sur la tombe présumée de saint Guinefort
se rapproche de ces pratiques. Mais il en est, dans l'*exemplum,* nettement distingué et ne doit pas être confondu avec
elles. Nous ne saurions en particulier tirer argument de
celles-ci pour prétendre, par exemple, que les arbustes dont
il est question ensuite sont de l'espèce du sureau.

La description donnée par Etienne de Bourbon à partir
des indications qu'il a lui-même reçues permet d'analyser
successivement l'espace rituel, les finalités du pèlerinage et
les séquences du rite.

Le lieu de culte (*locus*) est éloigné « d'une lieue » d'un
castrum. A cette époque, il ne peut s'agir que d'une « lieue
française » (dite aussi « lieue de terre » ou « lieue commune ») mentionnée depuis le XIIe siècle, et qui équivaut à
4,440 kilomètres[3].

Il est situé dans le diocèse de Lyon, « près » de Neuville-
les-Dames, appelé *villa* (village ?), et aussi sur les bords de
la Chalaronne, petit affluent de la Saône dont Neuville-les-
Dames est éloigné de six kilomètres environ à vol d'oiseau.
Cette distance, sensiblement supérieure à une lieue française,
et le terme *villa* qui désigne Neuville-les-Dames, interdisent
de voir en cette localité le *castrum* où les mères allaient
chercher la sorcière.

Le terme de *castrum* est imprécis : il désigne ici, vraisemblablement, un village ou une petite ville fortifiée, avec
une population mêlée : la sorcière y réside. Dans la légende,
nous l'avons traduit par « château », car les seuls habitants

---

2. *Ibid.,* III, p. 236, 279, 283, 307, 330.
3. Mise au point récente : LOMBARD-JOURDAN, A., *op. cit.,* spécialement p. 390-393, qui donne entre autres équivalences : 3 milles
romains = 2 lieues celtes = 1 lieue française = 4,440 kilomètres.

qui y sont mentionnés appartiennent à la famille du seigneur. Mais là même, le sens de « bourg fortifié » n'est pas à exclure.

Le lieu de pèlerinage est boisé : il est couvert d'arbustes et d'arbres, dont les espèces ne sont pas précisées. Ce bois, qui est censé avoir poussé à l'emplacement d'un *castrum* et plus exactement près de son puits, disparu, est distinct de la forêt (*silva*), d'où sortent les loups et où demeurent les faunes. Le nom de cette forêt, *Rimite,* n'a pu être retrouvé dans la toponymie locale[4]. Il ne nous permet donc pas, pour l'instant du moins, de situer plus précisément le bois. Mais sa seule forme est intéressante : il appartient à la famille du mot *heremitas,* qui désigne au Moyen Age une terre inculte, et le refuge des ermites (*eremita*). Cette forêt, son nom même l'indique, est, au sens médiéval, un « désert » : une forêt, demeure de bêtes sauvages (les loups) et de puissances ambiguës qui rejaillissent sur les êtres qui l'habitent : « faunes » et hommes sauvages d'une part, saints ermites de l'autre. C'est à cette forêt que se sont attaqués les défricheurs du Xe au XIIIe siècle, mais avec des succès divers et plus ou moins durables : défrichements et désertions sont inséparables. C'est pourquoi le nom de la forêt, *Rimite,* devra être rapproché à la fois du toponyme *Noville* (Neuville-les-Dames), qui indique une création récente, et de la tradition orale des paysans, qui fait référence à la désertion d'un *castrum.*

Composé d'un bois et d'une rivière, le lieu de culte est un espace intermédiaire entre un bourg fortifié, lieu d'habitation permanente des hommes, et la forêt, demeure habituelle des loups et des faunes.

Ce lieu est fréquenté de façon intermittente par ceux qui demeurent en permanence d'un côté ou de l'autre : la sorcière, et les mères qui sont allées la quérir, y viennent du *castrum* pour y accomplir les rites ; inversement, les loups peuvent sortir de la forêt pour s'emparer des enfants, et les mères adjurent les faunes de quitter un moment leur repaire sauvage pour venir en ce lieu. Celui-ci apparaît donc comme

4. Mme A. LOMBARD-JOURDAN a bien voulu nous suggérer l'hypothèse d'une erreur du scribe, qui aurait pris pour un nom propre l'adverbe *rimatin* : à travers la fente. Le sens général s'y prête : c'est à travers la fente des arbres que l'enfant est passé et que les démons sont invoqués. Mais la place du mot dans la phrase exclut cette hypothèse, et nous proposerons une autre solution.

un espace intermédiaire où nature et culture entrent, par intermittence, en contact.

Ce lieu de culte est visité par deux catégories de pèlerins : ceux qui sont désignés de façon générale comme des « paysans » (*homines rusticani*) y viennent pour « leurs infirmités et leurs besoins ». L'objet de leur démarche n'est pas mieux précisé que leur identité : c'est qu'ils ne constituent pas le gros de la troupe des pèlerins. Même s'il a des vertus multiples, le pèlerinage a une spécialité : il concerne avant tout les enfants.

Notre document est tout entier consacré à l'enfant : le premier récit parle d'un *puer* encore au berceau, le récit du rite décrit pareillement des *pueri*, eux aussi tout petits puisqu'ils sont portés par leur mère. Ce mot *puer* permet-il de préciser leur âge ? Habituellement, il ne s'emploie pas pour désigner les nourrissons ou de très petits enfants, dont il est pourtant question ici sans aucun doute possible. Le vocabulaire antique des *Ages de la vie,* transmis par Isidore de Séville et Grégoire le Grand, distingue généralement l'*infancia* (jusqu'à sept ans), la *pueritia* (de sept à quatorze ans) et l'*adolescentia* (de quatorze à vingt et un ans)[5]. Avec des variantes sensibles, cet usage a prévalu au Moyen Age, et l'on a vu qu'Etienne de Bourbon lui-même s'y conforme lorsqu'il se désigne comme *puer,* écolier aux écoles de Saint-Vincent de Mâcon[6]. A Montaillou, au début du XIVe siècle, dans un milieu paysan comparable à celui qu'éclaire notre texte, le petit enfant n'est pas appelé encore *puer* (qui désigne l'enfant de deux à douze ans), mais *infans* (qui ne parle pas) et plus fréquemment encore *filius* ou *filia* selon son sexe[7]. Les deux mots *infans* et *filius* sont pareillement employés dans certains des récits parallèles à notre légende. Dans notre texte, le sexe n'est pas précisé. Dans le premier récit, il est évident qu'il faut prendre le mot au sens restrictif

---

5. RICHÉ, P., « L'enfant dans le haut Moyen Age », *in Enfants et Sociétés, op. cit.,* p. 95-98.

6. Autres témoignages : au XIIe siècle, des chapiteaux historiés de Parme assimilant les « Ages du monde » aux « Ages de la vie », font se succéder *infancia* et *pueritia.* Cf. ARIÈS, Ph., *op. cit.,* p. 12. A la même époque en Flandre, la *Chronique du meurtre de Charles le Bon (1127-1128)* décrit les étapes de la croissance du jeune Guillaume de Normandie, successivement *infantulus,* puis *puer,* puis *juvenis fortis.* Il est question plus loin des *pueri* qui ont « passé sept ans » (cf. *Histoire du meurtre de Charles le Bon, comte de Flandre (1127-1128)*, par Galbert de Bruges, H. Pirenne, Paris, 1891, p. 82).

7. LE ROY LADURIE, E., *op. cit.*

de bébé de sexe masculin, héritier d'un lignage chevaleresque. Dans la description du rite, il en va peut-être de même, mais des doutes sont ici permis.

Il est également difficile de savoir de quoi ces enfants souffraient : ils sont « infirmes et malades », « malades et faibles », maigres aussi, puisque les mères espèrent les retrouver « gras et gros ». Cette imprécision sur la santé des enfants ne saurait surprendre : même dans le cas des adultes visitant des pèlerinages mieux contrôlés par l'Eglise, les indications médiévales sont loin de se prêter toujours à une interprétation clinique moderne. A plus forte raison dans le cas des enfants, l'imprécision est la règle. Sans doute souligne-t-elle la faiblesse du « sentiment de l'enfance » au Moyen Age[8]. Dans les ouvrages médicaux les plus savants eux-mêmes, les maladies infantiles ne sont guère décrites au Moyen Age. C'est dans une œuvre sensiblement différente, le manuel d'éducation de Raymond Lulle (fin du XIIIe siècle), que sont données pour la première fois quelques maigres précisions sur les maladies dont souffrent les enfants mal nourris et mal soignés : « enfans tigneus et plains de apostumes » — ils sont teigneux, perdent leurs cheveux et sont couverts d'abcès — « les enfanz en deviennent esglandeuls et escroelés et (ont) moult d'autres maladies » — ils contractent la peste et les écrouelles[9]. Mais les témoignages du folklore à une époque plus récente font penser à d'autres maux : maladies infantiles jugées aujourd'hui bénignes, mais qui étaient susceptibles alors d'avoir rapidement des conséquences très graves, rachitisme, ou seulement retard de la marche...

Le rite se décompose en trois séquences, minutieusement réglées par la sorcière.

D'abord les préliminaires : l'offrande de sel et d'autres choses non précisées (du pain ? des pièces de monnaie ?). Nous ne chercherons pas dans ce don une illustration du « symbolisme universel » du sel qu'Ernst Jones a pensé retrouver et dont il a fourni une interprétation psychanalytique[10]. C'est dans les relations symboliques de notre rituel particulier que ce don de sel doit être replacé. De l'étude de Jones retenons cependant plusieurs conclusions qui sont

8. ARIÈS, Ph., *op. cit.*

9. R. Lulle, *op. cit.*, p. 205-206.

10. JONES, E., « L'importance du sel dans la symbolique du folklore et de la superstition », *in* JONES, E., *op. cit.*, II, p. 26-96.

ici importantes : l'ambivalence du sel, qui peut aussi bien attirer les démons et les sorciers, que les mettre en fuite ; l'association fréquente du sel, de l'eau et du feu, présente dans le rite baptismal, ou dans des rites de conjuration des sorts (par exemple : jeter du sel sur le feu).

Ces offrandes faites, les langes de l'enfant sont déposés sur les buissons et un clou est planté dans le tronc des arbres qui sont censés avoir poussé sur la tombe du chien : une relation s'établit ainsi entre le corps malade et le corps du « martyr », par l'intermédiaire des vêtements, du clou, du bois et des racines des arbres.

La séquence centrale du rite est surtout marquée par la séparation temporaire de la mère et de l'enfant et par l'intervention supposée des faunes.

Pour commencer, la mère et la sorcière se placent de part et d'autre de deux arbres, entre lesquels, à neuf reprises, elles font passer l'enfant.

Leurs gestes s'accompagnent de paroles : elles demandent aux faunes de reprendre cet enfant, qui est malade et qui est à eux, et de leur rendre leur propre enfant, bien portant, qu'ils leur ont pris. Nous apprenons ainsi qu'une première substitution a eu lieu, à l'insu des femmes. Le rite a pour fonction d'en assurer une seconde, inverse, qui remettra les choses en l'état : les femmes recouvreront leur enfant et les faunes le leur. La situation intermédiaire du lieu de culte, entre nature et culture, se prête évidemment à la fonction d'échange du rite.

Mais le rite ne peut s'accomplir que dans certaines conditions, qui sont prescrites avec la plus grande minutie : l'enfant déposé au pied de l'arbre est nu, comme à sa naissance : il va revenir en effet chez ses parents les faunes, de même que son semblable, rapporté par les faunes, va, pour sa mère, renaître.

Les mères doivent se séparer de l'enfant pour permettre à la substitution de s'accomplir. La distance et le temps de cette séparation sont mesurés avec soin : la distance est égale à la portée des vagissements d'un enfant — il ne faut ni l'entendre, ni le voir —, le temps équivaut au délai nécessaire à une chandelle pour se consumer. Il est vraisemblable cependant que le rôle de la chandelle ne se limite pas à la mesure du temps : entre le sel, offert dans la première séquence du rite, et en liaison avec la végétation du lieu, quelle est la place du feu dans le système symbolique de ce culte ?

La présence du feu permet aussi aux femmes de souligner le risque encouru par l'enfant au moment où il est laissé seul : présentée comme le récit d'un accident, mais dont les témoins disent eux-mêmes qu'il s'est produit plusieurs fois, l'évocation des brûlures et parfois de la mort des enfants par le feu, fait, à notre avis, partie intégrante du rite[11]. Il en va de même de la menace du loup, qui parfois sort de la forêt à la place des faunes, et dévore l'enfant. Mais le loup est le diable, comme le faune est un démon. L'exégèse cléricale l'affirme, mais à partir du témoignage des femmes : l'abandon de l'enfant laisse celui-ci seul face à des forces terrifiantes et démoniaques. Le feu et le loup risquent de dévorer l'enfant : le rite est une épreuve.

Ainsi s'expliquent les invocations que les femmes adressent aux faunes, car il s'agit de permettre la conjonction dangereuse de deux mondes hostiles : les faunes, qui ont volé l'enfant des hommes, vont-ils accepter de le rendre ? L'enfant ne va-t-il pas mourir dans l'épreuve ? Humains et démons, femmes et faunes, culture et nature sauvage doivent un instant, sur l'enfant, se rejoindre pour que l'échange ait lieu : l'enfant ne saurait en réchapper dans tous les cas. Et s'il est toujours vivant au retour de la mère, quel est cet enfant : celui des hommes ou celui des faunes ?

A cette question, la dernière séquence du rite apporte une réponse. Après l'épreuve, la preuve : si l'enfant meurt, c'est que les faunes n'ont pas consenti à reprendre leur enfant malade. S'il survit, la preuve est faite qu'il est l'enfant sain des hommes restitué par les faunes. Ainsi le rite se referme-t-il sur lui-même : aux neuf passages entre les arbres répondent les neuf immersions dans l'eau courante de la rivière. Une configuration symbolique s'achève aussi : au sec et chaud de la phase précédente du rite, placée sous le signe du feu, s'opposent et surtout succèdent l'humide et le froid de l'eau de la rivière.

Avant d'aller plus loin dans l'interprétation du rituel, il est nécessaire d'identifier toutes les séquences du rite qui ont été analysées. Pris séparément, il n'est pas de geste ici qui ne soit bien connu des folkloristes.

L'introduction du corps ou seulement de la tête d'un

11. Nous avons pu faire la même remarque dans le cas d'un rite de « jeunes » châtiés par le feu céleste : SCHMITT, J.C., *Jeunes...,* *op. cit.*

enfant malade dans une cavité s'ouvrant en un lieu réputé
pour ses vertus thérapeutiques est une pratique comparable
et largement attestée. C'est aussi le cas de l'usage qui consiste à faire passer l'enfant un nombre déterminé de fois
entre les deux parties d'un arbuste fendu dans le sens de
la longueur, ou entre deux arbustes qu'une greffe a réunis
à mi-hauteur[12].

Bien connus aussi sont l'exposition sur un buisson des
habits de l'enfant malade et l'enfoncement des clous dans
l'écorce des arbres : dans les deux cas, il s'agit, par contact,
de débarrasser le corps de son mal en le transmettant aux
plantes[13]. Il ne s'agit pas d'un « culte des arbres », tels que
ceux que les conciles du haut Moyen Age ont dénoncés.
Dans les pratiques folkloriques récentes, et aussi dans notre
exemplum, les arbres ne sont qu'un instrument du rite : les
pèlerins qui prient le saint d'une chapelle peuvent aussi
suspendre sur les arbres voisins les vêtements des petits
malades : ils ne vénèrent pas les arbres pour autant. Il en
va de même des femmes qui s'adressent aux démons et aux
faunes, et non aux arbres.

Cependant, au moment du dépôt des vêtements, la guérison n'est pas encore acquise : elle est espérée seulement.
Souvent interprétés comme des *ex-voto,* parce qu'ils sont
retrouvés après le rite sur le lieu du pèlerinage, les vêtements, les langes, les chaussons qui y subsistent sont en fait
des préliminaires à la guérison, non des marques de reconnaissance[14].

Sur ces pratiques, les témoignages récents et parfois encore
actuels abondent. En va-t-il de même au Moyen Age, en
particulier dans la Dombes ? En 1158, les moines clunisiens
du prieuré de Gigny, dans le Jura, emmenèrent en procession
à travers la Dombes le reliquaire de saint Taurin, afin de
recueillir les fonds nécessaires à la reconstruction de leur
église, détruite par le feu. Entre autres étapes, ils firent
halte à Neuville-les-Dames, mentionnée un siècle plus tard
dans notre texte. En filigrane, le document révèle quelques
pratiques folkloriques locales : à Bâgé, la châsse fut placée
aux pieds d'un vieux chêne au centre d'un pré, et aussitôt
un paralytique fut guéri. Il rendit grâce à saint Taurin...

12. SÉBILLOT, P., *Le Folklore...,* op. cit., IV, p. 156-157.
13. *Ibid.,* III, p. 412-414, et RENARD, F., *op. cit.,* p. 244-245.
14. SAINTYVES, P., *Le Transfert...,* op. cit., p. 299-300, et HARLE,
E., *op. cit.,* p. 225.

tandis que le peuple se partageait les branches du chêne et les emportait dans l'espoir qu'elles les aideraient à l'avenir[15]. Le culte monastique du saint se mêle ici au culte folklorique d'un chêne : ambiguïté étonnante dont les moines de Gigny ont manifestement joué pour tenter de répandre la dévotion de saint Taurin.

Plus ancien encore est le célèbre traité de l'archevêque de Lyon, Agobard (v. 779-840), contre les superstitions. Malheureusement, Agobard n'y dénonce qu'un type particulier de croyances et de pratiques : celles des *tempestarii* qui prédisent les orages et savent écarter la grêle et la foudre. Agobard ne dit rien des rites de guérison[16].

Cependant, à ce niveau des textes normatifs, il est légitime de dépasser le cadre étroitement régional. Au début du XIe siècle, l'évêque Burchard de Worms impose une année de pénitence aux mères qui placent leur enfant « sur le toit ou dans un trou » dans l'espoir de le débarrasser de la fièvre, et comme bien d'autres il dénonce les cultes rendus aux arbres, aux pierres, aux fontaines, interdit d'y faire brûler des chandelles et d'y porter des offrandes[17].

Il est suffisant de noter l'ancienneté et la permanence de ces pratiques. Il n'avance en rien, en effet, de postuler, à l'instar des clercs du Moyen Age et de bien des folkloristes du XIXe siècle, leurs « origines païennes ». Sans doute ont-elles précédé la diffusion du christianisme. Mais nous ne les saisissons que dans un contexte chrétien : notre *exemplum* le montre bien, elles s'intègrent aux croyances et aux rites de chrétiens du XIIIe siècle. Leur place dans la religion de ces paysans fait réellement problème. La question de leurs « origines » ne peut susciter, en revanche, que de vaines spéculations.

La séquence centrale du rite illustre pour les folkloristes une croyance bien connue aussi : la croyance aux changelins.

Selon cette croyance, des « esprits » mal définis, des fées ou des nains, ravissent les enfants et déposent à leur place leur propre enfant. Ce dernier porte un nom qui varie selon les pays, mais se réfère le plus souvent au processus de substitution qui explique sa présence parmi les hommes : « enfant changé » ou « changelin » en France, *changeling* et

15. « Circumvectio et miraculi S. Taurini », *AA.SS.*, août 2, p. 652, § 14.
16. Agobard de Lyon, *op. cit.*
17. Burchard de Worms, *op. cit.*, col. 835, cap. 14, et 837, cap. 32.

aussi *fairy* en Angleterre, *Wechselbalg* en Allemagne.

D'après les témoignages récents[18], l'enlèvement des enfants est le plus à craindre dans les heures ou les jours qui suivent la naissance, surtout lorsque l'enfant n'est pas encore baptisé, est encore privé de nom. Pendant cette période de « marge », il faut éviter de le laisser seul ; il convient au contraire de l'entourer de multiples protections : fermer soigneusement la porte de la chambre, laisser à la garde de l'enfant un oiseau ou un chien, emmener le berceau avec soi lorsqu'on va aux champs, faire brûler une chandelle dans la chambre, déposer du sel à proximité du berceau, etc. Il est recommandé aussi, jusqu'au baptême, de promener matin et soir une flamme autour de la tête de l'enfant, ou de balancer l'enfant plusieurs fois autour du foyer. En Ecosse, juste après la naissance, dès que les nourrices ont mis à l'enfant ses premiers vête-ments, elles le retournent trois fois dans leurs bras, le bé-nissent et lui font « choquer trois fois la tête en bas », dans l'espoir d'écarter les *fairies* et les *changelings*[19].

En dépit de ces précautions, il arrive que l'enfant soit enlevé et qu'un changelin lui soit substitué : que l'enfant tombe malade, qu'il soit impossible de le rassasier et que pourtant il dépérisse, et la substitution ne fait plus aucun doute.

Mais les moyens existent pour se débarrasser du changelin ainsi reconnu, et pour recouvrer son propre enfant.

Un bon moyen consiste à faire souffrir le changelin, pour que ses cris de douleur attirent ses vrais parents et les incitent à le reprendre : pour cela, on peut le battre ou seulement faire mine de le brûler ou de l'ébouillanter. Sou-vent, le changelin est déposé en un carrefour solitaire, au point de contact de trois pays, ou au confluent de trois rivières. La mère l'y abandonne, s'éloigne en observant un silence complet, revient au premier cri de l'enfant en espé-rant qu'à la place du changelin, son enfant lui aura été rendu.

Là encore, les témoignages de folklore récent sont plus abondants que ceux des siècles passés. Dans les documents du Moyen Age, il n'est pas toujours aisé de distinguer la

---

18. PIASCHEWSKY, G., *op. cit.*, HOFFMANN-KRAYER, E., et BÄCHTOLD-STÄUBLI, H., *op. cit.*, IX, art. « Welchselbalg », col. 835-864 ; Van GENNEP, A., *Le Folklore du Dauphiné...*, *op. cit.*, II, p. 533 ; SÉBILLOT, P., *Le Paganisme...*, *op. cit.*, p. 54 et suiv.
19. SÉBILLOT, P., *Le Paganisme...*, *op. cit.*, p. 35-38.

croyance aux changelins, qui suppose une substitution, de la croyance aux « lamies » ou *striges* qui ravissent les enfants, les dévorent parfois, mais ne leur en substituent aucun autre. C'est d'elles qu'Etienne de Bourbon parle le plus souvent. Les témoignages les plus anciens ne sont pas parfaitement clairs : Notker († 1022), dans son commentaire du Psaume 18 (17) 46, traduit normalement l'expression *filii alieni* (les fils d'étrangers, par opposition aux juifs) par l'allemand *fremedin chiunt* (*fremde Kinder*), mais commente par le mot *wihselinc,* qui semble faire référence à l'idée de substitution (d'où l'allemand moderne *Wechselbalg :* changelin). Vers 1215, dans le *Miroir des Saxons,* Eike von Repkow parle, à propos des enfants difformes et anormaux, d'*altvil,* où l'on a vu un terme désignant les changelins[20]. A la même époque, Jacques de Vitry cite le terme français *chamium* (de *cambiatus :* changé, changelin), mais la définition qu'il en donne est plus pauvre que le nom lui-même, puisqu'elle ne tient pas compte du phénomène de substitution que rappelle pourtant l'étymologie : c'est « un enfant qui épuise le lait de plusieurs nourrices, mais sans profit puisqu'il ne grandit pas et garde un ventre dur et gonflé. Son corps ne grandit pas[21] ». Ce témoignage porte seulement sur les critères de reconnaissance du changelin. Beaucoup plus précis est, vers 1230, le jugement de l'évêque de Paris, Guillaume d'Auvergne, qui a fait autorité puisque deux siècles plus tard son opinion est reprise à leur compte par Nicolas de Jawor dans son *Traité des superstitions* (1405) et par l'auteur anonyme d'un *Traité des démons* (1415)[22]. Dans un contexte différent, qui est celui des discussions théologiques sur la nature des démons, l'intérêt se porte ici, non sur la croyance populaire aux changelins, qui intéressait Jacques de Vitry, mais sur la question de savoir si les démons peuvent engendrer et donc, le cas échéant, échanger leurs enfants contre ceux des hommes : selon Nicolas de Jawor (ou Jauer), professeur aux universités de Prague puis de Heidelberg († 1435), ce sont les gens du peuple qui tirent argument de l'existence des changelins pour affirmer que les démons incubes peuvent engendrer : « On montre, et dans le peuple on dit communément, que les démons incubes substituent aux enfants des femmes leurs enfants, et que les femmes

20. PIASCHEWSKY, G., *op. cit.,* p. 12-13.
21. CRANE, J.F., *op. cit.,* p. 129, n° CCCVIII *bis.*
22. HANSEN, J., *Quellen...,* *op. cit.,* p. 69 et 86.

nourrissent ceux-ci comme s'ils étaient leurs propres enfants. C'est pourquoi on les appelle " changelins " (*cambiones*), " changés " (*cambiati*) ou échangés (*mutati*), substitués aux enfants accouchés par les femmes, mis à leur place (*suppositi*). On les dit maigres, toujours pleurant de douleur, avides de boire du lait au point qu'une quantité aussi abondante soit-elle de lait ne pourrait même en contenter un seul. »

Pour Nicolas de Jawor, les changelins, dont il ne met pas en doute l'existence, ne sont pas des enfants de démons incubes, comme le prétend le peuple, mais ces démons eux-mêmes, qui tantôt apparaissent sous la forme de bébés affamés, tantôt sous la forme de mauvaises fées qui ravissent les nourrissons dans les berceaux[23].

Cette question des facultés de procréation des démons incubes a été longuement discutée par les clercs au XIIIe siècle. Au début du siècle, Césaire de Heisterbach rapporte la tradition selon laquelle les Huns descendaient des fils de femmes répudiées en raison de leur laideur par les Goths et fécondées dans la forêt par des démons incubes. Il rappelle de même que Merlin fut le fils d'une moniale et d'un incube[24]. Mais il affirme aussitôt que les enfants nés de telles unions sont de « nature humaine », et non démoniaque, car pour féconder les femmes les démons doivent utiliser de la semence humaine. Peu après, les plus grands théologiens, Thomas d'Aquin, Bonaventure, démontrent clairement que les incubes n'engendrent pas vraiment : ils sont seulement les vecteurs du sperme humain que, sous la forme de succubes, ils ont d'abord recueilli[25].

Ainsi, rapportant le témoignage des femmes qu'il a interrogées, Etienne de Bourbon précise bien que ce sont elles qui disent (*quem eorum dicebant*) que les changelins sont les fils des faunes : lui-même ne peut adhérer à cette opinion.

Mais celle-ci, dans le peuple du moins, a fait longtemps l'unanimité. C'est dire que les changelins représentent pour chacun, concrètement, une intrusion angoissante du démoniaque dans la vie quotidienne. Le mot lui-même évoque

---

23. MEYER, P., *op. cit.*, p. 452-453, et GRIMM, J., *op. cit.* (édition de 1835 : *Anhang*, p. XLVI : « *tales pueri non generantur a demonibus, sed sunt ipsimet demones...* »).

24. Césaire de HEISTERBACH, *op. cit.*, I, p. 124.

25. HANSEN, J., *Zauberwahn...*, *op. cit.*, p. 185.

Illustration 3. Martino di Bartolomeo, Sienne 1389-1434, *Vie de saint Etienne,* Francfort, Städel Museum (photo U. Edelmann).
a) Le diable substitue le changelin à l'enfant.

réellement toutes les puissances du diable, au point que traiter quelqu'un d'être un changelin est, au xv⁰ siècle, une terrible injure[26].

26. Arch. nat., JJ 173, pièce 599, citée par GODEFROY, F., *op. cit.,* II, p. 54, art. *changon.* Lettres de rémission de 1427 à la suite d'une querelle : « Icellui tirant en soy courrouçant l'appella *changon* et lui dist autres dures parolles a quoy ledit suppliant respondi qu'il n'estoit point *changon,* et qu'il greveroit et courrouceroit ledit tirant avant qu'il feust gaires de temps. »

b) Une biche blanche allaite l'enfant, et l'évêque le recueille.

Paradoxalement, la vague de persécutions des sorcières, qui s'abat sur l'Europe occidentale du XVᵉ au XVIIᵉ siècle, n'apporte pas de nouveaux témoignages sur les changelins. Mais cela s'explique bien : l'attention des juges s'est portée davantage sur les méfaits des sorcières elles-mêmes, accusées d'enlever les enfants la nuit et de les dévorer, que sur l'action directe des démons[27].

C'est Martin Luther lui-même qui donne à cette époque les indications les plus précieuses. Dans ses *Propos de table*,

27. Cette orientation de l'intérêt des juges est sensible dès 1484 dans *Le Marteau des sorcières* d'Henry Institoris et Jacques Sprenger, où les changelins ne sont pas mentionnés.

Luther, se fondant sur les témoignages qu'il a lui-même recueillis, estime que les changelins (*Wechselbalge*) sont des esprits des eaux, ou de la forêt, ou du monde souterrain. Dans tous les cas, ce sont des démons, qui manifestent la puissance de Satan. Luther cite plusieurs cas de mères qui se sont aperçues que leur véritable enfant avait disparu et qu'elles avaient un changelin dans les bras, lorsqu'elles désespérèrent de pouvoir rassasier celui-ci[28].

Dans trois cas au moins, l'hagiographie médiévale et ses

28. PEUCKERT, W.Æ., *op. cit.*, p. 163-170.

c) Saint Etienne, de retour chez ses parents, découvre le changelin et le fait jeter dans les flammes.

représentations iconographiques apportent également de précieux renseignements sur les changelins[29].

Selon les *Gesta Romanorum* du XIVe siècle, le futur saint Laurent, peu après sa naissance, fut enlevé par le diable qui, sous la forme d'un nouveau-né, pris sa place dans son berceau. Comme cela est normal à la fin du Moyen Age, le changelin (en fait le mot n'est pas prononcé) est ici le diable en personne et non le fils d'un démon incube. Quant au véritable enfant, le diable l'a suspendu dans un arbre de la forêt (*silva*), où le pape Sixte II l'a recueilli avant de le baptiser et lui donner le nom de Laurent. Plus tard, le saint revint chez ses parents et les libéra du petit démon, qui entre-temps n'avait pas cessé de les offenser, de les importuner et de leur désobéir[30].

La légende de saint Barthélemy est presque identique. Comme saint Laurent, il était le fils d'un couple royal longtemps stérile qui avait promis à Dieu de se convertir en échange de l'enfant si ardemment désiré. Le diable, qui redoute ce futur ennemi, enlève le nouveau-né et l'abandonne sur un rocher où il est recueilli par un voyageur. Elevé au loin dans la foi chrétienne, il revient plus tard confondre le changelin : celui-ci, selon un retable du XVe siècle de la cathédrale de Tarragone où l'image est accompagnée d'une légende, a eu le temps, en vingt-quatre ans, de faire mourir d'épuisement quatre nourrices, mais en pure perte puisqu'il n'a pas grandi. Selon un manuscrit en langue flamande de Bruxelles, le petit démon « noir comme la poix, se refusait à grandir et pleurait nuit et jour dans son berceau ». Au bout de trois ans, le prêtre qui, selon cette version, avait recueilli Barthélemy, le contraignit à avouer sa nature diabolique et à prendre la fuite. Rendu à ses parents, Barthélemy, après leur mort, entendit le Christ prêcher et le suivit.

Perpétuel affamé qui pourtant « ne profite pas », voilà ce qui désigne aussi le changelin dans le tableau de la *Vie de saint Etienne,* peint vraisemblablement par le Siennois Martino di Bartolomeo (1389-1434) et conservé aujourd'hui au musée Städel de Francfort-sur-le-Main (illustration 3). On sait que le principal récit hagiographique concernant le protomartyr, qui est fêté le 26 décembre, est contenu dans

---

29. GAIFFIER, B. de, « Le diable voleur d'enfants. A propos de la naissance des saints Etienne, Laurent et Bartélemy », *in* ID., *Etudes critiques..., op. cit.,* p. 169-193. Riche iconographie.
30. OESTERLEY, H., *Gesta Romanorum, op. cit.,* p. 612-614.

les *Actes des Apôtres* (6-7) : il n'y est point question, cela va sans dire, du moindre changelin ! Cependant, le culte de saint Etienne s'est alimenté à une *Vita fabulosa,* fort différente de la tradition apostolique, et dont le plus ancien manuscrit remonte aux xᵉ-xiᵉ siècles[31]. Complètement absente des *Actes des Apôtres,* l'enfance d'Etienne fait l'objet, dans cette *Vie,* d'un récit détaillé.

Selon ce texte, au moment de la naissance d'Etienne, Satan, « sous les traits d'un homme », s'introduisit dans la maison de ses parents, s'approcha du berceau, ravit l'enfant et laissa à sa place une statuette (*idolum*). Ayant emporté l'enfant par-delà la mer, Satan l'abandonna devant la porte d'un évêque nommé Julien. C'est là qu'il fut allaité par une biche blanche, qui, lorsque l'évêque ouvrit sa porte, s'adressa à lui en ces termes : « Voici l'homme que Dieu t'envoie ! » Elevé par l'évêque, devenu un sage *juvenis,* Etienne commença de prêcher en Asie, et fit son premier miracle en ressuscitant un mort.

Puis il revint dans la cité de Galilée, chez ses parents, où il enjoignit au « démon » de dire « de qui il est le fils ». Jusqu'alors muet, l'autre répondit : « Ne me tue pas, Etienne, et je retournerai chez tous ceux qui sont tes ennemis. » Le refus du saint provoque chez « Satan » « des sifflements, des mugissements de taureau, et toutes sortes de cris de bêtes ». Alors Etienne dit à son père : « Je suis votre fils que Satan prit au berceau, où il mit son propre enfant (*suum genitum*). »

Même si aucun nom spécifique n'est donné à cet être diabolique substitué à l'enfant, il s'agit bien d'un changelin. Encore le texte donne-t-il l'impression d'hésiter sur la nature de cette « idole », qui paraît inanimée jusqu'à ce que le saint la contraigne à parler et à révéler qu'elle est le fils du diable. Le tableau de Martino di Bartolomeo renforce cette impression : serré dans ses langes, le changelin (autant, il est vrai, que le bébé emporté dans les airs par un diable ailé) a tout d'une statuette de bois ! Cependant, le tableau n'est pas

---

31. *Bibliotheca casinensis..., op. cit.,* p. 36-38. Beaucoup plus récent que ce manuscrit du Mont-Cassin, est, à Milan, celui de la Bibliothèque ambrosienne (H 82) du xivᵉ siècle, qui ne diffère guère du premier, et qu'a utilisé BIANCHI, M., *op. cit.,* pour son étude des fresques de Lentate, contemporaines du tableau de Francfort. Les autres représentations iconographiques inspirées de la *Vita fabulosa* sont rares (cinq ou six connues) et postérieures. Voir : *Lexikon der christlichen Ikonographie, op. cit.,* VIII, col. 398.

qu'une illustration du texte : si les épisodes de l'enlèvement de l'enfant puis de son allaitement par la biche suivent fidèlement la tradition écrite, il en va différemment du retour du saint qui, non content de confondre le démon, le fait jeter aux flammes. Cette variante n'est mentionnée dans aucun des deux manuscrits connus de la *Vita fabulosa,* et s'inspire peut-être d'une tradition orale. L'intérêt de cette représentation réside dans sa fidélité à la croyance folklorique : pour qui regardait le tableau, il était évident que le bébé jeté au feu était un changelin, puisque sa taille n'avait pas varié depuis le premier épisode, alors que saint Etienne, entre-temps, était devenu un jeune homme.

Le retour du saint, revenant confondre le changelin qui lui a été substitué à sa naissance, donne au récit hagiographique une note merveilleuse qui contraste avec les exigences du rite folklorique décrit dans l'*exemplum* d'Etienne de Bourbon. Ainsi, par sa date précoce et les précisions qu'il apporte, cet *exemplum* apparaît, dans le petit *corpus* des documents médiévaux sur les changelins, comme l'un des meilleurs témoignages. Certes, le nom de « changelins » n'est pas donné aux enfants malades que les mères cherchent à rendre aux faunes. Mais tout est dit de la substitution qui a eu lieu, et surtout, pour la première fois, est présenté dans tous ses détails le rite destiné à produire l'échange inverse, à permettre aux femmes de recouvrer leur enfant.

La troisième séquence du rite vise, semble-t-il, à éprouver l'efficacité de la séquence précédente : si l'enfant résiste au froid de l'eau courante de la rivière, la preuve est faite qu'il est le véritable enfant des femmes, restitué par les faunes. Au contraire, un changelin est trop malingre pour survivre à ce traitement : sa mort immédiate ou rapide démontre que les faunes n'ont pas consenti à le reprendre. Cette épreuve de l'eau peut être rapprochée de l'une des formes de l'ordalie, dont le but n'était pas de découvrir le coupable, mais de confirmer ou d'infirmer la culpabilité du prévenu, selon que, plongé publiquement dans l'eau froide, il surnageait ou coulait au fond. Cette vieille pratique germanique (le mot signifie « jugement », *Urtheil*) a été utilisée sous la forme du « jugement de Dieu » jusqu'à l'époque moderne pour confondre les sorcières et les sorciers[32]. Cependant, il ne faut pas minimiser les différences de formes et de fonc-

---

32. Thomas, K., *op. cit.,* p. 218 ; Mandrou, R., *op. cit.,* p. 102-103.

tions de ces deux pratiques. Leur parenté réside plutôt dans
la même logique alternative du « tout ou rien » : dans le
« jugement de Dieu », si le prévenu coule, c'est qu'il est
innocent, et s'il surnage, il est proclamé sorcier ; ici, si l'enfant survit, il est bien l'enfant des femmes, et s'il meurt,
c'est qu'il est un démon. La même logique sans nuance
préside à de nombreux rites folkloriques : en Ecosse, lorsqu'un enfant est ramené de l'église après son baptême, une
femme le balance doucement trois ou quatre fois au-dessus
d'une flamme en disant : « Que la flamme te consume maintenant ou jamais[33]. » Le rite du passage actualise dans l'instant toute la destinée future de l'enfant : l'eau du baptême
lui a donné la vie éternelle et le feu de la flamme symbolise
le feu de l'enfer qui ne saurait plus jamais l'atteindre s'il
ne le consume dans l'instant. L'opposition des symboles
(eau et feu) reproduit dans le rite baptismal comme dans
notre rite le dualisme radical des enjeux, vie et mort, hommes
et démons.

Peut-on préciser ici les rapports entre notre rite et le
baptême ? Le baptême offre, on l'a dit, la meilleure protection possible contre les changelins : l'état de chrétien prémunit contre les attaques du démon, même s'il ne suffit pas
à lui faire toujours obstacle. Les mêmes éléments symboliques sont présents dans le rite baptismal et dans le rite de
substitution : le sel, le feu, l'eau. A la triple immersion de
l'enfant baptisé « au nom du Père, du Fils et du Saint-Esprit » encore en usage au XIIIᵉ siècle[34], répond, multiplié par
trois, le nombre des immersions dans la Chalaronne. Cependant, pas plus que dans la légende et les versions parallèles,
il n'est fait mention du baptême dans le rite. La raison de
ce silence paraît simple : les enfants dont il s'agit n'étaient-ils
pas déjà baptisés ? Traditionnellement, le clergé attendait la
nuit pascale pour baptiser en une seule fois tous les enfants
de la communauté. Mais pour limiter les risques d'une mort
sans baptême, il devint de plus en plus fréquent, aux XIIIᵉ
et XIVᵉ siècles, d'administrer le baptême le plus vite possible
après la naissance ou du moins dans les jours qui la sui-
vaient. En effet, le baptême assurait le salut de l'enfant s'il
mourait rapidement, ce qui ne manquait pas de se produire
une fois sur deux ou trois. Il exorcisait aussi les forces dia-

---

33. Sébillot, P., *Le Paganisme...*, *op. cit.*, p. 51-53.
34. Dobiache-Rojdestvensky, O., *op. cit.*, p. 60-62.

boliques, repoussait les esprits maléfiques, et, si l'enfant survivait, lui donnait belle chair et beau visage et l'empêchait de se noyer ou d'être dévoré par les loups[35]. Bien mieux, le baptême faisait véritablement du nouveau-né un petit homme[36]. Or, cette qualité de petits hommes ne fait aucun doute dans le cas du fils du chevalier sauvé par le lévrier, ou dans le cas des enfants arrachés aux faunes. Le rite de substitution ne peut pas être confondu avec le baptême. Mais, assez semblable à lui par certains de ses aspects, il avait peut-être pour fonction d'en raviver les effets dans les cas, exceptionnels, où le baptême s'était révélé incapable de soustraire les enfants à l'emprise de la maladie et des démons.

En fait, ce rite aboutissait sûrement dans un grand nombre de cas à la mort de l'enfant : apporté là parce qu'il était malingre ou malade, il était exposé nu dans le bois, secoué sans ménagement entre les arbres, plongé neuf fois dans l'eau froide de la rivière... Sans même parler des dangers du feu et du loup durant son exposition temporaire, comment un tel enfant pouvait-il survivre à ce traitement ? Lorsque Etienne de Bourbon accusait les mères d'infanticide, il n'était sûrement pas loin de la vérité. Mais il faut considérer aussi ce qu'impliquait la croyance aux changelins : les enfants qui mouraient *n'étaient pas* les enfants des mères, mais ceux des diables. Le rite avait une fonction de sélection, ou, au sens plein du terme, de reconnaissance des vrais enfants : de renaissance, d'identification et d'agrégation. Pour les mères, il ne s'agissait pas d'infanticide ritualisé, puisque les enfants qui mouraient n'étaient pas les petits des hommes, mais d'un rite visant à identifier et à sauver leurs véritables enfants.

L'une d'elles pourtant, loin de laisser se dérouler jusqu'à sa conséquence fatale la logique implacable du rite, est revenue sur ses pas afin de chasser le loup qui allait dévorer « son » enfant. Mais puisque le loup devait le manger, n'était-il pas un changelin ? L'on voit bien ici la triple fonction, mais aussi les limites et les contradictions de la croyance aux changelins : elle était d'abord un moyen d'expliquer la maladie ou l'anormalité ; elle permettait en même temps d'en supprimer la réalité sociale et le fardeau, non en guérissant la maladie, mais en changeant l'identité du petit malade :

35. Le Roy Ladurie, E., *op. cit.*, p. 578-579.
36. Fabre, D., Lacroix, J., *La Vie quotidienne...*, *op. cit.*, p. 98.

devenu fils du diable, il pouvait, sans crainte, être éliminé de
la collectivité humaine ; enfin, à une époque où la pratique
de plus en plus étendue de la confession annuelle approfon-
dissait la conscience individuelle et développait la notion de
culpabilité, la croyance permettait aussi aux mères de ne
pas se reprocher la mort de leur enfant. Ainsi s'expliquent
le paradoxe de ce rite et sans doute aussi l'impossibilité
pour Etienne de Bourbon d'en comprendre les vraies raisons :
il était certainement vécu par les mères comme un rite de
sauvetage de leurs enfants, alors qu'il aboutissait en fait à
tuer les plus faibles d'entre eux. Mais si ceux-ci étaient de
toute manière condamnés, il n'est pas sûr que le culte de
saint Guinefort ait beaucoup modifié la courbe démographique de cette communauté paysanne...

CHAPITRE III

L'UNITÉ DU RÉCIT

Les paysans interrogés par Etienne de Bourbon avaient conscience du lien indissoluble de la légende et du rite, puisqu'ils présentaient la légende comme le récit des origines du culte. Nous ne les suivrons pas dans cette explication, et ne chercherons pas davantage à présenter le rite comme la mise en actes de la légende. Le rite et la légende n'en sont pas moins inséparables : leur thématique est en partie la même, et surtout ils sont unis dans le développement logique d'un unique récit.

Dans la légende comme dans le rite se manifeste une préoccupation anxieuse du salut, gravement menacé, de l'enfant. Cette constatation peut surprendre : selon Philippe Ariès, le « sentiment de l'enfance » n'aurait pas existé au Moyen Age ; l'enfant ne s'intégrait pas à une catégorie précise, d'où le flou de la terminologie. Tout au plus s'exprimait parfois, à l'égard des rares enfants qui avaient survécu, un « sentiment superficiel de l'enfance » qui s'affirme surtout à l'époque moderne et que l'auteur a appelé le « mignotage » : l'enfant est considéré comme « une petite chose drôle », « on s'amuse avec lui comme avec un animal, un petit singe impudique... ». A une époque plus récente est apparu enfin le sentiment de l'enfance, lié à un renforcement de la cellule familiale « bourgeoise » et à la scolarisation qui, retardant l'entrée de l'enfant dans le monde adulte, invita à lui reconnaître un statut propre.

Pour la période médiévale, la thèse de Philippe Ariès,

exprimée une première fois en 1960, a été confirmée avec
force quatre ans plus tard par Jacques Le Goff : « On l'a
dit, il n'y a pas d'enfants au Moyen Age, il n'y a que de
petits adultes[1]. »

Plus récemment, pourtant, analysant un document et étu-
diant un milieu social proches des nôtres ici, Emmanuel Le
Roy Ladurie s'est inscrit en faux contre les conclusions de
Philippe Ariès. Dans la haute Ariège, dès la première moitié
du xiv° siècle, la châtelaine de Châteauverdun hésitait à
quitter son enfant encore au berceau pour rejoindre les hérétiques : « Elle voulut le voir avant de s'en aller ; le voyant,
elle l'embrassa ; alors l'enfant se mit à rire ; comme elle
avait commencé à sortir un petit peu de la pièce où était
couché l'enfant, elle revint de nouveau vers lui ; l'enfant
recommença à rire ; et ainsi de suite, à plusieurs reprises.
De sorte qu'elle ne pouvait parvenir à se séparer de l'enfant.
Ce que voyant, elle dit à sa servante : " Emmenez-le hors
de la maison ! " » Sentiment de l'enfance propre à l'aristocratie ? Il n'en est rien, puisque des attitudes comparables
se retrouvent chez de simples paysans : Sybille Pierre ne
peut se résoudre à laisser mourir de faim sa petite Jacotte
qui, gravement malade, a reçu le *consolamentum* cathare :
elle finit par désobéir au Parfait et à son mari : « Quand
mon mari et Prades Tavernier eurent quitté la maison, je
n'y pus tenir. Je ne pouvais admettre que ma fille mourût
sous mes yeux. Je l'allaitais donc...[2]. »

Ces textes semblent bien attester l'existence, à deux niveaux
sociaux différents, d'un sentiment médiéval de l'enfance. Mais
il serait injuste d'enfermer Philippe Ariès dans une présentation trop étroite et infidèle de sa thèse. Lui-même a bien
distingué l'« affection » que des parents, et en particulier
les mères, comme ici, ont eue pour leur enfant, du « sentiment de l'enfance », catégorie de l'enfance encore mal
définie à l'époque médiévale. Il a aussi montré que les
nourrissons, qui étaient sans cesse sous la menace de la
mort et qui faisaient l'objet de soins spécifiques, retenaient
davantage l'attention que les enfants un peu plus âgés qui
se fondaient dans le monde adulte. En revanche, on ne peut
que suivre E. Le Roy Ladurie quand, à la suite de J.-L. Flandrin, il reproche à Ph. Ariès d'avoir surtout travaillé sur
des documents littéraires ou iconographiques qui expriment

1. Le Goff, J., *La Civilisation...*, *op. cit.*, p. 357.
2. Le Roy Ladurie, E., *op. cit.*, p. 311 et 314.

les représentations des élites et ignorent « la réalité massique et non écrite de l'affectivité des basses classes ».

Dans les grandes lignes, Philippe Ariès a raison. Mais sa thèse demande à être étayée par l'examen d'autres types de documents, et à être nuancée dans le sens indiqué d'ailleurs par l'auteur lui-même, et que des recherches convergentes sont venues depuis préciser[3] : l'enfance ne constitue pas encore au Moyen Age une catégorie bien définie. Mais dès l'époque médiévale, une émergence de l'enfance et de l'enfant est sensible, dans certaines conditions.

Une des conditions de l'émergence de l'enfant médiéval est remplie par la culture folklorique. Comme le montrent les documents qui concernent le village pyrénéen de Montaillou au début du XIVe siècle, ou notre *exemplum* un demi-siècle plus tôt, ou dès le XIIe siècle un texte de Gervais de Tilbury très proche du témoignage d'Etienne de Bourbon[4], l'enfant du folklore force le silence des textes et s'impose, pleurnichant, gigotant, bercé, soigné, allaité, aimé, en un mot : reconnu.

A cela nous voyons trois raisons : même écrits par des clercs, les documents qui nous renseignent sur la culture folklorique au Moyen Age ne visent pas à affiner les classifications intellectuelles des âges de la vie ou à enfermer le cours de l'existence dans la perspective théologique de l'au-delà et du salut. Bien souvent, ces documents expriment les préoccupations des laïcs, traduisent leurs intérêts familiaux et lignagers : pour eux, l'enfant est l'héritier futur qu'il faut soustraire aux menaces omniprésentes de la mort, afin d'assurer la pérennité du lignage et la survie du patrimoine chevaleresque ou de la « maison » paysanne. Pour l'Eglise au contraire, l'enfant peut être un obstacle au salut. Il détourne à son profit la générosité de ses parents : ce que les parents distribuaient en aumônes aux pauvres (et à l'Eglise !) avant la naissance de l'enfant, ils le conservent ensuite jalousement pour grossir son héritage ; les moments qu'ils passaient à leur salut, voilà qu'ils les consacrent à présent aux soins du bébé...[5].

3. Dans *Enfants et Sociétés,* numéro spécial des *Annales de démographie historique, op. cit.*
4. LE GOFF, J., « Petits enfants dans la littérature des XIIe-XIIIe siècles », *in Enfants et Sociétés, op. cit.,* p. 129-132.
5. Voir en particulier les versions de l'*exemplum* dit de « l'ermite et de l'ange », qui fait l'objet du séminaire de recherche sur les *exempla.* Cf. TUBACH, F.C., *Index..., op. cit.,* n° 2558 et, entre autres,

Dans les documents qui intéressent la culture folklorique, l'enfant émerge pour une autre raison encore : que les auteurs y dénoncent les démons ou les sorcières ou qu'ils soient fascinés par le merveilleux des traditions orales, ces textes font une large place au surnaturel.

Or, l'enfant médiéval, être « divers[6] » qui inquiète et déroute les adultes par une ambivalence échappant justement aux classifications, attire par lui-même le surnaturel. Il l'attire de la manière ambiguë qui est propre à sa « diversité » : positivement, il est l'enfant du miracle et l'enfant de l'hagiographie. Négativement, il est l'enfant du diable, parfois le complice et plus souvent la proie de la sorcière. C'est de cet enfant-là qu'il est question dans la deuxième partie de notre *exemplum*.

Il y a enfin une dernière raison à cette apparition privilégiée de l'enfant du folklore : dans des documents qui éclairent très souvent les intérêts familiaux ou les relations de parenté, l'enfant n'arrive pas seul, mais en famille. Et ici, l'attention portée à l'enfant apparaît, dès le Moyen Age, comme un aspect particulier de la lente promotion de la cellule familiale restreinte. L'iconographie religieuse elle-même en témoigne : adulte en réduction, bout de bois ou morceau de pierre hiératique sur les genoux de la Vierge romane, l'enfant s'anime à l'époque gothique, s'infantilise et tout en même temps se trouve une mère, une grand-mère, un père et bientôt un cousinage. On le voit bien aussi dans notre document : dans la première partie apparaît la famille chevaleresque modèle, telle que, de l'extérieur, les paysans confessés par Etienne de Bourbon se la représentent : abstraite de la vaste parentèle que Georges Duby découvre dans les généalogies nobiliaires et les chartes, réduite à sa plus simple expression avec, autour de l'enfant mâle, le père, la mère et la nourrice. Nous l'avons dit : la nourrice est un signe extérieur de noblesse. Point de nourrice au contraire dans la description du rite paysan. Point de père non plus, il est vrai, mais la mère seule avec son enfant malade et une vieille femme qui connaît les gestes et les mots de la guérison : sur les marges des lieux habités, femmes et enfants sont seuls face à la maladie et au sort.

LECOY de la MARCHE, A., *Anecdotes historiques...*, *op. cit.*, p. 349. Sur l'« enfant gêneur », obstacle au salut, voir aussi : LE GOFF, J., *Entre l'enfant Jésus...*, *op. cit.*

6. BATANY, J., « Regards sur l'enfance dans la littérature moralisante », *in Enfants et Sociétés, op. cit.*, p. 123-127.

En effet, l'enfant est gravement menacé, comme le montrent la légende et le rite. Le serpent de la légende n'est guère décrit : en particulier, rien n'autorise à penser qu'il sort du mur même du château, comme dans la plupart des récits parallèles. Mais pour être indéterminé, l'« extérieur » dont il vient apparaît, globalement, d'autant plus hostile. Rapporté au lieu du culte, cet « extérieur » est évidemment la *silva,* la forêt qui sert de repaire aux loups et aux faunes. Dans la légende, le serpent n'est pas explicitement appelé « Satan », mais sa très grande taille (*maximus*) est un signe qui ne trompe pas : il a partie liée avec les démons, les faunes et le loup diabolique mentionnés dans la description du rite.

Dans la légende, l'enfant est sauvé par le chien qui était resté seul avec lui. Cette présence du chien évoque l'une des mesures de protection habituelles prises contre les changelins : un animal, qui est le plus souvent un chien, est laissé près du berceau. Il en va de même dans la version R 7, qui est le seul de nos récits où les nourrices prennent la précaution d'emporter le berceau avec elles et de le déposer au pied du mur, au lieu de le laisser à l'intérieur de la maison vidée de ses habitants. Mais cette précaution fut naturellement insuffisante !

Un ensemble de rapports logiques unit surtout la légende et le rite : le meurtre du lévrier sauveur de l'enfant autorise sa vénération comme martyr sauveur d'enfants. La plantation d'arbres à côté du puits où le corps du lévrier a été enseveli conserve la « mémoire du fait », et constitue l'amorce du lieu boisé où se déroule le rite. La désertion de la terre « par l'habitant » permet le retour ultérieur des paysans attirés là par la tradition orale (*audientes*...).

L'ensemble du récit décrit ainsi une double transformation diachronique du statut du lévrier et de l'apparence du paysage : fidèle compagnon du chevalier, le lévrier est injutement tué ; il est mort, mais enseveli de manière que se conserve le souvenir de son action ; sa mort en fait un martyr, et il est bientôt honoré sous le nom de saint Guinefort. Parallèlement, se dresse d'abord le *castrum* habité par le chevalier et les siens ; après le meurtre du lévrier, il est ruiné « par la volonté divine » et la terre devient un désert ; bientôt, les paysans viennent en cet endroit et en font un lieu de pèlerinage. Mais l'essentiel est ailleurs : entre-temps, le lieu a changé de destination et d'utilisateurs. Habitation du *miles* — représentant de classe guerrière et dominante — il devient *locus* religieux, visité par les dominés que sont les *rustici*. Contentons-nous pour l'instant de schématiser cette triple évolution : les problèmes qu'elle soulève seront au cœur de l'interprétation historique de l'ensemble de notre document.

	1. →	2. →	3.
Statut du lévrier	animal domestique	réputé bête sauvage, et pour cela tué	saint et martyr nommé Guinefort
Apparence du paysage	*castrum* seigneurial	ruine et désert (mais croissance des arbres)	*locus* de pèlerinage
Acteurs	le *miles* et les siens	plus d'habitant	les *rustici* viennent en pèlerinage

Tableau 3 — Transformations au cours du récit.

TROISIÈME PARTIE

SAINT GUINEFORT

CHAPITRE PREMIER

LES AUTRES LIEUX DE CULTE

Au chien de la légende, les paysans de la Dombes ont donné le nom de saint Guinefort, martyr.

L'étonnement d'Etienne de Bourbon en entendant pour la première fois ce nom de saint pourrait faire penser que les paysans l'avaient eux-mêmes inventé. Il n'en est rien : depuis le XIᵉ siècle au moins, saint Guinefort, martyr, est vénéré en bien d'autres endroits, mais sous forme humaine.

La *Vie* de saint Guinefort (*Guinifortus, Gunifortus*) a été vraisemblablement composée entre le VIIIᵉ et le XIIᵉ siècle. Elle est connue par deux manuscrits : une *Passio Sancti Guiniforti,* conservée au Latran, et des *Miracula Sancti Guniforti,* du XIVᵉ siècle, conservés à Novare, qui présentent, en plus du récit de la vie du saint, une liste de miracles dont bénéficièrent plusieurs de ses dévôts dans la première moitié du XIVᵉ siècle[1].

Saint Guinefort aurait vécu au temps des empereurs Dioclétien et Maximilien. Fuyant les persécutions dirigées contre les chrétiens par les « infidèles hérétiques », il quitta son Irlande natale (*Scotia*) avec son frère Guiniboldus et ses deux sœurs. Dans la *Passio,* celles-ci ne sont pas nommées.

---

1. « Passio beati Guiniforti martyris », *op. cit.,* et « Miracula B. Guniforti martyris », *op. cit.* Voir : art. « Winifortus ms. Ticini », *in Bibliotheca hagiographia latina..., op. cit.,* 8590, et en dernier lieu : Noe, V., art. « Guniforto, Santo », *in Bibliotheca Sanctorum, op. cit.,* col. 527-528.

D'après le manuscrit de Novare, elles s'appelaient Pusillana
et Favilla. Lors de la traversée de la Germanie, elles furent
martyrisées par les « Teutoniques ». Elles sont fêtées le
9 janvier. Epargnés de justesse, les deux frères gagnèrent
l'Italie : à Côme, où ils se mirent à prêcher, ils furent arrêtés
et le prince local fit décapiter Guiniboldus. Mais la nuit,
des chrétiens enlevèrent secrètement son corps et l'enseve-
lirent. Il est fêté le 14 octobre.

Guinefort poursuivit seul sa route et, à Milan, se remit
à prêcher. Le « tyran » le condamna à être décapité en
dehors de la ville. Sur le chemin de son supplice, ses bourreaux le lapidèrent, le percèrent de flèches et le battirent
de verges ferrées. Estimant qu'il ne survivrait pas jusqu'à
l'heure prévue pour son exécution, ils « remplirent le saint
martyr de flèches au point qu'il ressemblait à un hérisson ».
Quand il tomba sur le sol, ils le crurent mort et l'abandonnèrent.

Le corps hérissé de flèches, mais vivant, Guinefort se
traîna jusqu'à Pavie, où une chrétienne le recueillit chez elle
près de l'église Saint-Romain. Il y demeura trois jours avant
de mourir. Le 22 août, son corps, assisté par les anges, fut
enseveli dans l'église Sainte-Marie, proche de l'église Saint-
Romain. La *Passio* ajoute que de nombreux aveugles, infirmes et lépreux y furent guéris miraculeusement.

Le saint est fêté à Pavie le 22 août, jour anniversaire
de sa sépulture.

Cette légende hagiographique reproduit dans une large mesure celle de saint Sébastien, dont le culte est également
attaché étroitement à la cité de Pavie.

Martyrisé à Rome par Dioclétien, Sébastien, selon la
Légende dorée, fut lui aussi percé de flèches au point de
ressembler « à un hérisson ». Mais il réchappa de ce supplice : l'ayant cru mort, ses bourreaux l'abandonnèrent. Dès
qu'il fut rétabli, il revint trouver l'empereur et lui reprocha
de persécuter les chrétiens. Cette fois, il fut fouetté à mort
et son corps fut jeté dans un cloaque. Mais le saint apparut
à sainte Lucine et lui révéla où était son corps : elle alla
l'y chercher et l'ensevelit dignement près des corps des
apôtres. Saint Sébastien est fêté le 20 janvier.

Aux mois de juillet, août et septembre 680, la peste
sévissait à Pavie. Quelqu'un eut la révélation que l'épidémie
cesserait si un autel de saint Sébastien était élevé dans la
basilique de Saint-Pierre-aux-Liens. Des reliques furent ra-

menées de Rome à Pavie et en effet la peste cessa aussitôt[2].

La réputation de saint Sébastien comme protecteur contre la peste — les flèches du martyr étant assimilées aux attaques du mal — se répandit surtout lors du retour de la peste en Occident, à partir de 1348. Saint Sébastien partagea son titre de saint antipesteux avec quelques autres saints importants : la Vierge, saint Roch, saint Antoine, mais aussi avec des dizaines d'autres saints « mineurs[3] ». A Pavie, saint Guinefort est l'un d'eux.

Le culte de saint Guinefort semble être resté assez effacé à Pavie jusqu'au milieu du XIVe siècle[4]. La relation d'une visite épiscopale de 1236 mentionne la présence du corps du saint dans l'église de Sainte-Marie, près de Saint-Romain, et une chapelle y est mentionnée à partir de 1330. En effet, le culte paraît avoir gagné en intensité au XIVe siècle, grâce à l'intérêt que lui porta la famille patricienne des Morzano. Cette famille n'est certainement pas étrangère à la rédaction des *Miracles* de saint Guinefort. Le saint aurait apaisé la colère divine qui s'était abattue sur les Morzano à la suite du sacrilège commis par l'un d'eux : le crucifix de la chapelle du saint ayant, en tombant, blessé son épouse, il l'avait jeté dans le fleuve ! Mais à la suite de ce sacrilège, son lignage fut décimé jusqu'à ce que saint Guinefort, cédant aux prières des Morzano, intercède en leur faveur auprès de Dieu et obtienne son pardon. Un autre miracle concerne également un enfant de cette famille : Albricus de Morzano, boiteux de naissance, fut guéri sur la tombe du saint à l'âge de cinq ans, en présence d'un grand nombre de ses parents, hommes et femmes, venus célébrer la fête de saint Guinefort.

Mais les autres miracles dénotent déjà une extension plus large de la renommée de saint Guinefort : à Milan, une apparition du saint permit un jour de disculper un chevalier de Côme et son serviteur, injustement accusés de vol. En 1340, un marchand de Gênes, tombé accidentellement en mer à Péra (Constantinople), eut juste le temps d'invoquer saint Guinefort (*O Sancti Guniforte, adjuva me!*) qui apparut aussitôt au-dessus de l'église Saint-Michel et le sauva de la noyade en le tirant par les cheveux. En 1350, en

2. « Pauli Historia Longobardorum », Lib. VI, 15. *Monumenta Germaniae Historica, Scriptores Rerum langobardicarum et italicarum saec. VI-IX*, Hanovre, 1878, p. 166.

3. BIRABEN, J.N., *op. cit.*, II, p. 76-82.

4. Voir pour tout ce qui concerne le culte à Pavie : MAIOCCHI, R., *op. cit.*

pleine Peste noire, un enfant nommé Todescus, atteint par
le mal, fut arraché à la mort dès l'instant où son frère
Franciscus invoqua saint Guinefort. Trois ans plus tard, en
signe de reconnaissance, Franciscus fit refaire la porte et le
clocher de l'église. En 1356, il revint visiter celle-ci et té-
moigner de l'authenticité du miracle.

Au milieu du XIVᵉ siècle, comme on peut le voir, saint
Guinefort n'était pas encore spécialisé dans l'accomplissement d'un type précis de miracles. Mais déjà il s'est fait
reconnaître comme saint capable de tenir la peste en échec.
Lors d'un nouvel assaut de l'épidémie, en 1374, il acquit
une réputation de spécialiste. C'est alors que les membres
d'une confrérie attestée depuis le début du XIIIᵉ siècle prirent
le nom de *Disciplinati di S. Guniforto,* se fixèrent dans son
église et l'invoquèrent particulièrement contre la peste. De
cette époque date aussi la représentation du saint sous les
traits d'un chevalier (*miles, cavaliere*), à l'instar de saint
Sébastien, alors que rien dans sa *Vie* n'autorisait cette identification. Enfin, dans les litanies, il est associé aux grands
saints protecteurs contre la peste : saint Sébastien, saint
Roch, saint Christophe.

Au XVᵉ siècle, s'ajoutèrent d'autres facteurs de développement du culte : la générosité des Visconti, l'adoption officielle du patronage de saint Guinefort en 1415 par la faculté
des juristes, et en 1419 l'octroi d'indulgences par le pape
Martin V aux pèlerins de saint Guinefort. A Pavie, le pré-
nom *Guniforto* semble alors assez fréquent. Le culte se
développa aussi en dehors de cette ville : en 1446, une
chapelle des Saints-Jacques-et-Guinefort est mentionnée dans
l'église de Saint-Laurent de Milan, près de la porte de Pavie
(*Porta ticinensis*).

Le culte s'est poursuivi à Pavie depuis l'époque médiévale.
En janvier 1650, les chanoinesses régulières du Monasterio
Nuovo obtinrent le droit de transférer le corps du saint dans
leur propre église. Une véritable fouille archéologique eut
lieu sous l'autel de la chapelle de saint Guinefort : le corps
fut retrouvé au bout de trois jours. Des reliques furent pré-
levées et distribuées, et le reste du corps saint fut porté en
procession chez les sœurs. De nouveaux prélèvements de reliques eurent lieu en 1670 et 1726, afin d'« augmenter le culte
de saint Guinefort » en portant au loin ses précieux restes.
En 1768, la suppression du monastère permit une quatrième
dispersion, et ce qui restait du corps fut transféré dans l'église

paroissiale de S. Maria-Gualtieri. A cette occasion, le saint
fut vêtu en soldat romain, casqué, la palme du martyr à
la main, étendu sur un damas rouge aux franges d'or, et
offert, dans une lourde châsse dorée, à la vénération des
fidèles. C'est ainsi que saint Guinefort apparaît aujourd'hui
encore dans une chapelle de l'église des Saints-Gervais-et-
Protais, où il a été transporté en 1790 : tel un soldat romain
mis au goût baroque, et réduit par des prélèvements successifs de reliques aux dimensions d'une grande poupée dérisoire.

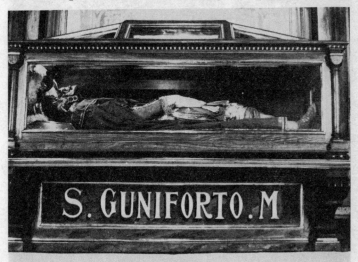

Illustration 4. Saint Guinefort de Pavie.
a) Le reliquaire (photo Silvana Vecchio).

Dans ce mannequin, il semble bien que seul le crâne subsiste
du corps véritable. Près de la tête est déposé un petit reliquaire qui contient quelques ossements (illustration 4). Sous
l'autel est conservée une caisse qui porte l'inscription « S.
Guniboldo » et doit contenir des reliques du frère de saint
Guinefort.
   Les prélèvements successifs de reliques ont sans aucun
doute contribué à la diffusion du culte de saint Guinefort
(carte 1 : nos 8 à 15) : par exemple, des reliques enlevées
en 1670 permirent la dédicace à saint Guinefort de la nouvelle église de Casatisma, dans le diocèse de Tortona. En
1726, l'église de Nosate, près de Milan, accueillit pareillement le nom et quelques parcelles du corps de saint Guinefort. En 1769, plusieurs paroisses du Milanais en furent

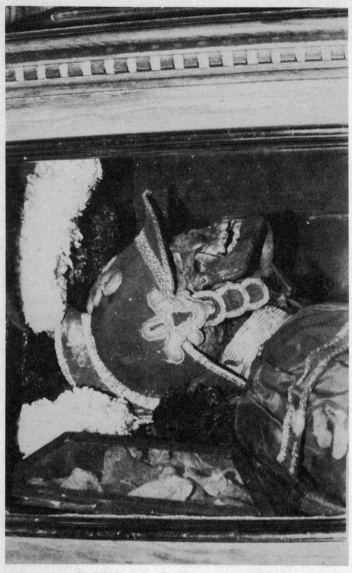

b) Détail de la tête (photo de l'auteur).

à leur tour gratifiées, et en 1896 l'évêque de Pavie offrit même à un curé normand une relique pour sa paroisse[5].

5. *Ibid, op. cit.,* p. 152 : il s'agirait de Jean Moukel, « curé de Méoties » (?).

A Pavie même, le culte n'a pas faibli pendant ce temps. Il a été encouragé par les autorités paroissiales et épiscopales, comme en témoigne par exemple la petite brochure du chanoine Moiraghi, publiée en 1916 avec l'*imprimatur* de l'évêque : elle contient un résumé de la vie du saint, rappelle les grâces multiples dont ont bénéficié ses dévôts, et indique

c) Une image pieuse recueillie par l'auteur (en 1976).

qu'il convient particulièrement de l'invoquer pour la guérison des enfants malades. Dans la seconde partie de l'opuscule, il n'est plus question des souffrances du corps, mais de la foi et de l'amour de Dieu que le saint peut raffermir chez les fidèles qui le prient[6].

6. MOIRAGHI, A., *San Guniforto Mart. Notizie e preghiere,* Pavie, 1916, 15 p.

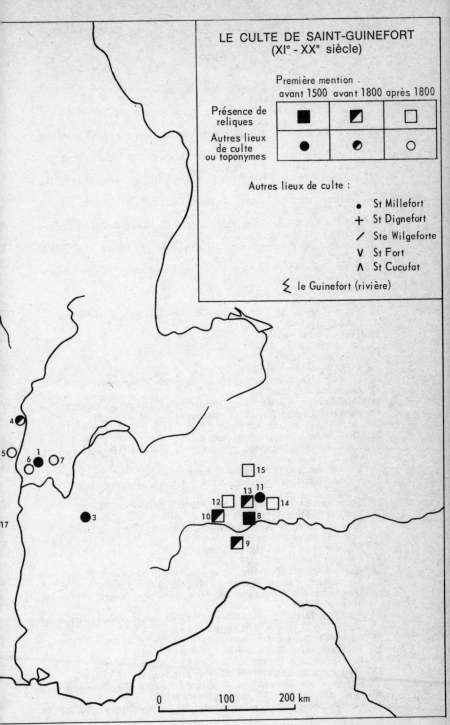

Carte 1. Le culte de saint Guinefort (Laboratoire de graphique de l'E.H.E.S.S.).

CARTE 1.

Liste des lieux de culte.

1. Bois de Saint-Guinefort (com. de Sandrans, arr. de Bourg-en-Bresse, Ain) (env. 1250-1940).
2. Autel à Cluny III (arr. de Mâcon, Saône-et-Loire) (1485, peut-être depuis 1131).
3. Allevard (arr. de Grenoble, Isère) : « manse de Saint-Guinefort » dans une charte de Cluny (1082).
4. Tournus (Saône-et-Loire) : « Mont Saint-Guinefort » et ermitage (1647).
5. Crêches (arr. de Mâcon, Saône-et-Loire) : invoqué à la fin du XIXᵉ siècle.
6. Béreins (com. de Saint-Trivier, arr. de Bourg-en-Bresse, Ain) : chapelle du château.
7. Marlieux (arr. de Bourg-en-Bresse, Ain) : cerisier de Saint-Guinefort.
8. Pavie : sans doute depuis le XIᵉ siècle au moins. Eglise Saints-Gervais-et-Protais).
9. Casatisma (1670).
10. Nosate (1726).
11. Milan : église de Saint-Laurent : chapelle des Saints-Jacques-et-Guinefort (1446).
12. Torre d'Isola (1835).
13. Mirabello (avant 1854).
14. Villanterio (1827).
15. Vill'Albese (XIXᵉ siècle).
16. Le Puy (Haute-Loire) : chapelle de Saint-Guinefort (1625).
17. Bords du Lignon.
18. Saint-Pardoux-Corbier (arr. de Brive-la-Gaillarde, Corrèze).
19. Bourges (Cher) : fin du XIᵉ siècle.
20. Saint-Satur (arr. de Sancerre, Cher).
21. Méry-ès-Bois (arr. de Sancerre, Cher).
22. La Chapelle-d'Anguillon : chapelle du château (arr. de Sancerre, Cher).
23. Levroux (arr. de Châteauroux, Indre) : collégiale.
24. Verneuil-sur-Igneraie (arr. de La Châtre, Indre) : statue dans l'église.
25. Tortezais (arr. de Montluçon, Allier) : patron de l'église.
26. Valigny-le-Monial (arr. de Gannat, Allier).
27. Sancoins (arr. de Saint-Amand-Mont-Rond, Cher) : chapelle.
28. Sens (Yonne) : depuis 1241.
29. Malicorne (arr. d'Auxerre, Yonne).
30. La Fontaine-Saint-Fort.
31. Piscop (arr. de Pontoise, Oise) : au moins depuis 1684.
32. Tigery (arr. d'Evry, Essonne) : chapelle au XVIIIᵉ siècle.
33. Dammartin-en-Goële (arr. de Meaux, Seine-et-Marne) : chapelle du XVIIᵉ siècle.
34. Bouillant (près Crépy-en-Valois, arr. de Senlis, Oise) : statue de saint Guinefort (ou Millefort ?).
35. La Ferté-sous-Jouarre (arr. de Meaux, Seine-et-Marne).
36. Lamballe (arr. de Saint-Brieuc, Côtes-du-Nord).
37. Le Guinefort (affluent de la Rance).
38. Saint-Broladre (canton de Pleine-Fougères, Ille-et-Vilaine).
39. Roz-sur-Couesnon (canton de Pleine-Fougères, Ille et-Vilaine).
40. Golleville (arr. de Cherbourg, Manche).
41. La Bouvaque (Somme) : chapelle de Saint-Millefort, au moins depuis 1419.

42. Saint-Aubin-Rivière (arr. d'Amiens, Somme) : chapelle de Saint-Millefort vers 1858.
43. Forest-Montiers (arr. d'Abbeville, Somme).
44. Camps-en-Amiénois (arr. d'Amiens, Somme) : chapelle de Saint-Millefort vers 1850.
45. La Neuville-sous-Corbie (arr. d'Amiens, Somme) : maladrerie de Saint-Millefort, statue sur l'autel.
46. Montdidier (Somme) : prieuré clunisien, reliques de saint Guinefort avant 1660.
47. Gorenflos (arr. d'Abbeville, Somme) : domaine dit de Saint-Millefort.
48. Gonfreville-L'Orcher (arr. du Havre, Seine-Maritime) : prieuré de Saint-Dignefort (1738) ou Guinefort.
49. Arques (arr. de Saint-Omer, Pas-de-Calais) : chapelle de Sainte-Wilgeforte (reconstruite en 1607) ou Guinefort ou Dignefort.
50. Blangy (arr. d'Amiens, Somme) : chapelle de Saint-Millefort ?
51. Saussay-en-Caux (canton de Forges-les-Eaux, Seine-Maritime) : statue de Saint-Dignefort.
52. Rouen : couvent des Carmes (dès le xv\ :sup:`e` siècle) : Saint-Dignefort, patron de confrérie.
53. Gruchet-le-Valasse (arr. du Havre, Seine-Maritime) : pèlerinage à Saint-Dignefort (?).
54. Appeville (arr. de Bernay, Eure) : pèlerinage à Saint-Millefort.
55. Montpinçon (canton de Saint-Pierre-sur-Dives, Calvados) : pèlerinage à Sainte-Wilgeforte.
56. Fauville (arr. d'Yvetot, Seine-Maritime) : pèlerinage à Sainte-Wilgeforte.
57. Daubeuf-Serville (arr. du Havre, Seine-Maritime) : pèlerinage à Sainte-Wilgeforte.
58. Vittefleur (arr. de Dieppe, Seine-Maritime) : pèlerinage à Sainte-Wilgeforte.
59. Flamanville (arr. de Rouen, Seine-Maritime) : pèlerinage à Sainte-Wilgeforte.

Tout récemment encore, en 1966, à l'occasion de la fête patronale du 11 septembre, la feuille paroissiale de l'église Saints-Gervais-et-Protais rappelait à la mémoire des fidèles la vie de saint Guinefort « missionnaire » et louait ses dons de thaumaturge « spécialement pour les enfants[7] ». L'article est suivi d'un avis du curé, qui fustige ceux qui hésitent à appeler le prêtre au chevet des malades, mais ajoute : « Je vois avec plaisir que saint Guinefort est invoqué par de nombreuses personnes dans toute la cité pour les malades et les moribonds, bien davantage qu'on ne le croit. » Dans l'église, devant le reliquaire, des images pieuses sont mises gracieusement à la disposition des fidèles : elles représentent le saint vêtu en soldat romain, l'épée et la palme du martyr dans la main droite. Au verso figure le texte de la prière que l'on doit adresser au saint : elle loue son courage de missionnaire et de martyr et supplie saint Guinefort d'aviver la foi et de soulager les douleurs des fidèles. Cent jours d'indulgences sont promis à qui récitera cette prière.

Le culte de saint Guinefort à Pavie n'a certainement pas aujourd'hui le rayonnement qu'il dut avoir dans les siècles passés. Toutefois, dans le vieux quartier qui entoure l'église des Saints-Côme-et-Damien, la dévotion à saint Guinefort persiste dans les milieux attachés aux formes traditionnelles du culte. Certains écarts sont d'ailleurs sensibles entre cette dévotion et le culte défini par les documents officiels, mais le clergé local semble s'en accommoder : en 1854 déjà, un vieux prêtre de Nosate racontait à sa manière la vie du saint : « Ce devait être l'un de nos Lombards, qui combattirent au temps de Grégoire VII sous les portes de Milan. Il y fut tué et son corps a été conservé dans l'église des Saints-Gervais-et-Protais de Pavie. » Un proverbe, qui a toujours cours à Pavie, illustre l'alternative dans laquelle se placent les malades qui se vouent à lui :

> « *Chi si vota a S. Boniforto*
> *Dopo tre giorni è vivo o morto*[8]. »

Le saint est surtout invoqué pour les moribonds dans l'espoir d'un salut rapide et définitif, à moins qu'intervienne la mort, précipitée par l'invocation elle-même. Mais de l'avis du curé actuel de l'église (octobre 1976), le saint est imploré pour d'autres raisons encore : une « sorcière » qui réside à

---

7. *Vita Parrochiale, Parrochia dei SS. Gervasio e Protasio*, Pavie, septembre 1966, 4 p.
8. MAIOCCHI, R., *op. cit.*, p. 149-150.

proximité de la *piazza della Vittoria,* mais dont nous n'avons pu retrouver la trace, conseille aux jeunes filles qui cherchent un mari de venir prier le saint. Et récemment, des ouvriers menacés de licenciement ont prié, avec succès paraît-il, le saint de leur conserver leur emploi ; ils ont fait célébrer ensuite une messe d'action de grâces...

Saint Guinefort (*Guinifortus*), attesté à Pavie, au moins depuis 1236 (première date certaine, mais la *Passio* est antérieure) et notre saint *Guinefortis,* vénéré par les paysans de la Dombes vers 1250, sont-ils le même saint ?

L'un est un homme, l'autre est un chien. Mais leur nom est semblable, et tous deux sont appelés « saints » et plus précisément « martyrs ».

Leurs légendes respectives diffèrent complètement : en particulier, celle de Pavie ne comporte aucune allusion à un chien, pas même à un chien qui ne serait pas le héros du récit. Un seul rapprochement est possible : l'un fut promis à la décapitation (et finalement percé de flèches), l'autre fut effectivement tué par l'épée (mais R 1 ne précise pas s'il fut décapité).

Les ressemblances au niveau du culte sont plus importantes : tous deux guérissent les malades, en particulier les enfants, et sauvent à la dernière extrémité : en ce sens, la formule de Pavie (« Qui se voue à S. Bonifort, dans les trois jours est vif ou mort ») peut être rapprochée de la dernière séquence du rite paysan en Dombes : l'enfant immergé dans la rivière meurt immédiatement, ou bien il est définitivement sauvé.

Il faut enfin noter la coïncidence chronologique : les deux cultes sont attestés vers le milieu du XIIIe siècle. Mais entre l'un et l'autre aucune relation certaine ne peut être mise en évidence.

Pourtant, l'hypothèse d'une relation entre les deux cultes doit être soutenue. Si l'on observe l'aire et les étapes de la diffusion ancienne du culte de Pavie, cette hypothèse devient même tout à fait vraisemblable.

En 1082, une charte de l'abbaye de Cluny, en Bourgogne, enregistra la donation faite aux moines d'un « manse de saint Guinifortus » (*mansus sancti Guiniforti cum omni possessione sua*) situé dans le voisinage d'Allevard, actuellement

dans le département de l'Isère[9]. De ce texte, contentons-nous
de noter la date précoce, et la forme du nom du saint, qui
est exactement celle de la *Passio* de Pavie. Sur les conditions
de la donation, nous ne savons rien : le nom même du
manse a-t-il encouragé les moines à l'acquérir, et le dona-
teur à s'en défaire à leur profit ? Ou bien, inversement, la
donation est-elle à l'origine de l'intérêt que les moines clunisiens ont porté à saint Guinefort ?

Ces deux questions méritent d'être posées à la lumière
d'un autre document clunisien, le *Chronicum cluniacense*.
Cette compilation de la fin du xvᵉ siècle reproduit un certain
nombre de documents antérieurs, et en particulier l'acte de
la dédicace de la troisième abbatiale de Cluny, en 1131[10].
Dans cet acte sont énumérés les vingt-six autels de l'église
abbatiale, dont, en dix-septième position, l'autel des saints
Léger et Guinefort (*S. Leodegarii et Guineforti*). Nous devons nous contenter de constater cette association des deux
saints martyrs dans la liturgie clunisienne, sans pouvoir vraiment l'expliquer. Saint Léger, évêque d'Autun, fut martyrisé
vers 677-680. Il est fêté le 2 octobre[11].

L'hypothèse d'une diffusion à l'ouest des Alpes du culte
de saint Guinefort (*Guinifortus, Guinefortus, Guinefortis*) dès
la fin du xıᵉ siècle (Allevard, 1082) et au xııᵉ siècle (Cluny,
1131), à partir de Pavie (désignée par la *Passio* comme le
centre du culte), et grâce aux clunisiens, paraît vraisemblable.

Qui considère le rayonnement exceptionnel de Pavie à
cette époque ne saurait s'en étonner : vers l'an mil, Pavie
était la plus importante cité d'Italie du Nord. Elle associait
à sa fonction de centre monarchique la frappe de ses ateliers
monétaires, l'activité de ses marchands, qui jouissaient de
privilèges exorbitants, et le rôle de carrefour de routes com-
merciales. Pavie commerçait avec le sud de la péninsule,
avec Venise et l'Adriatique et avec les pays situés au-delà
des Alpes. Dans la première moitié du xıᵉ siècle, la prééminence de Pavie a été ébranlée par l'affaiblissement du
pouvoir royal lombard et par l'essor de nouveaux centres
commerciaux : Milan, Crémone, Plaisance... Mais les échanges restaient intenses, notamment entre Pavie et le sud-est

---

9. BERNARD, A., BRUEL, A., *op. cit.*, IV, 3596.
10. MARRIER, M., DUCHESNE, A., *op. cit.*, p. 1639. Sur Cluny III,
voir les analyses et la bibliographie de CONANT, K.J., *Carolingian and
Romanesque architecture 800-1200*. Harmondsworth, 1959, XL,
343 p.
11. *Vies des saints et des bienheureux..., op. cit.*, X, p. 39-43.

de la Gaule, par Suse, le Mont-Cenis et les vallées de l'Arc
et de l'Isère[12].

Or, les relations religieuses et plus proprement monastiques étaient au moins aussi anciennes et intenses que les
relations marchandes. Depuis 999, Cluny comptait à Pavie
l'un de ses plus anciens prieurés[13]. Entre Cluny et son prieuré
de Pavie, la route a été balisée par d'autres prieurés encore.
Or, le long de cette route, depuis le XIᵉ siècle, s'alignent
aussi toponymes et lieux de culte dédiés à saint Guinefort.
Les moines clunisiens ont-ils fait connaître le nom de saint
Guinefort aux paysans de la Dombes ?

Cette question peut *a priori* surprendre : le monde du
monachisme traditionnel et des fastes liturgiques qui se dé-
ployaient dans l'enceinte des cloîtres, et celui de la culture
des paysans passent, non sans raisons, pour avoir été étrangers l'un à l'autre. On aurait tort pourtant de trop les opposer : parce que le monastère vivait du travail des paysans,
il entrait nécessairement en contact avec eux. Et le célèbre
ouvrage *De miraculis* de Pierre le Vénérable, abbé de Cluny
entre 1122 et 1156, montre assez l'ouverture de ce milieu
à la culture folklorique, dont l'auteur a recueilli un grand
nombre de récits pour les intégrer à la culture savante[14].

Plus important encore pour notre propos est un document
clunisien moins connu au XIIᵉ siècle, auquel il a déjà été
fait allusion : le récit de la *circumvectio* des reliques de saint
Taurin, emmenées en procession, en 1158, par les moines
du prieuré clunisien de Gigny (Jura). Ce récit, qui intéresse
directement la Dombes, aide à comprendre comment pouvaient se nouer les relations culturelles et religieuses des
moines et des paysans, et comment ceux-ci ont pu, de la
bouche des premiers, entendre parler de saint Guinefort.

Leur prieuré ayant été détruit par la foudre, les moines
de Gigny emmenèrent en procession les reliques de saint
Taurin, afin d'obtenir, en vantant les mérites du saint, et
grâce aux miracles qui se produiraient sur la châsse, les
offrandes nécessaires à la reconstruction de leur église. De

12. DUBY, G., *Guerriers et Paysans...*, *op. cit.*, p. 172-175.
13. VALOUS, G. de, *op. cit.*, I, p. 268. Voir dans : BERNARD, A.,
BRUEL, A., ..., *op. cit.*, n° 4266, 4704, et surtout 5037 : l'inventaire en
1261 des biens du prieuré ; il n'est pas fait mention de reliques de
saint Guinefort.
14. L'ouvrage cité de A. GUERREAU part d'un des récits du *De
miraculis*.

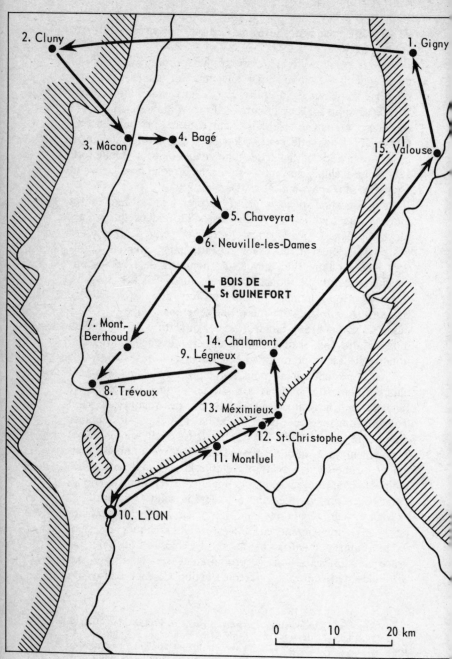

Carte 2. « Circumvectio » des reliques de saint Taurin par les moines de Gigny, 1158, AA. SS. août II, 650-656 (Laboratoire de graphique de l'E.H.E.S.S.).

telles processions étaient fréquentes au Moyen Age[15]. Dans
le cas présent, les moines se rendirent d'abord droit vers
l'ouest, à l'abbaye de Cluny dont ils dépendaient (voir
carte 2). Leur périple les ramena ensuite vers le sud dans
la Dombes. Entre Neuville-les-Dames et le prieuré clunisien
du Mont-Berthoud, où ils firent étape, ils durent passer à
proximité immédiate du lieu où, moins d'un siècle plus tard,
Etienne de Bourbon allait réprimer le culte de saint Guinefort. Parvenus à Lyon, ils repartirent ensuite en direction
du nord-est, en suivant la limite orientale du plateau de la
Dombes, et revinrent à Gigny. En tout, ils firent quinze
étapes, parcourant en moyenne quinze kilomètres entre deux
étapes (de trois à trente kilomètres selon le cas). A chaque
étape, les moines vantaient devant la population assemblée
les mérites du saint, et de nombreux miracles se produisaient.
Dans la quasi-totalité des cas, il s'agit de miracles de guérison, le plus souvent au profit de femmes : sur trente-trois
miracles évoqués avec précision (il est fait aussi mention,
en termes plus vagues, de miracles innombrables !), les femmes bénéficièrent de seize miracles, les hommes de onze
seulement, les enfants de trois. Les trois autres miracles
concernent les éléments ou les animaux : à Bâgé, les reliques
ont calmé l'orage, à Légneux une tempête dévastatrice s'est
au contraire levée quand les habitants ont refusé d'accueillir
les reliques, et à Chalamont des mouches furent empêchées
miraculeusement de souiller la châsse... Des trois miracles
dont bénéficièrent des enfants, deux, peu originaux, concernent de petits paralytiques, qui furent guéris (l'un à Bâgé,
l'autre à Chalamont). Le troisième, à Lyon, nous replonge
dans la thématique de notre *exemplum :* « Il y avait un
homme nommé Heldinus dont le fils unique, encore au berceau, était terrassé par une telle maladie que cinq jours
durant il ne put ni dormir, ni téter le sein de sa mère. La
chaleur de la vie ayant abandonné les membres de l'enfant,

15. Voir : HELIOT, P., CHASTANG, M.L., « Quêtes et voyages de
reliques au profit des églises françaises au Moyen Age », *Revue
d'histoire ecclésiastique* 59, 1964, et 60, 1965, qui ignore d'ailleurs
la présente *circumvectio.* Le récit en a été publié dans *AA. SS.,* août
II, p. 650-656, à la suite de la *Vita* et des deux *Historiae* du saint
normand, dont une partie des reliques fut transférée au haut Moyen
Age en Auvergne d'abord, puis dans le Jura. Voir : MESNEL, J.B.,
Les Saints du diocèse d'Evreux, I, *Saint-Taurin,* Evreux, 1914.
225 p. La précieuse châsse de saint Taurin (XIIIe siècle) conservée
à Evreux, n'a évidemment rien à voir avec celle de la *circumvectio*
dont nous parlons ici.

c'est à peine si l'on pouvait percevoir un souffle très faible dans sa poitrine. Les parents de l'enfant l'avaient pour ainsi dire exposé (*eum tamquam exposuerant*). La nourrice, dont la foi et la dévotion étaient ardentes, projeta de porter l'enfant à saint Taurin, et de le ramener ensuite. Bien mieux, elle passa aux actes et porta au saint l'enfant dont on pensait déjà qu'il était mort. A peine l'enfant eut-il été offert, qu'il ouvrit les yeux. Puis il bâilla et s'abandonna à un lourd sommeil. Puis il rugit et se mit à bien se porter et à vider avidement le sein de sa mère. A un si grand miracle, le père et la mère sont accourus et aussi de nombreux voisins, qui louèrent la grandeur de Dieu et magnifièrent les œuvres de saint Taurin. »

Bien des thèmes sont comparables à ceux de l'*exemplum* d'Etienne de Bourbon : la nourrice et l'allaitement, la séparation de l'enfant et de ses parents, le thème de l'infanticide, l'espoir du salut *in extremis*. A un siècle de distance, ces deux témoignages montrent la permanence du sentiment d'angoisse qu'inspire l'enfant malade (bien que ses parents, ici, n'hésitent pas à l'exposer), et l'attente d'une guérison miraculeuse.

Le récit de la *circumvectio* permet aussi d'apprécier dès le milieu du XII⁰ siècle l'enracinement du christianisme dans les campagnes, même s'il faut tenir compte de la tendance des moines à exagérer les succès de leur saint, et de l'ambiguïté de certaines attitudes : les paysans de Bâgé attribuèrent sans doute la guérison d'un paralytique au vieux chêne sous lequel était placée la châsse, autant qu'aux reliques du saint. Mais ayant entendu les moines vanter les mérites de saint Taurin, ils ne durent pas oublier son nom de si tôt. A de telles occasions, les moines parlaient-ils d'autres saints encore ? Faut-il supposer d'autres formes de contact entre paysans et moines clunisiens ? L'exemple de la *circumvectio* de 1158 aura du moins montré par quels moyens les clunisiens ont pu, au XII⁰ siècle, faire connaître le nom de saint Guinefort, martyr, aux paysans de la Dombes.

Des témoignages locaux beaucoup plus récents semblent confirmer l'hypothèse d'une relation, due à Cluny, entre les diverses mentions de saint Guinefort que nous avons trouvées : quatre autres lieux de culte sont attestés entre la Saône et l'Ain aux XVII⁰ et XIX⁰ siècles. Tous jalonnent, à travers la Dombes et par Tournus, la route que nous avons déjà suivie de Pavie à Cluny, en passant par Allevard et les rives de la Chalaronne.

A proximité de Tournus, sur la « montagne de Saint-Guillaume », s'élevait au début du XVIIᵉ siècle l'ermitage de saint Guinefort (ou saint Guy le Fort, ou saint Guille le Fort), où les jeunes venaient consulter l'ermite sur leurs projets de mariage[16]. En dépit de la variété des formes du nom, l'identification de saint Guinefort ne paraît pas devoir faire de doute. Mais il faut noter déjà avec quelle facilité ce nom s'est confondu avec d'autres noms de saints : ici celui de saint Guy, martyr, fêté le 15 juin. De simples glissements phonétiques peuvent rendre compte de telles confusions, mais nous doutons que cette explication suffise dans tous les cas : une comparaison plus systématique des saints concernés, tenant compte du nom, du statut, des fonctions, de la fête de chacun, permettra de mieux comprendre ces glissements.

Au siècle dernier, à Marlieux (Ain), à une dizaine de kilomètres à l'est de Châtillon-sur-Chalaronne, les femmes qui désiraient avoir un enfant devaient secouer certain cerisier en invoquant « Sain Guinefort[17] ».

Saint Guinefort était également connu à Crêches (Saône-et-Loire, arrondissement de Mâcon) à la fin du XIXᵉ siècle[18]. Enfin, à Béreins, sur la rive gauche de la Saône, à quelques kilomètres au sud-ouest de Châtillon-sur-Chalaronne, la chapelle (aujourd'hui transformée en grange) d'un château (dont il ne reste que des ruines insérées dans les murs d'une ferme moderne) aurait été jadis dédiée à saint Guinefort. Le culte y serait resté actif jusqu'à la Révolution et, au XIXᵉ siècle, des mères y portaient encore leurs enfants malades[19].

De la rive droite de la Saône (Cluny, Tournus, Crêches) à l'Ain et à l'Isère (Allevard) se dessine ainsi un groupe de lieux de culte de saint Guinefort, au centre duquel apparaît, sur les bords de la Chalaronne, celui qu'évoque notre *exemplum*. La densité des témoignages, la similitude des noms du saint, et au départ l'influence probable de Cluny, donnent une grande unité à ce groupe. Mais des différences apparaissent déjà dans les formes de dévotion : à Cluny, le culte était intégré à la liturgie monastique ; dans la Dombes, au XIIIᵉ siècle comme au XIXᵉ siècle, il s'agit dans tous les

16. JEANTON, G., *op. cit.*, II, p. 84-86.
17. CALLET, A., *op. cit.*, p. 503.
18. Information fournie par le Dr V. Edouard.
19. DELAIGUE, J., *op. cit.*, p. 267.

cas d'un culte folklorique. A Pavie, la longue histoire du culte montre la combinaison de plusieurs formes cultuelles. Mais nulle part ailleurs que dans l'*exemplum* d'Etienne de Bourbon, saint Guinefort n'est présenté sous les traits d'un chien. Et nulle part ailleurs qu'à Pavie, saint Guinefort ne semble avoir eu un jour de fête particulier dans l'année, le 22 août.

La date de la fête du saint est, en d'autres lieux, le moyen le plus sûr de reconnaître l'extension du culte de saint Guinefort de Pavie. C'est ce que montre le cas du Puy, au XVIIe siècle.

A la base et à mi-hauteur de la célèbre Aiguille, au sommet de laquelle s'élève, aujourd'hui encore, l'église Saint-Michel, bâtie au Xe siècle, se trouvaient alors deux chapelles, dédiées aux deux autres archanges, saint Gabriel et saint Raphaël. Or, selon le témoignage du jésuite Odon de Gissey, le 22 août 1625 — jour de la fête de saint Guinefort de Pavie — l'évêque du Puy « consacra l'autel de l'Oratoire de S. Guinefort dressé sur le roc de Saint-Michel, après y avoir enclos les reliques de S. Jacques Apostre et de Saincte Consorce Vierge. Ainsi qu'auparavant le 28 avril de la mesme année, il avait consacré l'autel de la chapelle de saint Raphaël proche de saint Guinefort, y ayant enchassé quelques parcelles d'ossemens de S. Jean Baptiste, de Saincte Consorce et de certains Saincts martyrs. La postérité aura de l'obligation à Monsieur le chanoine André, lequel n'a rien espargné pour l'embellissement de l'église S. Michel, et de la chapelle de Sainct Gabriel, outre les frais qu'il a faict pour l'érection des autels et oratoires des Saints Raphaël et Guinefort, afin de fomenter l'ancienne dévotion qui est en ce dévotieux Roc d'Aiguille ». L'auteur en profite pour rappeler la légende de saint Guinefort, de son frère « Guinebolde » et de leurs sœurs « Pusilana » et « Janila »[20]. Aucun doute n'est permis : ce saint est bien le même qu'à Pavie. Ce témoignage sur la diffusion de son culte est d'autant plus remarquable qu'il est antérieur à l'invention et à la translation du corps au Monasterio Nuovo, en 1650. A cette date seulement commença la dispersion des reliques. En 1625, l'évêque du Puy ne pouvait donc en posséder : consacrant l'autel de la chapelle de Saint-Guinefort, le jour de la fête de celui-ci,

---

20. GISSEY, O. de, *op. cit.*, p. 275-277. Une vue de l'Aiguille du Puy au XVIIe siècle, avec les quatre chapelles, est reproduite dans MARTIN, R., *op. cit.*

il dut insérer dans la pierre d'autel les reliques d'autres saints.

Le rapprochement de tous ces saints n'était certainement pas arbitraire : entre l'église Saint-Michel, située au sommet, et la chapelle Saint-Gabriel, à la base de l'Aiguille, venait d'être ajoutée, à mi-pente, grâce à la générosité d'un chanoine, une nouvelle chapelle, dédiée au troisième archange, saint Raphaël. Tous trois sont fêtés le 29 septembre. L'ascension des degrés de pierre d'une chapelle à l'autre inscrivait dans le roc l'élévation spirituelle de la hiérarchie céleste : de Gabriel, l'ange de l'Annonciation, à Raphaël, guérisseur et patron des voyageurs, jusqu'à Michel, qui terrassa le dragon et conduit les âmes des morts. Au cœur de cette trilogie, saint Guinefort, guérisseur comme Raphaël, auxiliaire des moribonds, associé à saint Michel dans le miracle de Péra, trouva sans peine une place.

Le choix des reliques ne fut sûrement pas fortuit non plus : saint Jacques de Compostelle, vénéré de longue date au Puy, point de départ d'une des routes de son pèlerinage, est lui aussi un saint psychopompe. De saint Jean-Baptiste, l'archange Gabriel avait annoncé la naissance miraculeuse à Elisabeth et Zacharie. La présence des reliques de sainte Consorce, vierge, vénérée particulièrement à Cluny, s'explique moins facilement. Mais il faut remarquer qu'elle est fêtée le 22 juin, au début de l'été, de même que tous les autres saints cités : saint Jean-Baptiste le 24 juin, saint Jacques Majeur (ou l'Apôtre) le 25 juillet, saint Guinefort le 22 août, les trois archanges le 29 septembre. La cohérence de cet ensemble liturgique estival n'invite-t-il pas à préciser le rapport de saint Guinefort et de la saison chaude ?

On sait par ailleurs combien le culte des trois archanges, et en particulier de saint Michel, fut important à Cluny et dans ses dépendances. Ceux de sainte Consorce et de saint Guinefort étant, comme on l'a vu, également attachés à cet ordre[21], ne peut-on retrouver ici aussi l'empreinte tardive d'une tradition clunisienne ?

---

21. Sur sainte Consorce, voir : *Vie des saints et des bienheureux...*, *op. cit.*, VI, p. 352. En 1399, un catalogue des nombreuses reliques conservées à Cluny, mentionne : « *Item corpus sanctae Consortiae sine capite.* » Comme il est normal à cette date, les reliques de saint Guinefort sont absentes de cette liste. Cf. Bibl. nat., Cabinet des manuscrits, coll. Baluze, tome 257, f° 64 c. Sur le culte de saint Michel et des archanges de Cluny, voir : CONANT, K.J., *Cluny, les églises et la maison du chef d'ordre*, 1968, p. 93-100.

Au Puy, la chapelle de saint Guinefort a aujourd'hui disparu. Mais dans le Velay, au siècle dernier, à une quarantaine de kilomètres du Puy, saint Guinefort était encore vénéré sur les bords de Lignon au lieu-dit Les Barry. D'une façon fort différente : à la lisière d'un taillis dominant la rivière se dressait une croix de bois blanc ; chaque dimanche, les paysans des environs portaient en ce lieu leurs bébés malades. Enlevant à l'enfant le drap qui l'enveloppait et le jetant sur les bras de la croix, ils disaient à haute voix :

« Saint Guinafort, pour la vie, pour la mort. »

Si le linge restait suspendu à la croix, l'enfant était sauvé. Si le linge tombait à terre, l'enfant était « voué à une mort sûre et prochaine[22] ».

A la même époque, près de Saint-Pardoux-Corbier (Corrèze), existait une fontaine dédiée au saint (*Fount Sent-Guinhe-Loufort*), pourvue d'une croix dont les visiteurs chétifs (les *chestis*) devaient faire deux fois le tour ; la formule était identique :

« Saint Guinhe-lou-fort
La vita ou la mort[23]. »

Le rapprochement de ces cultes folkloriques semblables pose divers problèmes : celui de leur rapport avec les formes populaires du culte à Pavie, et notamment de la formule identique d'invocation du saint « pour la vie ou pour la mort » ; celui du rapport entre le culte folklorique des bords du Lignon et le culte officiel du Puy : ce dernier s'est-il ruralisé et folklorisé ?

Les témoignages auvergnat et limousin que nous venons de citer sont les plus méridionaux que nous ayons retrouvés. Plus au nord, le Berry présente un autre groupe de lieux de culte, dont certains sont très anciens.

Vers 1073-1078, une charte de donation destinée à la collégiale Saint-Ursin de Bourges invoque « les mérites des saints qui reposent [dans cette église] : saint Ursin, premier archevêque de Bourges, saint Sulpice-Sévère, saint Archade, saint Just, saint Guinefort [*Sanctus Guinefortis*], saint Rodolphe ». La charte fut rédigée à l'occasion de la prise d'habit d'un jeune chevalier ; le sire de Bourbon, Archambaud II le Jeune (v. 1034 - v. 1078) approuva la donation[24].

---

22. *L'Intermédiaire..., op. cit.*, XVII, 1884, p. 359.
23. Nussac, L. de, *op. cit.*, p. 175, n° 143.
24. Arch. départ. du Cher, 14 G 21. Nous remercions M. J.-Y. Ribault, directeur des Services d'archives, d'avoir bien voulu nous

La charte ne cite pas seulement le nom du saint : elle mentionne aussi la présence du corps de saint Guinefort à Bourges, dès la fin du XIe siècle. Des procès-verbaux de translation apportent la preuve de cette présence beaucoup plus tard encore, en 1648, 1668 et 1735[25]. En 1724, deux religieux de la congrégation de Saint-Maur virent le corps de saint Guinefort lorsqu'ils visitèrent Saint-Ursin de Bourges : « Monsieur Alabat, qui en est le prieur, m'en fit voir toutes les curiosités : les corps de saint Ursin et de saint Sulpice-Sévère qui s'y conservent derrière le grand autel, celui de saint Guinefort l'abbé, qui était autrefois dans un autel creux et que l'on a transféré ailleurs, le chef de saint Ursin dans un beau buste et une relique de saint Symphorien[26]. »

Ce témoignage paraît difficilement conciliable avec ce que nous savons déjà de la présence du corps de saint Guinefort à Pavie ... Le corps du saint a-t-il été « inventé » en deux lieux différents ? Ou s'agit-il de deux saints distincts ? Il faut y regarder de plus près.

Comme le montre le document de 1724, saint Guinefort passait à Bourges pour avoir été « abbé », et non « missionnaire et martyr » comme à Pavie. Des témoignages du XIXe siècle le présentent plus précisément comme un ancien abbé du monastère de Saint-Satur, près de Sancerre, où il était fêté le 27 février. De cette communauté dépendait même une paroisse placée sous le vocable de « saint Généfort[27] ». Mais dans la liste des abbés, conservée sans lacune depuis la restauration de l'abbaye en 1034 par la comtesse Ermengarde, l'archevêque de Bourges et Archambaud II de Bourbon, n'apparaît aucun abbé de ce nom[28]. Une autre tradition, il est vrai, considère saint Guinefort comme un ancien abbé de Saint-Symphorien de Bourges, monastère qui est à l'origine de la collégiale Saint-Ursin[29]. Or, saint Symphorien est fêté le 22 août, c'est-à-dire le jour où, à

faire parvenir une reproduction de ce document (qu'il a lui-même daté d'après les personnages qui y sont cités) et de précieuses indications sur saint Guinefort à Bourges et dans le Berry.

25. Arch. départ. du Cher, 14 G 8. Par ailleurs, le nom de saint Guinefort est cité dans des litanies de Bourges, d'après un manuscrit de 1493. Voir : Leroquais, V, *Les Bréviaires manuscrits des bibliothèques publiques de France*, I, Paris, 1934, p. 324.

26. *Voyage littéraire...*, *op. cit.*, I, p. 30.

27. LAUGARDIÈRE, M. de, *op. cit.*, p. 15 et note 7.

28. GEMAHLING, M., *op. cit.*, p. 5.

29. VILLEPELET, J., *op. cit.*, p. 25-26.

Pavie, est honoré saint Guinefort... S'agit-il d'une pure coïncidence, ou sommes-nous autorisés à formuler l'hypothèse d'une relation ancienne entre Pavie et Bourges, où le culte, célébré d'abord au mois d'août, se serait fixé ensuite, comme il arrive souvent, à une date exactement opposée dans le calendrier, en février ? Un tel dédoublement de la fête pourrait expliquer que saint Guinefort, honoré en Berry le 25, le 26 ou le 27 février lorsque est mentionné un jour de fête précis, soit aussi invoqué à la collégiale de Saint-Martin de Levroux (Indre) pour la guérison du « feu saint Sylvain », qui est associé à l'été (la Saint-Sylvain est fêtée le 22 septembre).

S'il est difficile de vérifier, pour l'origine du culte, une telle hypothèse, on devine en revanche comment, aux XIe et XIIe siècles, s'est développé le culte local soutenu par les établissements ecclésiastiques berrichons et par la famille seigneuriale des Bourbon, alors en pleine expansion[30]. De ce développement témoigne le nombre des lieux où le saint est invoqué en Berry à l'époque moderne. Il s'agit surtout des lieux de culte folklorique : « Les pauvres malingreux qui ne peuvent ni vivre, ni mourir et que le mal étreint trop fort s'adressent à saint Genefort (25 février) et s'écrient :

Grand saint Genefort !

A la vie ou à la mort[31] ! »

Parfois son culte était attaché à une chapelle (au château de la Chapelle-d'Angillon, à Valigny-le-Monial, à Sancoins), ou à une vicairie (à Méry-ès-Bois). Saint Guinefort était aussi le patron de l'église de Tortezais, et celle de Verneuil-sur-Igneraie possède aujourd'hui encore une vieille statue de saint Guinefort[32].

Autre preuve de sa vivacité, le culte berrichon a aussi essaimé en direction du Bassin parisien.

D'après l'abbé Lebeuf, saint Guinefort était honoré en Ile-de-France, dans l'église paroissiale de Piscop, près de Pontoise, le 26 août. Le célèbre érudit du XVIIIe siècle ajoute : « Je crois que le culte a été apporté en ce lieu par

---

30. DEVAILLY, G., *op. cit.*, p. 366 et suiv.
31. LAISNEL de la SALLE, G., *op. cit.*, I, p. 321. La mention de la date nous semble un ajout érudit. Il est probable que ce type d'invocation échappait au rythme calendaire.
32. Ces renseignements nous ont été aimablement fournis par M. J.-Y. RIBAULT. Voir aussi : MARTIN, M.-M., *Les Grandes Ombres du Château de Béthune du XIe au XVIIIe siècle (de Gilou de Sully à Maximilien de Béthune)*, Paris, 1971, p. 20-21.

quelqu'un des seigneurs écossais. Sa légende qui le fait naître
en Ecosse, puis passer en France avec Gunibolde, son frère,
et deux de ses sœurs, et de là en Italie où Gunibolde fut
martyrisé à Cumes [*sic*] et Gunifort à Milan, a été jugée si
mauvaise par les bollandistes, auxquels je l'ai envoyée, qu'ils
n'ont pas daigné en faire mention[33]. » Nous savons pourtant
que les *Acta Sanctorum* finirent par faire une place à saint
Guinefort ! Mais l'abbé Lebeuf semble avoir disposé d'un
texte différent de celui qui y fut publié : le saint venait
selon lui d'Ecosse (mais l'érudit a pu mal traduire le nom
Scotia, l'Irlande), débarqua en France (il n'est question dans
la *Passio* que de la Germanie), et est fêté le 26 août, et
non le 22. Cependant, l'essentiel est qu'il parle bien du
même saint qu'à Pavie, et la différence de date est minime.
Il propose aussi une explication de la présence du culte à
Piscop : les seigneurs locaux, les Braque, alliés des Stuart,
l'y auraient introduit au XVIe siècle. Retenons simplement
l'hypothèse d'une diffusion du culte, sans chercher outre-
Manche l'origine du saint honoré à Piscop. En effet, le
24 avril 1684, le curé de Piscop reçut solennellement les
reliques de saint Guinefort, par l'entremise d'un religieux
trinitaire qui les tenait de l'archevêque de Bourges[34]. Comme le culte de Pavie, celui de Bourges a donc essaimé,
peut-être même dans des circonstances semblables, à l'occasion d'une translation de reliques : à Bourges, la dernière
en date remontait à 1668. Il reste qu'une telle diffusion ne
se fit pas sans une adaptation aux conditions locales : à
Piscop, saint Guinefort était fêté le 26 août, et non le
27 février comme à Bourges, et il n'est pas question de
l'abbé de Saint-Satur, mais du martyr de Pavie. C'est pourquoi, il est probable que le saint italien y a précédé le
saint berrichon, et que la réputation du premier a justifié
l'acquisition des reliques du second : mais la fête resta fixée
à la fin du mois d'août.

Le saint berrichon ne se retrouve-t-il pas aussi à Sens ?
Les apparences militent contre cette hypothèse. Saint Guinefort est appelé à Sens « confesseur ». Il est flanqué d'un
frère, saint Fort, « évêque et confesseur » (fêté le 16 mai
d'après le *Martyrologe français*) et d'une sœur, sainte Ave-

33. LEBEUF, J., *op. cit.,* II, p. 166.
34. EDOUARD, V., « Le Mystère... », *op. cit.,* p. 85, d'après le *Bulletin
catholique du canton d'Ecouen* (1923-1924). Nous n'avons pu vérifier cette référence.

line, « vierge ». Inconnue par ailleurs, celle-ci passe pour
avoir été la première abbesse du monastère des bénédictines
dont le sanctuaire devint plus tard l'église paroissiale de
Saint-Maurice-de-Sens. C'est dans cette église qu'en 1241
l'archevêque Gauthier Cornut leva de terre les trois corps,
et que l'archevêque Louis de Melun les fit exposer en un
lieu plus digne qui leur permit de « briller par de nombreux
miracles », le 26 février 1445. Cette date n'était pas for-
tuite : le *Martyrologe sénonais* (XVIIe siècle) montre en effet
que les trois saints étaient fêtés localement le 26 février[35].
Or, cette date est aussi celle de la fête de saint Guinefort
en Berry. Cet indice semble suffisant pour supposer une
transmission des cultes de Bourges à Sens, moyennant toutefois une modification sensible des autres caractéristiques
du saint.

La réputation de saint Fort, saint Guinefort et sainte
Aveline a largement dépassé le cercle limité du clergé de
Sens. Au XIXe siècle, des légendes locales présentaient les
deux saints frères comme des voyageurs qui, de passage à
Sens, reconnurent leur sœur dans une auberge. D'après une
autre tradition, ils seraient même originaires de Sens[36]. Mais
le succès du seul saint Fort, bien connu par ailleurs en
France et notamment à Bordeaux, a sans doute éclipsé la
réputation de son frère et de sa sœur. C'est lui surtout qui
était invoqué à Saint-Maurice-de-Sens pour la guérison des
enfants rachitiques, et, dans les environs, il était seul invoqué
à Malicorne (en association avec saint Blaise, copatron de
l'église, fêté le 3 février) et à la « fontaine Saint-Fort »,
dont l'eau passait pour guérir les malades[37].

Un autre ensemble de lieux de culte se dessine au nord-
ouest du Bassin parisien, de la Picardie à la Normandie.

En 1660, dom Claude Bruslé, « religieux prêtre sacris-
tain », du prieuré clunisien de Montdidier, près d'Amiens,
établit un *Mémoire des Saintes Reliques* conservées dans son

35. BLONDEL, P., *op. cit.*, p. 40-41, qui cite, d'après le *Martyrologe
sénonais* de J.B. DRIOT (1657), le procès-verbal de la translation du
26 février 1445. Une nouvelle translation eut lieu en 1746, et une
dernière en 1845. Voir : BUREAU, A., *op. cit.*, p. 38-45.

36. DURU, L.M., *op. cit.*, p. 51-53.

37. BUREAU, A., *op. cit.* L'hypothèse d'un culte de saint Guinefort
à Montargis semble peu fondée, selon l'avis de M. Paul Gaché de
Châteaurenard, que je remercie vivement de sa lettre explicative
du 12 mars 1975.

église. Il fit une inspection assez systématique du sanctuaire pour découvrir, derrière une armoire, un reliquaire en forme de bras, mangé par l'humidité et contenant de petits ossements que des cédules permettaient d'identifier : la première portait : « Des os des SS. Lugle et Luglien » ; la seconde : « De S. Estienne, premier martyr » ; la troisième : « De S. Guinefort, aussy martyr et evesque » ; la quatrième : « De S. Quentin, martyr » ; les cinquième et sixième : « Des SS. Julian et Agapit, martirs »[38].

Martyr, vénéré par des clunisiens, ce saint Guinefort n'est pourtant pas celui de Pavie. Pour la première fois, il nous apparaît avec le titre d'évêque (même à Sens, seul saint Fort porte ce titre, saint Guinefort est seulement « confesseur »). Ce titre l'assimile en fait à un autre saint, honoré localement depuis le xve siècle, saint Millefort. Les deux saints présentent des noms et des légendes très proches, des vertus thaumaturgiques identiques, et une propension commune à confondre leurs noms avec deux autres saints au moins : saint Dignefort et sainte Wilgeforte.

Selon la tradition orale recueillie au xixe siècle, saint Millefort était un évêque écossais qui, fuyant les persécutions ordonnées par le prince de son pays, se réfugia dans le nord-ouest de la France. Mais à La Bouvaque, près d'Abbeville, des serfs stipendiés par des Ecossais lui tranchèrent la tête. Selon une autre version, il put se cacher près de La Bouvaque et louer ses services à un fermier. La fermière, devinant qu'il était prêtre, se confessa à lui. Jaloux, le fermier lui trancha la tête et enterra le corps à l'endroit du supplice. Bientôt des miracles se produisirent et le meurtrier érigea une chapelle à cet endroit. Une troisième version affirme que la chapelle fut construite par des paysans pour abriter la tête du saint martyr. D'après une quatrième version, l'évêque vint d'Ecosse, au viie siècle, et se mit, par humilité, au service d'un colon du Ponthieu. Parfois il abandonnait à elle-même sa charrue, qui poursuivait son sillon, comme poussée par une main invisible, tandis que le saint s'agenouillait pour prier... Mais son travail était si parfait que les autres laboureurs, de jalousie, lui coupèrent la tête avec un soc de charrue. Le saint se remit la tête sur les épaules, acheva son labour, ramena sa charrue et laissa

38. BEAUVILLE, V. de, *Histoire de la Ville de Montdidier*, t. II, Paris, 1875, p. 428.

tomber sa tête aux pieds du colon épouvanté. Celui-ci l'ensevelit dignement et châtia les coupables[39].

Le culte de saint Millefort est attesté à La Bouvaque depuis 1419, lorsque le mayeur d'Abbeville fit reconstruire la chapelle. Celle-ci était très visitée au XVIIIᵉ siècle, spécialement le 5 novembre, jour de la fête du saint. Quantité de nourrices y portaient les enfants malades et les faisaient asseoir trois fois sur une pierre, entièrement nus, pour les guérir.

Plusieurs localités de la région ont aussi connu son culte. A La Neuville-sous-Corbie, saint Millefort a été le patron d'une maladrerie ; sa statue émigra ensuite dans l'église paroissiale où elle se trouve toujours : le saint est vêtu en évêque, tient la palme du martyr et prend sous sa protection les deux enfants que lui tendent un homme et une femme. Il était fêté le 6 septembre ou le deuxième dimanche de septembre.

Près de Camps, en Amiénois, un ermite rénova au XIXᵉ siècle une chapelle ruinée à la Révolution et y établit le culte de saint Millefort avec l'intention de détourner les pèlerins de La Bouvaque. Le cinquième dimanche après Pâques se déroulait une procession en l'honneur du « protecteur de l'enfance ». Le même jour une messe était célébrée dans une chapelle construite en 1850 à Saint-Aubin-Rivière par les parents d'un enfant guéri à La Bouvaque.

Le même culte est aussi présent en Normandie : à Blangy (Seine-Maritime), une chapelle était vouée à saint Millefort. La tradition en fait le lieu de son martyr. Un pèlerinage destiné aux enfants atteints de « langueurs » y avait lieu le mardi de la Pentecôte. A Appeville (Eure), les mères invoquaient saint Millefort, en 1948 encore : elles grattaient la pierre du socle de sa statue, recueillaient la poussière calcaire et la mélangeaient au lait du biberon pour fortifier leur enfant[40].

Saint Millefort était donc, comme saint Guinefort, un « protecteur de l'enfance », et cette commune fonction explique largement sans doute la confusion des deux saints. A Golleville (Manche), au maître-autel de l'église, la statue d'un évêque tenant la palme du martyr aurait représenté,

---

39. CORBLET, J., *op. cit.*, III, p. 242-243. La seule étude importante sur saint Millefort.
40. FOURNÉE, J., *op. cit.*, p. 205.

si l'on en croit l'inscription peinte à la base, « Saint Genefort[41] ».

Pour les mêmes raisons, saint Guinefort a été confondu
avec saint Dignefort, évêque de Meaux et martyr. Dès la
deuxième moitié du xv° siècle, les Carmes de Rouen et les
membres de la Charité-Notre-Dame lui vouaient un culte.
En raison des péripéties de son supplice, saint Dignefort
était souvent représenté le ventre ouvert, tenant ses entrailles
à pleines mains : c'est pourquoi, à Saussay-en-Caux, il était
invoqué contre les coliques, le 11 mai, jour de sa fête. Mais
saint Dignefort était surtout un protecteur de l'enfance. Au
xix° siècle, il était invoqué à Gruchet-le-Valasse pour les
enfants qui tardaient à marcher : le 1ᵉʳ juillet, jour du pèlerinage, les mères s'efforçaient de traverser la procession entre
la croix et la bannière, et tournaient avec leur enfant plusieurs fois autour de l'église. Elles escomptaient de la sorte
la guérison de leur enfant[42].

Ces quelques mentions du culte de saint Dignefort aident
à comprendre qu'il ait été parfois confondu avec saint Guinefort : une telle hésitation est sensible par exemple à Gonfreville-l'Orcher, aux xviii° et xix° siècles, au sujet du patron
du prieuré de Saint-Dignefort appelé parfois Saint-Guinefort[43].

Des confusions semblables se sont produites dans la même
région entre saint Guinefort et sainte Wilgeforte, ou Guilleforte (en latin : *Wilfortis* ou *Wilgefortis*), vierge et martyre,
fêtée généralement le 20 juillet. D'après sa légende, cette
fille d'un roi du Portugal refusa, par attachement à sa foi
et à sa virginité consacrée à Dieu, d'épouser le roi païen
de Sicile. D'où l'interprétation qui est parfois donnée de
son nom : « vierge forte », et sa représentation iconographique sous les traits d'une femme à barbe ... Son culte est
attesté à partir du xi° siècle en Flandre (sous le nom de
sainte Kümmernis), en Hollande (sainte Ontcommer), en
Angleterre (sainte Uncumber). Il s'est diffusé de la Flandre
vers la Normandie. La même sainte est vénérée aussi en
Aquitaine sous le nom de sainte Livrade (*Liberata*). La date
ordinaire de la fête, le 20 juillet, est observée en Normandie
à Montpinçon (canton de Saint-Pierre-sur-Dives), à Fauville
(arrondissement d'Yvetot). A Daubeuf-Serville et à Vitte-

41. SEGUIN, J., *op. cit.*, p. 255.
42. FOURNÉE, J., *op. cit.*, p. 81 et 207.
43. CORBLET, J., *op. cit.*, III, p. 242, et suiv. Voir : DUPLESSIS,
D.T., p. 493.

fleur, les pèlerins affluaient plutôt le 14 septembre. Elle était particulièrement invoquée pour les enfants retardés, et aussi pour les maux d'estomac[44].

A Arques, une chapelle du XIIIe siècle fut reconstruite en 1607 en l'honneur de sainte Wilgeforte. Cependant, en 1842, « on y allait en pèlerinage pour les maladies qui laissaient peu d'espoir de guérison. On déposait un cierge allumé, en prononçant à haute voix l'invocation suivante :

« A saint Guinefort, pour la vie ou pour la mort.

« Ce qui signifiait que le malade pour lequel on faisait le pèlerinage devait guérir ou mourir tout de suite, sans souffrir davantage[45]. »

La formule d'invocation reproduit celle que nous avons déjà rencontrée dans bien d'autres lieux de culte, y compris à Pavie. Autorise-t-elle à chercher une relation entre saint Guinefort de Pavie, originaire de *Scotia,* et saint Millefort, alias Guinefort, Ecossais de Normandie ? L'hypothèse nous paraît trop fragile pour être soutenue. Mais le curé normand qui, en 1896, se fit accorder pour son église une relique de saint Guinefort de Pavie, ne doutait certainement pas de cette relation.

De Picardie et de Normandie, où il est le mieux représenté, le culte de saint Millefort dut essaimer en direction de l'Ile-de-France : on en trouve la trace à La Ferté-sous-Jouarre, au nord-est de Paris[46]. Mais dans cette région aussi, saint Millefort dut prendre parfois le nom de saint Guinefort : à Bouillant (Oise, canton de Crépy-en-Valois), se trouvait dans l'église paroissiale un socle de pierre portant l'inscription :

> « S. Guinefort martyr
> Qui guérissés des
> Langueurs, prié
> Pour nous. »

La statue que supportait cette pierre, et contre laquelle les fiévreux frottaient leur linge, était celle d'un évêque (illustration 5). Il était invoqué en particulier pour les maux

---

44. A. Flammanville notamment. Voir : VAULTIER, R., FOURNÉE, J., *op. cit.,* Supplément, p. 20. Voir sur la sainte : *Vies des saints et des bienheureux...,* *op. cit.,* VII, p. 492-494.
45. VAULTIER, R., FOURNÉE, J., *op. cit.,* p. 43.
46. CORBLET, J., *op. cit.,* IV, p. 705.

Illustration 5. Statue de saint Guinefort (ou Millefort, évêque ?) : provient de l'église de Bouillant, Oise. En dépôt au musée de Crépy-en-Valois (photo Pierrette Scart).

d'yeux. Evêque et martyr, ne s'agit-il pas en fait de saint Millefort[47] ?

47. ID., *ibid.,* III, p. 242 et suiv. La pierre est aujourd'hui introuvable. La statue se trouve au musée de Crépy-en-Valois depuis 1973. Elle ne doit pas être confondue avec celle de sainte Radegonde (ou de sainte Jeanne de Valois) exposée également dans ce musée, et que V. Edouard a identifiée à tort comme étant celle de l'évêque. Je remercie Mme Pierrette SCART, de Crépy-en-Valois, de m'avoir procuré la photographie ici reproduite de cette statue, et de m'avoir donné des indications importantes sur le culte local (7.12.1976).

Reste à expliquer pourquoi, en Ile-de-France et en Normandie, le nom de saint Guinefort a été donné à saint
Millefort (et aussi dans le second cas à saint Dignefort et
à sainte Wilgeforte). La région a dû rendre possible ces
confusions : c'est une zone de contact entre plusieurs aires
cultuelles. Celle, au nord-ouest, de saint Millefort (Picardie,
Normandie), de saint Dignefort (de Meaux vers la Normandie), de sainte Wilgeforte (Flandre, Picardie, Normandie) ;
celle, au sud-est, d'un saint Guinefort, celui de Bourges,
dont on a démontré que le culte s'était étendu vers Sens
et jusqu'à Piscop même. Mais les autres mentions du nom
et du culte de saint Guinefort en Ile-de-France se ratta-
chent-elles à ce culte de Bourges ?

Près de Dammartin-en-Goële, non loin de La Ferté-sous-
Jouarre, sont mentionnées, en 1629 et 1737, une ferme, une
chapelle et une ancienne léproserie dites de Saint-Guinefort[48].

Au XVIIIe siècle aussi, l'abbé Lebeuf notait que le hameau
de Tigery, près de Corbeil, possédait une chapelle de saint
Guinefort ou Genefort, située dans une ferme appartenant
à l'ordre de Saint-Jean-de-Jérusalem : « On n'y fait point
d'office. Mais le fermier est chargé d'y faire dire quelques
messes. On n'y célèbre point non plus la fête du saint. Mais
les habitants croyent que lorsqu'on la célébroit, c'étoit sur
la fin de juillet [...]. J'y ai vu sur l'autel l'image de deux
saints en vêtements longs. Derrière cette chapelle, à la distance de huit à dix toises, est une fontaine dans une petite
profondeur. On y vient en pèlerinage et on trouve l'eau
bonne contre la fièvre[49]. » Du souvenir de cette fête à la
fin du mois de juillet, l'abbé Lebeuf, suivant le *Martyrologe*
de Chastelain, tire argument pour voir dans « Guinefort »
le nom « défiguré » de saint Cucufat, martyr, fêté dans le
diocèse de Paris le 25 juillet. Ce dernier, décapité « à l'époque du Dioclétien », connaît un culte ancien à Barcelone.
Son culte fut introduit au IXe siècle par les moines de Saint-
Denis, en Ile-de-France, où son nom se changea parfois en
Quiquenfat, ou Guinefat. D'où la confusion possible avec
Guinefort. Près de Rueil, au bord du célèbre étang de Saint-
Cucufat, se dressait au XVIIIe siècle une chapelle de Saint-
Quiquenfat[50]. C'est le même saint qui aurait été honoré à

48. STEIN, H., *Dictionnaire topographique de la Seine-et-Marne*,
Paris, 1954, p. 500. Voir aussi : LEBEUF, J., *op. cit.*, IV, p. 559-560.
    49. LEBEUF, J., *op. cit.*, V, p. 395.
    50. CHASTELAIN, C., SAINT-ALLAIS, M. de, *op. cit.*, 367-369. *Vie des
saints et des bienheureux...*, *op. cit.*, VII, p. 614-615 (25 juillet).

Tigery à la même époque sous le nom de saint Guinefort.

L'argument de Chastelain, repris par Lebeuf, est-il convaincant ? Nous hésitons à nous prononcer, et retiendrons seulement qu'un culte estival de guérison associé à une fontaine a été placé, à Tigery, comme ailleurs, sous le patronage de saint Guinefort.

Un dernier groupe de lieux de culte peut être repéré en Bretagne. Notons d'abord que le nom de Guinefort y est donné à une rivière, le Guinefort, qui est un petit affluent de la Rance[51]. Nous retrouvons ici l'association de ce nom et du thème de l'eau courante.

Le saint lui-même a été vénéré en Bretagne en trois endroits différents. Au début du xxᵉ siècle, à Saint-Broladre (canton de Pleine-Fougères, Ille-et-Vilaine), saint Guinefort possédait une fontaine et une chapelle ruinée où l'on voyait une statue de bois rendue méconnaissable par les nombreuses couches de badigeon dont elle avait été recouverte. Quand un enfant était malade depuis longtemps, on le recommandait à « *saint Guinefort, qui donne la vie ou la mort* ». Voici le rite traditionnel : dans un trou de la muraille, appelé « fournaise », on mettait la tête de l'enfant ; si l'enfant redressait la tête, c'était signe de vie ; s'il la laissait retomber, c'était réponse de mort. Dans le même canton, en 1922 encore, une chapelle désaffectée depuis la Révolution connaissait un culte semblable : « Trois statues de pierre y ont été conservées, l'une dédiée à saint Denis, l'autre à je ne sais qui, la troisième à saint Guinefort. On fait encore de petits pèlerinages à ce dernier. On le prie pour les agonisants qui résistent trop à l'agonie, afin qu'il leur accorde " la vie ou la mort "[52]. » La présence d'une statue de saint Denis invite à rapprocher ce culte de celui de saint Cucufat, conformément à l'hypothèse de Chastelain, mais l'argument reste fragile.

Enfin, à Lamballe (Côtes-du-Nord), l'église Saint-Martin possédait à la fin du xixᵉ siècle une statue de saint Geufort ou Guinfort ou Généfort « qui donne la vie ou la mort », particulièrement aux enfants malades. « Saint Généfort a une figure de gros poupon, il étend la main droite, et dans sa

51. JOANNE, P., *Dictionnaire géographique et administratif de la France*, Paris, 1894, III, p. 1821.

52. DUINE, F., « Pèlerins et pèlerinages », *Revue des traditions populaires*, XIX, 1904, p. 178. Repris dans SÉBILLOT, P., *Le Folklore...*, *op. cit.*, IV, p. 156-157.

gauche tient une palme de martyr. Les *ex-voto* sont composés de chapelets, bonnets d'enfant, figurines de cire blanche, béquilles. Ça, m'a dit une paysanne qui était dans l'église, c'est saint Généfor, qui donne la vie ou la mort. On ne l'invoque que dans les cas désespérés. Il a l'amabilité de vous rétablir aussitôt, ou bien de vous débarrasser immédiatement de la vie. » Un autre témoignage affirme : « Lorsqu'une personne est dangereusement malade, qu'elle est considérée comme perdue et que son état n'empire ni ne s'améliore, on invoque saint Guinfort et on fait brûler un cierge en son honneur et s'il est possible devant son image, pour qu'il amène un changement, soit en mieux, soit en plus mal, ce qu'on pourrait appeler jouer quitte ou double. Aussi dit-on toujours :

> « Saint Guinefort
> Pour la vie ou la mort[53]. »

Le long parcours qui vient d'être accompli dans l'espace et le temps nous a permis de retrouver quarante mentions et lieux de culte de saint Guinefort. Ce chemin n'a pas été parcouru sans mal. Les érudits, clercs eux-mêmes bien souvent, ont étudié de préférence les saints que l'Eglise avait déjà le plus honorés. Les instruments de travail font défaut à qui veut enquêter sur un saint obscur au statut indéterminé (abbé, évêque, chien ?). Quelques études particulières (R. Maiocchi, V. Edouard, J. Corblet) nous ont mis sur la voie, et les répertoires d'hagiographie (*Vies des saints et des bienheureux, Bibliotheca Sanctorum*...) fournissent des indications précieuses. Mais il a fallu aussi dépouiller systématiquement, en vain le plus souvent, tous les dictionnaires topographiques départementaux qui existent, toutes les listes toponymiques établies par l'administration des Archives de France (volumes dactylographiés disponibles dans la salle de lecture des Archives nationales à Paris)... L'enquête a été, compte tenu des moyens existants, la plus minutieuse et exhaustive possible.

Nous avons relevé toutes les mentions de « saint Guinefort ». A vrai dire, la variété des formes de ce nom

53. Hamonic, E., « Pèlerins et pèlerinages », *Revue des traditions populaires,* IV, 1889, p. 166 ; Carlo, J.M., *ibid.,* XIII, 1898, p. 100 ; Duine, F., *ibid.,* XV, 1900, p. 614.

est si grande, qu'on hésite parfois à se prononcer sur les
limites de l'enquête. En latin, nous avons rencontré :
Winifortus (forme germanique latinisée, retenue par les
bollandistes, mais que nous n'avons jamais rencontrée réellement dans les textes), Guinifortus, Guinefortus, Gunifortus,
Guinefortis. En italien, nous avons trouvé : Guniforto et,
exceptionnellement, Boniforto. En français, la variété des
formes retenues est extrême : Guinefort, Guignefort, Gunifort,
Guinfort, Gueufort, Généfort, Guignafort, Guignefont, Guy-
le-Fort, Guille-le-Fort. Nous avons été amenés par ailleurs
à prendre en considération d'autres noms de saints : Millefort,
Dignefort, Wilgeforte ou Guilleforte, chaque fois qu'ils ont
été confondus avec Guinefort. De ce dernier nom aurait pu
être rapproché aussi le toponyme Guinefolle, attesté dans
l'ouest de la France (Mayenne, Vienne, Sarthe, Loire-Atlan-
tique). Nous devons enfin rappeler certaines formes françaises
du nom de saint Cucufat : Guinefat et Quiquenfat.

  Les quarante mentions de saint Guinefort qui ont été
identifiées se répartissent dans l'espace le long d'une diago-
nale S-E - N-O, de l'Italie du Nord à la Picardie. Ces
mentions appartiennent en majorité à l'époque contemporaine (vingt-huit cas), mais les traces d'un culte de saint
Guinefort sont attestées avec certitude dès le XIe siècle (à
Bourges, vers 1075, et Allevard, 1082), au XIIe siècle (Cluny,
1131), au XIIIe siècle (à Pavie, 1236, à Sens, 1241, en
Dombes, vers 1250). Les témoignages les plus anciens concernent les deux zones situées au sud-est de notre carte : un
premier ensemble compris entre Pô et Saône, et un deuxième,
centré sur Bourges et secondairement sur Sens. En revanche,
les témoignages les plus récents (XVIIIe - XXe siècle) concernent la Normandie et la Picardie (où le nom de saint Guinefort dissimule les noms d'autres saints), la Bretagne et
l'Ile-de-France.

  Nous nous sommes volontairement posé au départ les
questions traditionnelles qui ont cours dans les études sur
le culte des saints : Quelle est l'origine du culte ? Quelle est
sa diffusion ? Les limites d'une telle problématique apparaîtront d'elles-mêmes. Mais il était nécessaire de partir de là.

  Pour établir l'éventuelle filiation des deux lieux de culte,
nous nous sommes fondé sur les critères suivants :

  1. La mention explicite d'une liaison entre deux lieux de
culte, en particulier grâce à un transport de reliques d'un

lieu à l'autre. Par exemple entre Bourges et Piscop au
XVIIe siècle.

2. La proximité géographique, qui permet de définir des
groupes de lieux de culte autour d'un centre : le Milanais,
ou le Berry notamment.

3. Les itinéraires obligés, balisés par une chaîne si serrée
des lieux de culte que leur liaison se laisse deviner : ainsi
entre Pavie, Allevard, la Dombes et Cluny.

4. Les relations institutionnelles, notamment quand un
culte a été pris en charge par un ordre religieux donné, tel
Cluny. Ce critère conforte le critère précédent, dans le cas
des relations entre Pavie et Cluny.

5. Le cas échéant, la date de la fête du saint. Celle du
22 août nous a permis de suggérer une relation entre Pavie
et Le Puy, celles du 25, 26 ou 27 février entre Bourges et
Sens.

6. Le statut du saint. La qualité de « martyr », donnée
au saint à Pavie, se retrouve en Dombes pour le lévrier de
l'*exemplum*, et conforte à nos yeux l'hypothèse d'une relation
que les critères 3 et 4 invitent déjà à formuler. Le statut
d'« abbé » permet de caractériser l'originalité du culte berrichon. Celui d'« évêque » a permis de distinguer, sous le nom
de saint Guinefort, le culte de saint Millefort.

La combinaison de tous ces critères nous a conduit à un
résultat fort différent de celui que l'on pouvait attendre :
loin d'avoir déterminé l'origine d'un culte, les directions et
les étapes de sa diffusion, nous avons mis en évidence,
derrière les formes multiples d'un nom unique, les cultes de
plusieurs saints. Un tableau détaillé présente leurs « fiches
d'identité » respectives.

Tableau 4 : « Les » saints Guinefort.

I. *Guinefort « de Pavie »*

Nom : [Winifortus], Guinifortus, Gunifortus, Gunifortis, Guniforto, Boniforto, Guinefort...
Statut : martyr, missionnaire, lévrier [?].
Fête : le cas échéant, 22 août (Piscop, 26 août ?).
Parenté : un frère, saint Guniboldus, martyr ; deux sœurs : saintes Pusillana et Favilla, martyres.
Localisation : du Pô à la Saône et la Haute-Loire.
Première mention certaine : 1082.

II. *Guinefort « de Bourges »*

Nom : Guinefort, Généfort...
Statut : abbé.
Fête : le cas échéant, 25, 26 ou 27 février.
Parenté : —
Localisation : Berry, reliques introduites à Piscop.
Première mention : 1073-1078.

Variante sénonaise (?)

Nom : Guinefort.
Statut : confesseur.
Fête : 26 février.
Parenté : un frère, saint Fort, évêque et confesseur, une sœur, sainte Aveline, abbesse, vierge.
Localisation : Sens.
Première mention : 1241.

III. *Millefort, alias Guinefort, et autres cas de confusion*

Nom : Guinefort, Généfort.
Statut : évêque et martyr.
Fête : jamais précisée quand le saint porte ce nom. Sinon, 6 septembre (La Bouvaque), 5ᵉ dimanche après Pâques (Camps), mardi de la Pentecôte (Blangy).
Parenté : —
Localisation : Picardie, Normandie, Ile-de-France.
Première mention : sous ce nom, 1660. Sinon, 1419.

Cas semblables de confusion, dans les mêmes régions, aux XVIIIᵉ-XIXᵉ *siècles*

Dignefort (fêté le 11 mai ou le 1ᵉʳ juillet).
Wilgeforte (fêtée le 20 juillet).
Cucufat (fêté le 25 juillet).

Finalement, nous n'avons pas retrouvé *un* saint Guinefort, mais deux au moins dès le XIᵉ siècle, sans compter les cas plus récents de confusion.

Mais ce tableau n'est pas sans faiblesses : plusieurs mentions de culte n'ont pu être rattachées avec certitude à l'un des saints identifiés. C'est le cas notamment des trois lieux de culte bretons, ou de celui de Saint-Pardoux-Corbier, que ni la proximité d'un groupe donné de lieux de culte, ni les caractéristiques propres du saint honoré localement (son statut, ou le jour de sa fête) ne permettent de rattacher à d'autres lieux. Ces cas restent rebelles à notre typologie, pour une raison qu'il est aisé de comprendre : les critères qui ont servi à élaborer cette typologie sont en majorité ceux de l'hagiographie savante. Sont donc éliminés, *de facto,* les lieux de culte folklorique où le saint est honoré toute l'année, et non un jour de fête particulier, et où son statut officiel n'est pas précisé. Différents sont les caractères les plus marquants des lieux de culte folklorique, mais ils se retrouvent en Berry comme en Normandie, *indépendamment de l'identité du saint.* Ce sont :

1. La formule d'invocation : « A saint Guinefort, pour la vie ou la mort. » Elle est attestée en six lieux de culte différents : à Pavie (*Chi si vota a S. Boniforto, dopo tre giorni è vivo o morto*), sur les bords du Lignon (*S. Guignafort, pour la vie, pour la mort*), à Saint-Pardoux-Corbier (*Saint Guinhe-Lou-Fort, La vita ou la mort*), en Berry (*Grand saint Genefort, à la vie ou à la mort*), à Arques, en un lieu de pèlerinage dédié en principe à sainte Wilgeforte (*A saint Guinefort, qui donne la vie ou la mort*), à Saint-Broladre, Roz-sur-Couesnon et Lamballe (*A saint Guinefort, qui donne la vie ou la mort*). Cette formule, presque inchangée d'un lieu à l'autre en dépit des distances, est toujours attestée à une date récente. Mais, à une époque beaucoup plus ancienne, on en retrouve aussi la trace dans notre *exemplum,* qui, lui aussi, décrit un culte folklorique de saint Guinefort. Etienne de Bourbon ne cite pas la formule précise, mais la dernière phase du rite ne signifie pas autre chose : « S'il s'en sortait et ne mourait pas sur-le-champ ou juste après, c'est qu'il avait les viscères résistants. » L'alternative est la même que dans la formule d'invocation du saint, telle qu'elle est citée ailleurs au siècle dernier.

2. Le plus souvent, le saint est invoqué pour deux catégories de patients : ceux qui, à l'article de la mort, ne

meurent ni ne guérissent, et dont on demande au saint de fixer enfin le sort ; et les enfants, dont l'état est parfois désespéré, mais qui souvent ne souffrent que de maux bénins : « langueurs », « fièvres », ou seulement retard de la marche (les enfants « noués »). Il est vrai que la moindre affection pouvait empirer rapidement et avoir pour eux des conséquences fatales.

3. La disposition des lieux de culte folklorique est presque partout semblable : il s'agit fréquemment d'une chapelle rurale, de préférence isolée, parfois attenante à un ermitage (Tournus, XVIIᵉ siècle), une maladrerie (Tigery, XVIIIᵉ siècle) ou une léproserie (Dammartin). Une statue, difficilement identifiable, y est parfois conservée (Saint-Broladre). Les rites qui y sont accomplis échappent aux règles ecclésiastiques, bien qu'on les retrouve au Moyen Age dans les grands sanctuaires de la chrétienté[54] : les fidèles grattent la pierre dont ils recueillent la poussière, ils introduisent la tête de l'enfant malade dans un trou du mur (la « fournaise ») ou, d'après l'*exemplum,* entre les arbres du bois. Souvent une fontaine, ou une rivière, font partie du lieu de culte (dans l'*exemplum* d'Etienne de Bourbon, et aussi à Saint-Broladre, Tigery, Saint-Pardoux-Corbier, sur les bords du Lignon ; en Bretagne, une rivière porte le même nom que le saint).

4. Si dans les lieux de culte les mieux contrôlés par le clergé, le saint est fêté un jour précis du calendrier (à Pavie, à Piscop), le culte folklorique se poursuit généralement toute l'année, même lorsqu'il s'attache à une chapelle. Dans ce dernier cas, il arrive toutefois qu'un pèlerinage plus important ait lieu à date fixe. En revanche, là où le culte est dépourvu de tout caractère clérical — ni statue, ni chapelle — et où les rites folkloriques de contact ou d'immersion passent au premier plan, comme à Saint-Pardoux-Corbier, sur les bords du Lignon, à Marlieux, ou déjà dans notre *exemplum,* aucune fête annuelle n'est mentionnée.

Une nouvelle typologie, tenant compte des formes et des fonctions du culte, est donc possible ; elle transcende à l'évidence les distinctions entre saints différents, et a le mérite d'intégrer tous les lieux de culte repérés. On distinguera cette fois :

---

54. DELARUELLE, E., « La spiritualité des pèlerinages à Saint-Martin-de-Tours du Vᵉ au Xᵉ siècle » (1963), rééd. dans : ID., *La Piété populaire... , op. cit.,* p. 502.

1. Une forme officielle, cléricale et souvent même monastique du culte. Celui-ci est attaché à l'autel d'une église, il comporte souvent la vénération de reliques et l'exaltation d'une statue du saint lors de sa fête annuelle. A ce niveau, la distinction entre plusieurs saints Guinefort est encore possible, et nécessaire. Les témoignages les plus anciens (Pavie, Bourges) illustrent le plus souvent cette forme de culte.

2. Une forme intermédiaire, contrôlée par un membre du clergé (chapelain) ou seulement un ermite, attachée à une chapelle rurale. Celle-ci possède parfois une statue que la tradition désigne comme étant celle de saint Guinefort. Elle fait l'objet de rites folkloriques. Un pèlerinage annuel a parfois lieu à date fixe. Cette forme de culte est bien attestée aux XVIIᵉ et XVIIIᵉ siècles, et aussi au siècle dernier.

3. Une forme résolument folklorique, excluant toute emprise cléricale, mais non la référence au christianisme puisqu'il s'agit dans tous les cas de vénérer un saint (fût-il chien) et que des symboles chrétiens, la croix par exemple, peuvent être présents. Reliques, chapelles, statue, fête à date fixe sont exclues. La nature boisée et aquatique est le cadre du culte. Seules les observations des folkloristes du XIXᵉ siècle ou de la première moitié du XXᵉ siècle permettent de connaître cette forme de culte, à une exception près : l'*exemplum* d'Etienne de Bourbon, au XIIIᵉ siècle.

On constate que les témoignages concernant ces trois formes de culte se répartissent inégalement selon les époques : en somme, plus le culte est officiel, plus il est attesté anciennement ; plus il est folklorique, plus il a des chances d'apparaître dans les documents les plus récents. Cette répartition temporelle des formes du culte s'explique-t-elle par un processus continu et général de folklorisation, aux époques moderne et contemporaine, du culte officiel de plusieurs saints, tendant d'ailleurs à la perte progressive de leurs traits spécifiques ? C'est le cas près du Puy peut-être, et certainement autour de Bourges. Mais le plus souvent, ce sont des changements dans le temps de la documentation qui imposent l'illusion d'une transformation diachronique du culte : le culte folklorique décrit par Etienne de Bourbon est aussi ancien que bien des cultes officiels ; et s'il est partiellement le produit d'une folklorisation du culte clunisien, cette transformation n'a pas attendu l'époque moderne pour s'accomplir.

Par ailleurs, au même endroit et à la même époque peu-

vent coexister deux formes différentes du culte : c'est le cas
à Pavie à l'époque récente.

Il convient donc de ne pas trop opposer les formes,
plutôt folkloriques ou plutôt officielles, du culte : soit dia-
chroniquement, soit synchroniquement, des relations ont
existé entre elles. Mais en dépit de toutes les relations
possibles, s'impose la notion de réseaux culturels distincts
et largement autonomes, où l'information se transmettait en
circuit fermé. Un de ces réseaux était clunisien. Dans un
cadre régional plus étroit sans doute fonctionnait le réseau
du folklore et des traditions orales.

Cette notion de réseau permet de comprendre l'étonnement d'Etienne de Bourbon quand il entendit parler de
saint Guinefort, dont il ignorait le nom. Il était né pourtant
sur l'autre rive de la Saône, tout près de là, et il avait, en
tant qu'inquisiteur, parcouru toute cette région. Mais il était
clerc, il avait étudié à Paris, et la culture folklorique lui
était étrangère ; il était dominicain aussi, fils de la ville et
de la scolastique, et les traditions clunisiennes, le vieux
monachisme rural, ne lui étaient pas davantage familiers.

CHAPITRE II

L'ENQUÊTE ETHNOGRAPHIQUE
EN DOMBES

En réprimant, sur les bords de la Chalaronne, le culte de saint Guinefort, chien et martyr, Etienne de Bourbon voulut empêcher toute reprise du pèlerinage : les ossements du chien et le bois furent brûlés, les paysans furent menacés de voir leurs biens confisqués en cas de récidive. La destruction du culte semblait définitive. C'est à cette condition que l'aventure, qui s'achevait par un succès total de l'Eglise, pouvait devenir *exemplum* : d'autres prédicateurs pourraient en faire état pour montrer que la foi, contre les superstitions, ne se satisfait pas d'une demi-victoire.

Il semble bien pourtant qu'en 1826 le pèlerinage se poursuivait toujours. C'est un autre clerc qui nous l'apprend, et qui, en dépit des siècles écoulés, tenait un langage bien proche encore de celui d'Etienne de Bourbon.

En 1823, sous la Restauration, un an après le rétablissement du diocèse de Belley (que le Concordat de 1790 avait supprimé), le nouvel évêque, Monseigneur Devie, soucieux de connaître son diocèse, envoya dans chaque commune, à chaque curé, un questionnaire imprimé assez détaillé concernant la situation matérielle et spirituelle des paroisses. Tous les curés furent tenus de renvoyer le questionnaire après l'avoir rempli. Une nouvelle enquête, utilisant les mêmes imprimés, eut lieu en 1825. Les questions concernent l'état matériel de l'église et de la cure, les observances liturgiques et les objets du culte, le niveau d'instruction et de

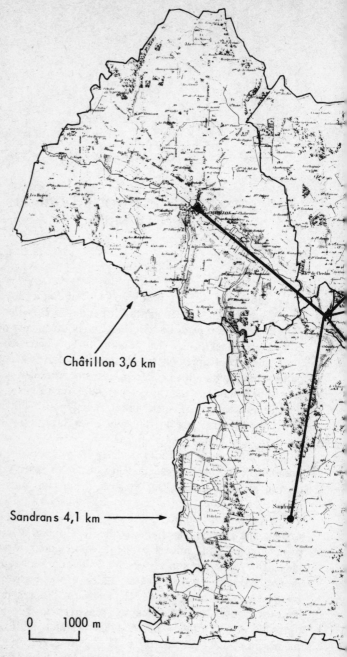

Châtillon 3,6 km

Sandrans 4,1 km →

0   1000 m

Carte 3. Situation du bois de Saint-Guinefort, commune de Sandrans, Ain (Laboratoire de graphique de l'E.H.E.S.S.).

Romans 3,6 km

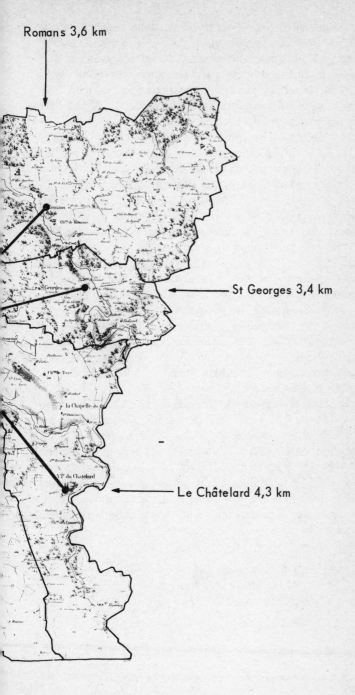

St Georges 3,4 km

Le Châtelard 4,3 km

moralité des auxiliaires du curé, la dévotion des paroissiens,
etc. L'imprimé comprend quatre pages, à la fin desquelles
le curé pouvait ajouter librement d'autres observations. Les
réponses furent regroupées par communes, arrondissements
et cantons, et reliées ensemble dans deux gros volumes conservés aujourd'hui encore à la bibliothèque de l'évêché de
Belley (département de l'Ain)[1].

L'une des questions posées est ainsi libellée : « Quelles
sont les superstitions ordinaires dans la paroisse ? » Peut-être
parce que la place manquait, les réponses sont décevantes,
trop brèves. Mais souvent la rubrique finale, « Observations », a permis aux curés d'en dire bien plus sur ce
chapitre : ils y disposaient de plus de place pour décrire
librement des pratiques folkloriques que certains connaissaient de près pour avoir essayé, en vain, de les extirper.
Lorsque les curés ont utilisé cette rubrique, ce fut, presque
toujours, pour parler des « superstitions ». Pour répondre
aux autres questions, les rubriques ordinaires ont généralement suffi. Cependant, les réponses et les observations qui
concernent les communes riveraines de la Chalaronne ne
font jamais mention d'un culte de saint Guinefort chien,
ni même homme : à s'en tenir à ces deux enquêtes, on
pourrait penser que les efforts d'Etienne de Bourbon ont
été couronnés de succès...

Mais dans le registre de l'enquête de 1823, une lettre
a été jointe à la réponse du curé de Châtillon-sur-Chalaronne. Elle a été adressée de Brou le 17 septembre 1826,
par le curé de Châtillon, Dufournet, à l'évêque de Belley.
Cette lettre fait allusion à une autre lettre, que nous n'avons
pu retrouver, et qu'un mendiant aurait envoyée à l'évêque.
Ce dernier dut informer le curé de la démarche du mendiant,
et lui demander des renseignements complémentaires. Voici
la réponse du curé :

[Au verso] :
          « Monseigneur
          Monseigneur l'Evêque de Belley
          présentement au Séminaire de Brou. »

---

1. Je remercie l'abbé P. Armand d'avoir favorisé mes recherches
dans cette bibliothèque. C'est son propre article qui m'avait révélé
l'existence de ce document : ARMAND, P., *op. cit.*, p. 12-13. Sur
Mgr Devie, voir en dernier lieu : TRENARD, L. et G., *op. cit.*

[Au recto] :
« Brou, le 17 septembre 1826.
« Monseigneur,
« Je réponds à la lettre qu'un mendiant fixé dans un bois de M. Duchatelard non loin de Châtillon depuis deux ou trois ans vous a adressée pour y établir une espèce de chapelle.

« Cet homme s'est établi dans le bois de M. Duchatelard sans son agrément : il est plus, craignant qu'il ne mette le feu dans ses bois et voyant avec peine l'affluence de gens que le mendiant y attire, il désirait grandement pouvoir l'éloigner, il a même pris des mesures pour cela, mais il ne voudrait pas sévir contre le malheureux.

« Je pense que le but de ce malheureux n'est que de vivre là, et de se servir du prétexte d'une religion mal entendue pour obtenir des aumônes. Il dit avoir trouvé un saint dans ce bois, et qu'il sait le lieu où il est enterré ; J'en doute fort, à moins qu'il ne veuille parler de quelque statue de pierre. Il a habillé lui-même avec quelques haillons des petites statues en bois ou pierre, qu'il a placées dans une petite chapelle, qu'il a fait comme il a pu avec des feuillages, et c'est là où se rendent certain nombre de gens qui lui donnent quelques petites choses.

« On va depuis bien long temps dans le bois en dévotion à saint Guinefort. Les mères qui ont des enfants languissants y viennent de fort loin ; ceux qui ont la fièvre y vont aussi ; ils nouent ou tordent une petite branche d'arbre, et prétendent y nouer la fièvre. Voilà Monseigneur tout ce que je sais à ce sujet.

« De votre grandeur
« le très humble et très obéissant serviteur,
« Dufournet
« curé. »

Cette lettre a été écrite indépendamment du témoignage d'Etienne de Bourbon : ni le curé Dufournet, ni à plus forte raison le mendiant, ni même l'évêque de Belley, ne connaissaient l'*exemplum*. La lettre du curé est d'autant plus intéressante. Autorise-t-elle à voir dans le culte qu'elle décrit la suite, au même endroit, du culte réprimé par l'inquisiteur du XIIIe siècle ?

Le curé Dufournet précise assez bien la localisation du culte de saint Guinefort, sur les terres de M. Duchatelard.

Celui-ci était le comte Jean-François Perret du Châtelard, propriétaire du château de Clerdan, qu'il venait de faire construire. Il mourut en 1843 et son neveu, le comte de la Rochette, lui succéda alors. D'après le curé, le mendiant s'était établi dans les bois proches de ce château, sur la rive droite de la Chalaronne. Deux documents plus anciens que cette lettre permettent de situer plus précisément encore le bois en question.

Un acte notarié du 27 septembre 1632 mentionne une parcelle « bornée au matin par le bief du Crozo, et du côté du vent par les hermitures où existaient jadis les chapelles de Saint Guy le Fort[2] ».

L'exemple de Tournus au XVIIe siècle, que nous avons rencontré plus haut, permet d'identifier ici, sans hésitation, le nom de saint Guinefort. Par ailleurs, les chapelles qui portent son nom et qui semblent n'avoir plus été, en 1632, qu'un souvenir, étaient situées à l'ouest d'un certain « bief Crozo ». Ce bief se retrouve sans peine dans le cadastre de 1811, que nous avons consulté à la mairie de Sandrans : il porte, contrairement au cadastre récent, la mention « Bois de Saint-Guinefort » sur les parcelles limitées à l'est par le bief Crozo (ou Crozat) et au sud par le cours de la Chalaronne. Ce bois est situé dans la pointe la plus septentrionale du territoire de la commune de Sandrans (Ain), comme le montre aussi la carte au 1/20 000 de 1857, reproduite ici en réduction (carte 3). Le bois est limité au sud par la Chalaronne et à l'est par le bief qui permet à « l'Etang Crosat » de s'écouler dans la rivière. Il se trouve dans la seule partie de la commune de Sandrans située au nord de la Chalaronne, au point de contact de cette commune et des communes voisines de Châtillon-sur-Chalaronne, Romans, La Chapelle-du-Châtelard, et même Saint-Georges-sur-Renom. Ce bois est à huit cents mètres environ, à vol d'oiseau, du château de Clerdan : c'est là, sans aucun doute, que s'était établi le mendiant dénoncé par le curé Dufournet.

Mais ce bois est-il aussi celui qu'avait décrit Etienne de Bourbon ?

Deux arguments peuvent être opposés à cette hypothèse : à supposer qu'il faille prendre à la lettre la légende du lévrier telle qu'Etienne de Bourbon l'a recueillie et reproduite — mais nous reviendrons sur ce point important —

---

2. Delaigue, J., *op. cit.*, p. 268.

nulle ruine ne subsiste à la surface du sol. Il est vrai que
la disparition supposée du *castrum* date de sept siècles au
moins. Deuxième point : si le mendiant, en 1823, prétendait
connaître le lieu de sépulture d'un saint, et habiller en saint
des statuettes de pierre ou de bois, il n'est jamais question
de chien (ce que le curé n'aurait pas manqué de dénoncer
violemment à l'évêque) mais bien évidemment de statues
de saints de forme humaine. On peut toutefois avancer que
le curé n'était pas au courant de tout ce qui se disait autour
de ce lieu de pèlerinage, et qu'ignorant l'*exemplum* d'Etienne
de Bourbon, il n'avait pas de raison de faire une enquête
plus approfondie.

Les arguments qui militent au contraire pour l'hypothèse
d'une pérennité du culte en cet endroit précis, malgré la
répression exercée par Etienne de Bourbon, nous paraissent
avoir plus de force. Ils sont au nombre de quatre.

On se rappelle combien Etienne de Bourbon a insisté
sur le rôle de la Chalaronne dans l'accomplissement du rite.
Cela supposait que la rivière ne fût pas loin des arbres où
se déroulait la première partie du rite. Or, le « bois de
Saint-Guinefort » que nous venons de localiser avec la plus
grande précision est distant de quelques dizaines de mètres
seulement de la Chalaronne. Bien mieux, c'est à l'endroit où
le bief Crosat se jette dans la rivière que celle-ci se rapproche le plus des collines qui en bordent le lit au nord-est.
En aval du bois, elle s'éloigne au contraire de ce versant
et s'en va, en sinuant, lécher le versant sud de son lit. Sur
place, l'observateur ne constate pas seulement la proximité
du bois et de la rivière : il est frappé aussi par leur relation
étroite. La colline que le bois recouvre domine la rivière
d'une dizaine de mètres, et s'incline vers elle selon une pente
douce orientée au sud. C'est un bois de feuillus, avec un sous-
bois si broussailleux qu'il serait impénétrable si un sentier
ne permettait de s'y introduire et de gravir la pente jusqu'au
sommet de la colline. Là, les troncs des arbres, plus espacés,
sont aussi plus forts. Le même sentier, au retour, conduit
tout droit vers le sud en direction de la rivière, à l'endroit
précis où elle s'approche le plus du pied de la colline
(illustration 6).

Le deuxième argument est l'ancienneté du culte de saint
Guinefort, que le curé Dufournet, en 1826, a lui-même reconnue (« On va depuis bien long temps dans le bois en dévotion à saint Guinefort... »), et que confirme l'acte notarié de

Illustration 6. Le bois de Saint-Guinefort à Sandrans (Ain).
a) Le bois vu en direction du nord. Le sentier qui y pénètre est bien visible (août 1977) (photo de l'auteur).

b) La plate-forme et la pointe de l'éperon, vues de l'est (février 1978) (photo J.-M. Poisson).

c) L'extrême pointe de l'éperon, vue du sud-ouest (février 1978) (photo J.-M. Poisson).

d) La butte et le fossé, vus du nord-est (février 1978) (photo J.-M. Poisson).

1632. Celui-ci renvoie d'ailleurs à une époque plus ancienne encore, en parlant de « chapelles » qui auraient existé là « jadis ». Le renvoi dans le passé de l'existence possible, en cet endroit précis, de chapelles nous paraît en fait plus important que de savoir si des chapelles y ont ou non existé effectivement. La formule est à rapprocher en effet de ce qui, dans l'*exemplum,* est dit du *castrum* dont la mémoire paysanne avait gardé le souvenir. Dans les deux documents, la mémoire (« vraie » ou « fausse », peu importe ici) d'une construction fait partie intégrante de la représentation folklorique du lieu.

e) Détail du fossé (février 1978) (photo J.-M. Poisson).

f) Détail du sentier, vu de l'intérieur du bois en direction de la Chalaronne, au sud (janvier 1977) (photo de l'auteur).

Le parallèle avec l'*exemplum* s'impose d'autant plus que « les chapelles de Saint Guy le Fort » auraient existé, d'après l'acte de 1632, sur les « hermitures » situées à l'ouest du « bief Crozo ». A quatre siècles de distance, nous retrouvons

g) Les gros arbres au sommet de la plate-forme (janvier 1977) (photo de l'auteur).

aussi, sous la forme d'un nom commun (« hermitures »,
c'est-à-dire terres en friche), le mot employé sous la forme
d'un toponyme (*silva de Rimite*) par Etienne de Bourbon.
Cette permanence du mode de désignation de la terre invite
aussi à penser qu'il s'agit des mêmes lieux.

A l'appui de cette hypothèse, un dernier argument est
fourni par la distance qui sépare ce bois des localités les
plus proches. Dans ce pays bocager, les communes offrent
un habitat dispersé autour d'un chef-lieu plus important, où,
sur une faible éminence, se dresse généralement aussi un
château. Or, le bois de Saint-Guinefort est à égale distance,
quatre kilomètres environ, des cinq localités qui l'entourent :
Châtillon-sur-Chalaronne (3,6 km), Romans (3,6 km), Saint-
Georges-sur-Renom (3,4 km), Le Châtelard (4,3 km) et Sandrans (4,1 km). Cette distance correspond bien à celle qu'éva-
luait Etienne de Bourbon, « une lieue [4,4 kilomètres] environ », entre le *castrum* d'où venait la sorcière, et le lieu
de culte bordé par la Chalaronne. Sans avoir à proposer
une identification plus précise de ce *castrum,* notons que
Sandrans, Châtillon et Le Châtelard, par la distance, par
l'apparence fortifiée et pour les deux derniers par le nom,
se prêtent parfaitement à la vérification de notre hypothèse.

L'éloignement du bois contribue aussi à expliquer le
silence des documents, du milieu du XIIIe siècle au début
du XIXe siècle, exception faite de l'acte de 1632. Une telle
distance a certainement protégé le lieu de culte, isolé dans
les bois aux confins de cinq terroirs voisins. Pour que les
représentants des pouvoirs ecclésiastiques viennent en ce lieu
manifester concrètement leur hostilité à ce culte, il fallait
qu'une raison précise et importante les pousse à s'y déplacer,
ou seulement à s'intéresser à lui. Il avait fallu d'étonnantes
révélations entendues en confession pour décider Etienne de
Bourbon à s'enfoncer dans les bois. En revanche, si l'archevêque de Lyon, puis l'évêque de Belley (à partir du XVIIe siècle) ou leurs mandataires chargés des visites pastorales dont
les procès-verbaux ont été conservés en grand nombre pour
cette région depuis le XVe siècle, sont venus eux aussi à
Sandrans, Châtillon-sur-Chalaronne, La Chapelle-du-Châtelard, Romans, ils se sont souciés exclusivement du niveau
d'instruction du clergé, des revenus de la cure, de l'état des
bâtiments de l'église principale. Jamais ils n'ont inspecté
l'ensemble du territoire des paroisses, les chapelles et les
lieux de culte éloignés. C'est pourquoi aucune des visites

pastorales qui intéressent une ou plusieurs de ces paroisses, en 1469, 1470, 1613, 1655, 1778, 1784, ne mentionne le culte de saint Guinefort[3]. Même en 1823, à la question posée par l'évêque de Belley au sujet des superstitions, le curé de Sandrans sut seulement répondre : « Les gens de ce pays sont assez superstitieux, l'un d'une manière, l'autre de l'autre. » Et en 1825, il répondit pareillement au sujet des superstitions : « Il n'y en a pas de particulière. » Le curé de Châtillon-sur-Chalaronne lui fit écho. A la question de savoir s'il existait chez lui des superstitions, il répondit en 1823 : « Aucune de bien particulière, plusieurs croient aux rêves et à d'autres superstitions de ce genre qui sont communes à tout le pays. » Et en 1825 : « Il n'en existe pas. » Très différente fut sa lettre l'année suivante ; mais cette fois il ne s'agissait plus de répondre à une enquête générale : à la suite de la démarche du mendiant, l'évêque avait posé au curé une question précise sur le culte de saint Guinefort. N'ayant pas à parler à la fois de toutes les superstitions qu'il connaissait, il avait le loisir, dans sa lettre à l'évêque, de s'étendre sur l'une d'elles.

Ainsi vers 1250, puis en 1826, le silence des documents a été rompu par deux fois dans des conditions semblables : à l'initiative des autorités ecclésiastiques extérieures à la communauté et étrangères à la culture folklorique.

En ce sens, la lettre du curé Dufournet prolonge une vieille tradition d'hostilité de la culture cléricale à la culture folklorique. Mais elle en marque aussi le terme. Quand le culte de saint Guinefort resurgit au cours du XIXe siècle dans les documents écrits, l'initiative appartient toujours à la culture savante, mais celle-ci n'est plus aussi étroitement liée à l'Eglise et souvent même elle lui tourne le dos[4].

3. RENOUD, G., op. cit., 17, p. 11 : visite pastorale de 1469-1470, à Châtillon ; ibid., 22, p. 26, à La Chapelle-du-Châtelard ; GUIGUE, G., Recueil des visites..., op. cit., p. 334-340, visites pastorales de 1613-1614, à Châtillon et La Chapelle-du-Châtelard ; CATTIN, P., op. cit., p. 3-50, pour les visites pastorales de 1469, 1470, 1613, 1655, 1778 et 1784, à Châtillon, Sandrans, La Chapelle-du-Châtelard et Romans.
4. Nous avons aussi consulté, du côté de l'Administration, la statistique préfectorale de l'Empire : BOSSI, G.A.C., op. cit., qui donne en particulier dans le chapitre « Usages particuliers, mœurs et habitudes » (p. 321-326), de riches précisions sur les rites nuptiaux et les charivaris. Mais il n'est jamais question de saint Guinefort. Malheureusement, les dossiers communaux qui ont dû servir à la rédaction de la satistique départementale n'ont pas été conservés aux Archives départementales, contrairement à l'usage qui a prévalu dans certains départements.

En 1877, A. Lecoy de la Marche publia des extraits du traité d'Etienne de Bourbon, dont l'*exemplum* de saint Guinefort. Ce récit éveilla aussitôt l'intérêt des folkloristes de la région : n'y trouvaient-ils pas, sinon les « origines », du moins les manifestations très anciennes de pratiques qu'ils observaient encore ? Leur méthode habituelle en était bouleversée : au lieu de partir à la découverte, ils disposaient d'un guide, Etienne de Bourbon, et se demandaient dans quelle mesure ses observations et les leurs concordaient. Leur attention se porta surtout sur la question de l'identité du saint : homme ou chien ? Les positions idéologiques des auteurs n'ont pas peu influé sur les réponses données à cette question.

Dès 1879, A. Vayssière publia ses conclusions : il s'est rendu dans le « Bois de Saint-Guinefort », et s'est informé sur le culte : « Toutes les personnes à qui je me suis adressé m'ont dit que saint Guinefort était un chien [...]. Quant à la légende de l'enfant et du serpent, je l'ai également retrouvée partout la même, sauf quelques variantes. D'après les uns, dans ce lieu déjà boisé comme il l'est aujourd'hui, s'élevait la modeste cabane d'un bûcheron. Celui-ci, s'en allant à son travail, laissait son enfant sous la garde de Guinefort, son chien. Un jour, un serpent pénètre dans la cabane et se dirige vers le berceau ; le chien l'arrête et le tue. Le bûcheron, rentrant à la maison, voit la gueule de l'animal toute sanglante ; il croit qu'il a dévoré son enfant, et, comme le seigneur dont parle Etienne de Bourbon, sans plus ample examen, il l'assomme à coups de hache. Mêmes regrets traduits de la même façon, etc.

« D'après d'autres, le lieu était alors cultivé par de jeunes fermiers. La fermière, ne voulant pas laisser seul son enfant, l'apportait avec elle dans son berceau, et, le confiant à la garde de son chien, le laissait dans un coin du champ. Comme dans les deux autres récits, un serpent s'approche, etc.[5]. »

Ces deux versions de la légende du chien fidèle, recueillies à proximité du bois de Saint-Guinefort, ne permettent plus de douter : Etienne de Bourbon a réprimé le culte superstitieux de saint Guinefort, chien, en cet endroit précis. Elles démontrent aussi la longévité de la tradition orale : au XIXe siècle, les paysans du lieu continuaient de se trans-

5. VAYSSIÈRE, A., *op. cit.*, p. 104-105.

mettre la légende du saint chien qu'ils honoraient.

Ces deux versions ont été imparfaitement rapportées par Vayssière. Elles demandent néanmoins un bref examen. La première se rattache aux versions simplifiées que nous avons regroupées dans le troisième ensemble de récits : ni la mère, ni les nourrices ne sont mentionnées. La deuxième version se rapproche du récit R 7, où le berceau n'est pas, comme dans les autres récits du premier ensemble, laissé dans la chambre, mais où les nourrices l'emportent en dehors, et le posent au pied du mur.

Des deux versions du XIX° siècle, l'abaissement du statut social des personnages est le trait le plus marquant. Ne renvoie-t-il pas à une modification fondamentale des rapports sociaux à la campagne, du système seigneurial de l'Ancien Régime à la paysannerie postrévolutionnaire ?

Cette remarque fixe les limites dans lesquelles l'*exemplum* d'Etienne de Bourbon doit être interprété : en dépit d'une évidente continuité des modes de vie, la condition sociale des paysans du XIX° siècle n'est pas celle de leurs ancêtres du XIII° siècle. C'est dans le cadre d'un rapport social historiquement situé que doit être appréhendé le récit paysan transmis par Etienne de Bourbon.

Sur le point important de l'identité du saint, Vayssière, en 1879, est en contradiction avec la lettre du curé Dufournet en 1826 : selon les termes de cette lettre, les statuettes que le mendiant habillait en saint avaient certainement forme humaine. Mais le curé, ignorant l'*exemplum* d'Etienne de Bourbon, n'avait pas interrogé plus avant ses ouailles pour savoir s'ils vénéraient aussi un chien. Le texte médiéval, une fois publié, a suscité de nouvelles questions, et révélé aux érudits une dimension du culte restée cachée depuis le XIII° siècle. Il est vrai que Vayssière a vu aussi une petite statue nichée dans le mur d'une maison, au bord de la route, « regardée par plusieurs comme une représentation de saint Guinefort ». Il s'agit bien sûr d'une statue de forme humaine. Mais Vayssière la considère seulement comme « une œuvre de sculpture fort grossière, ayant la prétention d'offrir l'image très probable d'un apôtre, mais surtout n'ayant rien de commun avec saint Guinefort ». Rien ne dit en effet que cette statue était l'une de celles qu'avait habillées le mendiant en 1826. Faut-il pourtant considérer qu'une représentation du saint sous forme humaine et la légende où il apparaît comme un chien étaient inconciliables ? L'ambiguïté du héros de la

légende, entre hommes et bêtes, a été soulignée. Elle a peut-
être favorisé chez les fidèles du saint une hésitation telle que,
dans la logique du folklore, la légende, qui faisait du saint
un chien, a cohabité avec la statue du saint sous forme
humaine. Mais pour l'esprit rationaliste de Vayssière, cette
ambiguïté était inadmissible : puisque la tradition orale continuait d'affirmer que saint Guinefort était un chien, la statue,
contre l'avis des paysans eux-mêmes, devait représenter quelque apôtre.

L'acharnement avec lequel Vayssière a soutenu que les
paysans de la Dombes, à la fin du XIXe siècle encore,
honoraient un saint qui n'était qu'un chien, n'était pas dépourvu d'esprit polémique. Le prologue de son étude éclaire
ses présupposés scientifiques et idéologiques : « Si j'avais à
écrire une histoire de la superstition dans le département de
l'Ain, d'un côté je distribuerais toutes les superstitions qui
présentent un caractère religieux ; de l'autre, je laisserais
celles qui ne présentent pas ce caractère. Dans la seconde
catégorie entreraient, par exemple, la croyance aux sorciers,
l'emploi de formules et de signes cabalistiques pour lever ou
prévenir différentes maladies, etc. Dans la première, j'éta-
blirais une subdivision et j'étudierais d'abord les superstitions
qui peuvent se confondre avec les croyances catholiques ;
puis je m'occuperais des croyances et superstitions purement
idolâtriques. C'est dans cette dernière subdivision que je
rangerais le culte de saint Guinefort. » L'effort de concep-
tualisation est intéressant, même s'il aboutit à une typologie
que l'on peut aujourd'hui contester : d'un côté la magie,
qui se réduirait à des actes, de l'autre la religion : là seulement les actes font référence à un système de représentations. Parmi les superstitions religieuses, les unes rejoignent
la catégorie cléricale du « culte indu du vrai Dieu », déformation populaire de la religion officielle. Les autres manifestent la permanence d'un paganisme préchrétien, adorateur
d'idoles. C'est là que Vayssière range le culte de saint Guinefort (en dépit de l'adjectif « saint », qui fait pourtant
référence au catholicisme) parce qu'il révélerait la pérennité
au culte idolâtrique rendu à un animal. Cette conclusion
n'était pas faite pour effaroucher Vayssière : non sans
complaisance, il constate que les efforts séculaires accomplis
par l'Eglise pour christianiser les campagnes ont eu des
résultats bien limités. On devine — plus qu'il ne l'avoue
lui-même — l'esprit laïc des débuts de la Troisième Ré-

publique. Mais la contre-offensive catholique ne se fit pas attendre !

En 1886, l'abbé Delaigue, aumônier de l'hospice de Châtillon-sur-Chalaronne, publia à son tour un opuscule sur le « Pèlerinage de saint Guinefort ». Sans nommer explicitement Vayssière, l'abbé cite, pour les réfuter, plusieurs passages de son argumentation. Le débat s'ouvre sur une interrogation shakespearienne : « Ceux qui fréquentent ce pèlerinage déclarent et affirment qu'ils vont invoquer saint Guinefort en faveur de leurs enfants malades et, comme eux seuls connaissent leurs véritables intentions, on doit, ce semble, les croire sur parole. Cependant quelques auteurs, doués sans doute du don de lire dans les consciences, les accusent d'aller au bois de Sandrans, offrir leurs prières à un chien, et prétendent baser cette accusation sur une vieille légende. Qui faut-il croire ? En d'autres termes, ce Guinefort est-il un *saint* ou est-il un *chien* ? Telle est la question à résoudre[6]. »

Pour lui, la réponse ne faisait aucun doute. Contre « les railleries des libres penseurs », il ne manquait pas d'arguments : premièrement le récit du chien fidèle n'est qu'un « fabliau qui court le monde », et non une histoire vraie. Certes, « le P. Bourbon était religieux dominicain et inquisiteur de la province ; à ce double titre, il mérite des égards » ; mais s'il a cru à cette histoire, et à bien d'autres qu'il rapporte « par ouï-dire » dans son traité, « on doit conclure qu'il était d'une crédulité incroyable et qu'on profitait de sa simplicité pour rire à ses dépens ». Et si, parmi toutes les histoires aussi incroyables de son ouvrage, les libres penseurs ne retiennent que celle-ci, c'est qu'ils y trouvent « de quoi tourner en ridicule la piété et la religion ».

Deuxièmement, le dominicain, comme il le dit lui-même, « a fini » par recueillir cette légende à force d'investigations : ce qui montre que la légende du chien était « inconnue au public », et qu'un mauvais plaisant la lui a glissée pour « se jouer de sa simplicité ».

Troisièmement, jamais un château n'a pu exister en ce lieu. D'ailleurs, quand la villa de Clerdan a été construite, ce site a été écarté au profit d'un emplacement voisin « plus élevé, plus étendu, plus découvert et plus agréable ».

---

6. DELAIGUE, J., *op. cit.*, p. 156. Le manuscrit de cet article, rédigé en 1885, est conservé aujourd'hui encore à l'hôpital de Châtillon.

Quatrièmement, « un partisan de la légende » [entendez :
A. Vayssière] a lui-même reconnu qu'une statue nichée dans
le mur d'une maison et représentant probablement un apôtre,
passait pour être celle de saint Guinefort. Entre-temps, la
maison a été détruite, mais l'abbé s'est informé scrupuleu-
sement auprès du propriétaire. Il en conclut que cette statue
devait se trouver dans le bois lui-même jusqu'à la Révolution.
Il a entendu parler aussi du mendiant dénoncé par le curé
Dufournet en 1826, mais la statuette grossière que celui-ci
habillait de haillons ne serait pas la statue originelle du
bois : « Un sieur Morel, qui habitait la ferme de Clerdan,
il y a une trentaine d'années, assure qu'il y avait une statue
en bois de Saint Guinefort, et qu'un pauvre étant venu s'y
construire une cabane, feu M. le comte de la Rochette le fit
déguerpir et enlever la statue. Cette dernière n'est pas la
même que celle dont nous venons de parler[7]. »

La statue qui intéressait l'abbé Delaigue était, à ses yeux,
la statue cultuelle et originelle du bois ; elle avait pour lui
le mérite d'être la plus ancienne, et surtout d'être bien
identifiée : « Elle représente saint Guinefort sous la figure
d'un Apôtre *ou Evêque.* » Vayssière n'en avait pas tant dit,
mais l'abbé Delaigue, qui connaissait saint Millefort ou
Guinefort de Picardie et Normandie, n'en doutait pas : il
s'agissait du même saint.

D'où son dernier argument : ni en Picardie, ni en Normandie, ni même à Béreins dans la Dombes, saint Guinefort
n'est vénéré en tant que chien. Partout, n'en déplaise aux
libres penseurs, il a les traits d'un homme.

Il en va de même à Sandrans : l'abbé cite l'acte notarié
de 1632, qui mentionne « les hermitures où existaient jadis
les chapelles de saint Guy le Fort », et qu'il se représente
comme un ensemble de constructions légères comportant une
chapelle et le logement d'un ermite. Et il conclut, en oubliant
un peu vite le témoignage d'Etienne de Bourbon : « C'est
donc à une chapelle dédiée à saint Guinefort, et non pas au
tombeau d'un chien que le pèlerinage doit son origine. »

Voilà pour le culte du saint, réintégré dans l'orthodoxie
à la grande confusion des esprits forts. Mais qu'en est-il du
rite des mères qui portent là leurs enfants malades, déposent
des langes sur les buissons, nouent des branches pour dénouer

7. *Ibid.*, p. 266. Il confond ici le comte J.-F. Perret de Châtelard
et son neveu, Charles de la Rochette, comte du Châtelard, qui lui
succéda à Clerdan après sa mort en 1843.

les membres chétifs ? Ces pratiques sont-elles superstitieuses, « en d'autres termes, leur attribue-t-on un effet surnaturel » ? L'abbé Delaigue a interrogé les pèlerins sur le sens de leurs gestes, et leurs réponses, bien que vagues, l'ont satisfait : « je ne sais pas », « on a toujours fait comme ça », « c'est pour marquer que l'enfant a les membres faibles ou noués et qu'on désire que saint Guinefort les fortifie ou les dénoue ». Il constate aussi que ces pratiques ne passent pas pour indispensables à l'action du saint, puisque certains, qui vont en ce lieu de pèlerinage, ont la sagesse de s'abstenir d'accomplir ces gestes. Pour les autres, il conclut dans un esprit tolérant : « Comprise de cette manière, il semble que cette pratique est plutôt une prière en action qu'un acte superstitieux. » Jugement isolé ou lente évolution des esprits ? Le contraste est sensible, par rapport aux critiques que le curé Dufournet adressait à « la religion mal entendue » de ses ouailles. Il est vrai qu'il s'en prenait surtout aux manœuvres individuelles d'un mendiant. Cependant, tous les clercs ne partageaient pas les avis de l'abbé Delaigue : celui-ci ayant réfuté les arguments des « libres penseurs », luttait aussi sur un autre front, au sein même du clergé, contre l'intolérance de certains prêtres : « Quelques curés — nous pourrions en citer au moins deux — crurent devoir prêcher, à plusieurs reprises, contre le pèlerinage. » A la répression, inefficace et injuste, l'abbé Delaigue proposait de substituer la solution de réserve de l'Eglise en pareil cas : qu'on bâtisse en ce lieu une église, et le culte de saint Guinefort y gagnera des *ex-voto* « plus riches, plus nombreux et mieux abrités ». C'est cette solution qu'avait déjà proposée, en 1826, un obscur mendiant, et l'idée avait peut-être souri un moment à l'évêque de Belley. Mais celui qui en avait eu l'initiative avait le tort de n'être qu'un mendiant vivant dans les bois ! Nous ignorons pourquoi, soixante ans plus tard, l'abbé Delaigue n'a pas mis ses projets à exécution. La dernière phase de l'histoire du culte de saint Guinefort dans le bois de Sandrans aurait sans doute été très différente.

En 1886 furent publiés les souvenirs de voyage du baron Raverat, *De Lyon à Châtillon-sur-Chalaronne par Marlieux et le chemin de fer à voie étroite*. La défense et illustration de l'orthodoxie catholique n'était pas, comme chez l'abbé Delaigue l'année précédente, le souci majeur du baron. Celui-ci proclame sa foi dans le progrès technique. Il dresse d'abord un tableau très sombre de la situation agricole, démographique et sanitaire de la Dombes. Puis il prédit les transformations décisives que la ligne de chemin de fer Lyon-Bourg, qui avait atteint Châtillon en 1879, apporterait à cette région lorsque sa construction serait achevée. Le train est aussi un moyen de découvrir des sites historiques et pittoresques, tel que le « célèbre pèlerinage de saint Guinefort » où le baron s'est fait conduire depuis la gare du Moulin-des-Champs. L'interprétation qu'il propose à son tour se veut historique. Le débat de la raison et de la religion, ouvert sur la question de l'identité de saint Guinefort, avait au contraire conduit A. Vayssière et l'abbé Delaigue à abolir l'histoire, en mettant sur le même plan le texte d'Etienne de Bourbon, ramené au temps présent, et les témoignages contemporains. L'absence de profondeur historique nourrissait la polémique. Mais celle-ci n'intéressait pas le baron, partisan du progrès, évolutionniste soucieux d'observer des transformations du culte au cours du temps. Or, si le culte du chien avait existé, il appartenait, selon lui, au passé : prêtres et libres penseurs étaient donc renvoyés dos à dos. A l'origine étaient les Gaulois : « Ce serait, il nous semble, une curieuse étude que de chercher à découvrir l'origine de cette dévotion. Le serpent, le chien, les faunes, le loup, la vieille sorcière, l'immersion dans le ruisseau, surtout les épingles plantées aux troncs des arbres, toute cette mise en scène nous paraît appartenir aux coutumes, à la mythologie des Gaulois, nos ancêtres. On sait que leurs cérémonies, ils les célébraient auprès des eaux jaillissantes, au sein des ténèbres de la nuit, à l'ombre mystérieuse des forêts, dans un *lucus* sacré...[8]. » Au temps d'Etienne de Bourbon, la dévotion s'adressait encore à un chien. Mais peu à peu, l'« imagination populaire » a substitué au chien Guinefort le culte de saint Guinefort. La question à poser, en termes nécessairement polémiques, ne serait pas : « chien *ou* saint ? » ; la vérité, selon le baron, est susceptible de faire l'accord de tous : Guinefort fut chien *puis* saint.

Au tournant du siècle, le culte était bien connu des folkloristes de la région : en 1902, A. Vingtrinier se rend sur place et put constater que le culte, dépourvu de chapelle et d'autel, était bien vivant. Il cite lui aussi le témoignage d'Etienne de Bourbon, et ne doute pas que tout cela existait déjà « au temps des druides[9] ». Après lui, A. Callet, en

8. RAVERAT (le baron), *op. cit.*, p. 54.
9. VINGTRINIER, A., *op. cit.*, p. 122-123.

1903, puis le célèbre folkloriste du Mâconnais, G. Jeanton, en 1921, se contentèrent de citer Vingtrinier, sans visiter le bois.

Ainsi les témoignages font-ils défaut pendant la première moitié du XXᵉ siècle : or c'est durant cette période que disparut le culte. Quand en 1962 puis en 1970 le dossier fut repris par le médecin de Châtillon-sur-Chalaronne, le Dr V. Edouard, le culte de saint Guinefort n'était plus qu'un souvenir. Il est significatif que la dernière personne qui, à la connaissance du Dr Edouard, s'est rendue (vers 1940) dans ce bois pour obtenir la guérison d'un enfant, était la grand-mère, et non la mère de celui-ci. Sans doute la mère, plus jeune, et les femmes de sa génération, s'étaient-elles déjà détachées de ce type de dévotion. En dépit d'examens attentifs et répétés (1975-1976), nous n'avons trouvé dans le bois aucun indice autorisant à penser que le culte, même de façon secrète et très marginale, se poursuivrait aujourd'hui : de tout ce qui, il y a un siècle, était bien visible dans le bois (vêtements d'enfants pendus aux arbres, branches nouées, pièces de monnaie jetées à terre), il ne reste rien. Quant à interroger la tradition orale dans l'espoir de recueillir la légende du chien fidèle, le nombre des érudits locaux qui ont depuis un siècle utilisé dans leurs publications l'*exemplum* d'Etienne de Bourbon incite à la plus grande prudence. L'un de nos informateurs nous a affirmé : « Ma grand-mère m'avait dit : il paraît que c'était un chien ! » Il est difficile de dire si cette opinion se rattache exclusivement aux versions de la légende recueillie par Vayssière en 1879, ou si elle a été influencée par tous les commentaires de l'*exemplum* médiéval qui ont fleuri depuis un siècle.

Si l'on considère la grande affluence passée des pèlerins, que soulignent les témoignages de l'extrême fin du siècle dernier, il apparaît que le culte a disparu très rapidement, au moment et au lendemain de la Première Guerre mondiale. Il était, jusqu'à cette date, resté très actif.

D'après la description de Vayssière, les pèlerins, pour accéder au cœur du bois, empruntaient le sentier qui aujourd'hui encore est bien visible sur la pente méridionale de la colline. Selon le baron Raverat, il était recommandé de gravir la pente à reculons. Les motivations du pèlerinage étaient, au XIXᵉ siècle, variées : désir de guérir de la fièvre des marais ; espoir, pour les jeunes filles, de trouver un mari, et pour les femmes de rendre toute sa vigueur à leur époux ou leur amant... Mais la raison principale était, comme au XIIIe siècle, le souci de rendre la santé aux enfants « languissants », « fiévreux », « rachitiques ». Les mères nouaient les branches des arbustes afin de « nouer la fièvre », ou de « dénouer » les jambes de l'enfant qui tardait à marcher : si la sève soudait les deux branches entre elles, c'était un signe favorable. Pour débarrasser l'enfant de son mal, elles déposaient sur les buissons sa chemise, ses chaussons, ou ses langes. A. Vayssière a vu « des branches nouées par milliers », et « une foule de pièces de vêtements », témoignant d'une fréquentation importante du bois. D'après les indications qu'il a recueillies, des femmes venaient même des monts du Lyonnais et du département de l'Isère. Il signale aussi la présence dans le bois d'un grand nombre de petites croix d'herbe tressée, semblables à celles que l'on place le 3 mai dans les champs, lors de la fête de l'Invention de la Sainte Croix. Avant de quitter le bois, les femmes jetaient sur le sol ou enfouissaient quelques pièces de monnaie.

Des traits importants du pèlerinage tel que l'a décrit Etienne de Bourbon se retrouvent donc au XIXe siècle. Il faut noter pourtant quelques différences : Etienne de Bourbon ne signalait ni les branches nouées, ni les croix d'herbe tressée, ni les dons de pièces de monnaie. Inversement, au XIXe siècle, il n'est plus question d'immersion dans la Chalaronne, alors que le sentier emprunté par les femmes conduit tout droit à la rivière. Enfin, si au XIIIe siècle, le rite visait à se débarrasser d'un changelin, et à récupérer l'enfant enlevé, au XIXe siècle, il est seulement question de guérison, et non de substitution. La croyance aux changelins est pourtant toujours attestée au XIXe siècle dans le folklore européen.

L'interprétation de ces différences n'est pas aisée. Le problème de la qualité inégale des observations se pose une nouvelle fois. L'évolution du rite est peut-être plus apparente que réelle, et la pérennité des formes rituelles, s'inscrivant dans un espace immuable, est le trait le plus frappant du culte.

Etienne de Bourbon insistait aussi sur le rôle d'une *vetula* qui assistait et guidait les mères durant le rite. La tradition a peut-être voulu qu'une personne jouant un tel rôle fût attachée à ce lieu. Le mendiant mentionné en 1826 prétendait lui aussi connaître les fondements du culte et, contre rétribution, il offrait ses services aux pèlerins. Toutefois, il était établi à demeure dans le bois, alors que la sorcière du

XIIIe siècle venait d'un *castrum* éloigné d'une lieue environ.
Or, notre propre enquête sur le terrain nous a permis de
découvrir qu'une « sorcière », semblable à la *vetula* de
l'*exemplum,* avait joué un rôle semblable vers 1930. Elle
résidait à Châtillon-sur-Chalaronne, à « une lieue, ou environ » du bois de Saint-Guinefort.

Une dizaine de personnes interrogées à Châtillon, âgées
de cinquante à quatre-vingt-dix ans environ, hommes et
femmes, s'en souviennent très précisément.

On l'appelait la « Fanchette Gadin ». Nul ne doute que
ce nom fût effectivement le sien. Mais, en même temps,
chacun en explique l'étymologie : sous sa robe, « elle atta-
chait des gadins pour que le diable ne l'emporte pas. Mais
s'il l'avait enlevée, il l'aurait rapportée le lendemain matin,
tant elle était vilaine ». Une autre explication est aussi proposée : elle jetait des pierres aux garçons qui se moquaient
d'elle (« les filles en avaient peur »).

Elle habitait à Châtillon dans une baraque au pied du
château, dans un quartier où ses voisins étaient « tous pa-
reils » : par exemple le « père Rol » que l'on cherchait
« contre les vers ». On la compare aussi à Françoise Parcoret
« qui était du même genre ». D'après nos informateurs una-
nimes, elle vivait seule et n'avait jamais été mariée. Peut-être
avait-elle un neveu qui vivait ailleurs. Elle serait morte vers
1930, à l'hospice de Châtillon.

Elle était borgne, et « vilaine comme les sept péchés
capitaux ». Les uns la revoient grande, d'autres petite et
boulotte. En plus de sa robe lestée de pierres, elle portait
une coiffe à franges blanches. Elle prisait, et se nourrissait
de cresson et de pissenlit. Elle poussait devant elle une
voiture d'enfant. Les lundis, elle mendiait, « elle avait ses
maisons » : chez l'ancien percepteur, on lui donnait dix
centimes. Elle jetait des sorts, mais épargnait ceux qui lui
donnaient de la viande. Elle rendait aussi visite à la grand-
mère d'une de nos informatrices, à qui elle demandait « de
lui rattraper les mailles » (elle tricotait beaucoup, mais elle
était borgne). En été, elle offrait « des petites fleurs jaunes
de la Saint-Roch, à ma grand-mère, contre l'incendie ». Elle
passait une grande partie de son temps au cimetière (« quand
on l'avait perdue, on la trouvait au cimetière »), où elle
désherbait les tombes. Elle allait aussi à l'église, « mais
seulement pour les autres » : elle y allumait des cierges sur
commande, en échange d'une petite rétribution. Le samedi,

elle y disait des neuvaines pour le bétail et pour les gens.
Mais surtout, elle faisait des « voyages », se rendant à pied
aux lieux de pèlerinage de la région, mais toujours pour
les autres, et moyennant rétribution : pour guérir les enfants
de la coqueluche, elle allait visiter les cloches de l'église de
Neuville. A Notre-Dame-de-Beaumont, elle se rendait « pour
faire friser les enfants », et à Sainte-Philomène-d'Ars « pour
les vers » ; étant jeune, « elle avait vu le curé d'Ars, qui
lui avait refusé la confession parce qu'elle avait l'intention
d'aller danser. Il devinait tout ». Un des pèlerinages locaux
où elle avait coutume de se rendre était celui de saint Guinefort. De telles femmes, chargées d'accomplir des pèlerinages « vicaires » (à la place des autres), étaient souvent
dépositaires des traditions orales[10], mais nous n'avons pas
entendu dire que la Fanchette Gadin connaissait et racontait
la légende du chien fidèle. Dans le bois, elle portait les
pièces de monnaie que lui confiaient les parents, et elle
faisait des vœux pour la guérison des enfants.

Plusieurs informateurs ont résumé par ces mots l'impression très forte que leur avait faite la Fanchette Gadin :
« C'était une figure ! »

Comme elle est décédée à l'hospice de Châtillon, où le
Dr Edouard se rappelait l'avoir soignée, nous avions espéré
retrouver un dossier médical à son sujet. Mais nos recherches furent vaines, parce qu'à cette époque-là l'établissement
ne tenait pas encore de fichier de ses pensionnaires. Il fallait
donc nous contenter de l'état civil, pour compléter, vérifier
et peut-être éclairer les informations orales. Un premier
dépouillement des registres entre 1920 et 1940 ne donna
aucun résultat : pas de « Fanchette Gadin ». Mais en citant
à nos informateurs des noms proches de celui qu'ils lui
attribuaient, nous découvrîmes bientôt qu'elle s'appelait en
fait Françoise Gudin. Dès lors, il était facile de reconstituer
sa biographie.

Françoise Tremblay, dite Gudin, est née le 9 janvier 1848,
et décédée à l'hôpital de Châtillon le 23 novembre 1936.
Son père, Antoine Tremblay, dit Gudin (1802-1847), fils de
journalier, était cordier à Châtillon. En 1845, il épousa une
journalière de Châtillon, Marie-Denise Chambard (1812-

_____

10. C'était par exemple le cas, en Bretagne, vers 1872, de Marguerite Philippe, dont certains récits ont été publiés par LUZEL, F.,
Légendes chrétiennes de la basse Bretagne, Paris, 1881.

1890), et reconnut à cette occasion le fils qu'elle avait eu de lui sept ans plus tôt, Michel Chambard. Un an après leur mariage, en 1846, ils eurent un deuxième enfant, Rose Tremblay, dite Gudin, qui devait plus tard se marier, exercer la profession de lingère, et décéder en 1879. Dix-huit mois après Rose, naquit Françoise (notre « Fanchette Gadin »), deux mois après la mort de son père. A l'âge de vingt-neuf ans, étant journalière et célibataire, elle mit au monde un garçon mort-né (3 mai 1877). En 1883, à l'âge de trente-cinq ans, elle épousa un veuf de cinquante-quatre ans, Jean-Marie Ducotté (1829-1910), désigné comme ouvrier maçon dans l'acte de mariage, mais seulement comme journalier dans son acte de décès. Le couple n'eut pas d'enfant. Veuve en 1910, Françoise Gudin, veuve Ducotté, vécut désormais seule, sa sœur et sa mère étant mortes depuis longtemps. Elle resta sans famille vingt-six ans encore, jusqu'à sa mort à quatre-vingt-huit ans : on en oublia qu'elle avait été mariée pendant vingt-sept ans. Le neveu que l'on évoque parfois était peut-être un fils de sa sœur Rose, à moins qu'il ne s'agisse de son propre frère, Michel Chambard.

Il n'est pas indifférent de confronter la biographie officielle de cette femme et les souvenirs qu'elle a laissés. Issue d'un milieu très modeste de journaliers, on peut dire qu'elle avait, dès sa naissance, perdu ses maigres chances : venue au monde dans les années difficiles 1846-1848, sa mère étant seule avec un garçon de dix ans et deux bébés, elle était de surcroît un de ces « enfants posthumes » qui passaient pour être marqués par le sort pour le restant de leur vie et doués de pouvoirs thérapeutiques. Sa naissance particulière est à mettre sans doute en relation avec son rôle ultérieur dans les pèlerinages de guérison. Ce fut ensuite l'enfant mort-né, et un mariage tardif après les difficultés que l'on imagine ; puis le veuvage, la misère et la solitude, et une infirmité qui explique sans doute pour une bonne part le « mauvais œil » que l'on redoutait en elle. La précision et la richesse des souvenirs qu'elle a laissés témoignent de l'importance du rôle qu'elle a tenu dans la communauté. C'est lui rendre justice que de laisser d'elle une autre trace écrite que les sèches formules de l'état civil. Car c'est tout ce qui reste d'elle : au cimetière de Châtillon-sur-Chalaronne, sa tombe a été nivelée en 1974.

Le cas de la Fanchette Gadin nous aide peut-être à comprendre qui était la *vetula* dénoncée par Etienne de

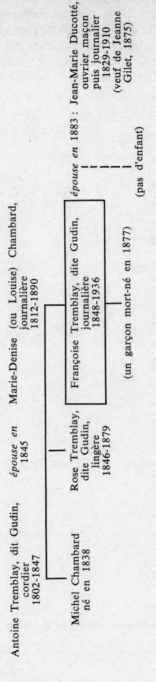

Tableau 5. La « Fanchette Gadin » : arbre généalogique.

Bourbon : ni plus ni moins qu'une vieille femme ayant, comme la Fanchette Gadin, un rapport privilégié avec la mort, la maladie, le diable, les plantes et les choses de la religion. L'une et l'autre ont eu d'ailleurs, malgré toutes leurs misères, une chance comparable : d'êtres nées, l'une un peu avant, et l'autre bien après les grands chasseurs de sorcières...

CHAPITRE III

CHIEN ET SAINT

Lorsqu'en 1879 A. Vayssière eut l'heureuse surprise de constater que la légende du chien n'avait pas été oubliée par les pèlerins du bois de Sandrans, il s'enquit des raisons du nom du saint chien : « Toutes les personnes à qui je me suis adressé m'ont dit que saint Guignefort était un chien. Les unes croient que son maître l'avait ainsi nommé parce qu'il remuait sans cesse la queue ; d'autres pensent que cette expression Guignefort avait le sens d'un encouragement. »

D'après cette « étymologie populaire », le chevalier aurait donné à son chien le nom de « Guignefort » parce qu'il « guignait », c'est-à-dire qu'il faisait de petits signes en remuant la queue ; et ce chien serait devenu saint parce que les mouvements de sa queue signifiaient aux pèlerins qu'il accueillait favorablement leurs prières. De même disait-on qu'à Torcieu la statue de saint Blaise « guignait » de l'œil les jeunes filles en mal de mari, leur faisait un clin d'œil signifiant qu'elles seraient comblées[1].

D'une façon plus réaliste encore, les paysans de Sandrans disaient que le mouvement de la queue du saint chien Guignefort apparaissait, aux hommes que leur virilité préoccupait, comme un encouragement explicite...

Ces explications ne sont pas contredites par l'histoire de la langue : l'ancien français « guigner » signifie, comme en patois moderne : 1) faire signe ; 2) faire signe de l'œil,

1. VINGTRINIER, A., *op. cit.*, p. 123 et suiv.

cligner de l'œil ; 3) remuer, d'où, notamment, pour un chien : faire signe en remuant la queue. Les paysans interrogés par Etienne de Bourbon ont pu faire, sur le nom de saint Guinefort, les mêmes commentaires que les paysans du XIXᵉ siècle. Notons en revanche que le dérivé « guignon », malchance, associé à l'idée du mauvais œil, n'est pas attesté avant 1609, et que l'expression française moderne « avoir la guigne » n'apparaît pas avant 1821 : par conséquent, nous ne pouvons pas légitimement prendre en compte ces significations, s'agissant du document du XIIIᵉ siècle[2].

Un autre document du début du XIIIᵉ siècle confirme au contraire l'« étymologie populaire » citée plus haut. Un *exemplum* de Jacques de Vitry débute de la façon suivante : « J'ai entendu qu'en France un démon parlait et exerçait l'art de la divination par la bouche d'un démoniaque ; il divulguait ainsi de nombreux secrets, et l'opinion de tous était qu'il ne mentait pas. Un homme étant un jour venu lui poser de nombreuses questions, Guinehochet — car c'est ainsi que le démon se faisait appeler — dit la vérité sur toutes choses...[3]. »

Le préfixe et le suffixe du nom de ce démon ont un sens voisin, puisque « hochet » dérive du verbe « hochier », secouer, remuer, trembler d'où notamment le verbe : « jouer aux dés, à pile ou face », et le nom « hochet », qui dès cette époque désigne un jeu d'enfant[4]. Le pléonasme « Guinehochet » évoque le tremblement du démoniaque en même temps que le pouvoir du démon de « signifier » le vrai et le faux. De même, le nom de saint Guinefort a pu être associé à la légende d'un lévrier injustement tué et que les paysans sollicitent d'accueillir leurs requêtes d'un œil favorable.

D'autres associations phonétiques semblables ont pu jouer : le baron Raverat et plus récemment le Dr V. Edouard ont estimé que la ressemblance phonétique des mots patois *lou tsin* (le chien) et *lou tsaint* (le saint) avait favorisé la sanctification du chien Guignefort. En diverses régions, ces deux termes voisins font effectivement l'objet de jeux de mots,

2. WARTBURG, W. von, *op. cit.*, XVII, p. 582-594 : afr. *guigner*, attesté chez Ch. de Troyes, de : *anfrk. wingian* d'où : all. *winken*. Signifie : cligner de l'œil — d'où *guignon* : malchance ; remuer souvent, branler la tête, etc. Voir aussi : BLOCH, O., WARTBURG, W. von, *op. cit.*, s. v. « guigner ».

3. CRANE, M.A., *op. cit.*, n° CCXXXIII, p. 97 et p. 229-230.

4. GODEFROY, F., *op. cit.*, IV, p. 481-482, s. v. « Hoche ».

notamment à propos de saint Roch et du chien qu'il a pour attribut : « saint Roch et sin tchin », dit-on dans le Pas-de-Calais. Dans notre cas aussi ce jeu de mots est probable[5].

En outre, même si dans la légende le lévrier ne porte pas de nom, il est légitime de se demander si le nom « Guinefort » était aux XIIe - XIIIe siècles un nom de chien qui aurait rendu l'assimilation du saint et du lévrier d'autant plus facile. En effet, des noms voisins, formés avec le même suffixe — *fort* —, sont donnés dans la littérature française du Moyen Age à plusieurs animaux chers à leur maître : le cheval de *Florence de Rome* (premier quart du XIIIe siècle) s'appelle Brunfort, celui d'*Ogier de Danemark* (XIIe siècle) Broiefort : c'est la force prodigieuse et la vigueur du hennissement de ce dernier qui semblent justifier son nom[6]. Le traité de vénerie de Jacques de Fouilloux mentionne aussi un chien qui s'appelle Tirefort[7]. Mais à notre connaissance, aucun roman, ni aucun traité cynégétique du Moyen Age ne citent un chien qui s'appellerait Guinefort : ce nom n'est pas un nom de chien.

Un cas pourtant doit être cité, qui concerne également un lévrier : dans la *Première continuation* du Perceval de Chrétien de Troyes, Carados apprend que son vrai père n'est pas l'époux de sa mère Ysave, mais le magicien Eliaurès avec qui elle s'est rendue coupable d'adultère. Pour se venger d'Eliaurès, Carados le force à s'accoupler successivement avec une « lisse », c'est-à-dire une levrette, avec une truie et avec une jument. Chacun de ces trois animaux

5. On ne peut suivre en revanche ces deux auteurs dans le reste de leur démonstration : selon le baron Raverat, les pèlerins furent victimes d'une confusion entre « saint » et « chien » : c'est pourquoi, vénérant d'abord (« depuis les Gaulois ») le « chien Guinefort », ils en sont peu à peu venus à l'appeler « saint Guinefort ». A en croire le Dr Edouard, la confusion n'a pas été faite par les paysans, mais par Etienne de Bourbon lui-même : « Le Père demandait si l'on connaissait l'histoire *dou tsaint* et une vieille un peu sourde lui a raconté ce qu'elle savait de l'histoire *dou tsiin* le vieux fabliau qu'elle avait dû entendre raconter pendant une veillée par un baladin ou un voyageur. » Aussi ingénieuse soit-elle, cette hypothèse méconnaît la cohérence de la légende et du rite et la continuité de leur association, au XIXe siècle encore selon le témoignage de Vayssière.

6. *Florence de Rome, chanson d'aventure du premier quart du* XIIIe *siècle*, A. Wallenskold, Paris (coll. « Société des anciens textes français »), 1907-1909, 2 vol. ; *Ogier de Danemarche, par Raimbert de Paris, poème du* XIIe *siècle*, J. Barrois, Paris, 1842, 2 vol.

7. J. de FOUILLOUX, *op. cit.*, p. 168, v. 31. Tous les traités cynégétiques publiés dans la même collection ont été consultés, mais en vain.

femelles met bas un petit, qui reçoit un nom : le pourceau
est appelé Tortain, le poulain Lorigal et le jeune lévrier
Guinalot :

> « Et de la lisse od cui coucha
> Un waignon concheü en a
> Qui fu apelez Guinalot
> Si estoit frères Caradot[8]. »
> « La levrette avec laquelle il coucha
> En a conçu un chien
> Qui fut appelé Guinalot
> C'était le frère de Carados. »

Le nom de ce jeune lévrier n'est pas sans évoquer celui
de « Guinefort ». A défaut du nom complet, le préfixe a-t-il
quelque lien avec l'animal qui nous occupe ? Notons qu'en
ancien français une forme il est vrai assez rare du verbe
« graigner », gronder, menacer, mordre, est « guinier ». Cette
forme paraît se retrouver à la fois dans les noms « Guinefort » et « Guinalot » ; elle rappelle aussi l'attitude hostile
du lévrier de la légende à l'égard du serpent. Le *Tristan* de
Béroul la cite de manière éloquente :

> « Li chiens mis estoit a grant frëor,
> Quant il né voiet son seignor
> Ne vout mengier ne pain ne past
> Ne nule rien qu'en lui donast ;
> *Guignout* et si feroit du pié,
> Des viz lermant.
> Deus ! quel pitié faisait
> a mainte gent li chiens[9] ! »
> « Le chien fut plongé dans une grande frayeur
> Quand il ne vit pas son maître.
> Il ne voulut manger ni pain ni pâtée
> Ni rien de ce qu'on lui donna.

---

8. *The Continuations of the old french Perceval of Chretien de
Troyes*, I, *The first Continuation*, W. Roach, Philadelphia, 1949, v.
6201-6204. Voir aussi : PARIS, G., « Caradoc et le serpent », *op. cit.*,
et DUMÉZIL, G., *Heur et malheur...*, *op. cit.*, p. 130-132, qui rapproche l'histoire de Caradoc du récit gallois de « Math, fils de
Mathonwy », dans les *Mabinogion*, J. Loth, *op. cit.*
9. Vers 1451 et suiv., cité par GODEFROY, F., *op. cit.*, IV, 329 et
TOBLER, A., LOMMATSCH, E., *op. cit.*, IV, 774, où d'autres occurrences
sont citées.

> Il grognait et grattait de la patte,
> Des larmes sur le visage.
> Dieu ! Quelle pitié inspirait
> Ce chien à bien des gens. »

De ce verbe « guigner », différent du premier, peut être rapprochée une forme moderne qui en dérive et qui a été notée par les folkloristes : « dégueniller », qui signifie, pour un chien, se jeter sur un homme ou un animal, le mordre, le déchirer à belles dents[10].

Toutes les hypothèses qui ont été présentées jusqu'à présent mettent en valeur des associations phonétiques et sémantiques qui constituent ce que l'on a coutume d'appeler l'« étymologie populaire ». Mais l'« étymologie scientifique » ne doit pas être non plus négligée. Quelle est celle du nom « Guinefort » ?

Guinefort est un nom de personne, dont la composition, associant une racine et un suffixe, dénote l'origine germanique. La racine *guini* — ou *wini* — se retrouve dans un très grand nombre de noms de personnes germaniques : par exemple Guinifredus (Winifrid) attesté, comme Guinifortus, en milieu lombard[11]. On peut en particulier remarquer que de nombreux saints portent des noms de ce type : par exemple, saint Winebaud, sainte Winifride, et surtout saint Winifrid, mieux connu sous le nom de saint Boniface (v. 680-754). L'adaptation latine de ce nom indique assez bien la signification de sa racine — *wini* — recouvrant les notions de gain, de prospérité, d'amitié, qui se retrouvent en allemand moderne dans le verbe *gewinnen,* gagner, et dans le substantif *Wunsch,* souhait.

Il est probable que l'origine de ce nom explique son attribution à un saint lombard légendaire : saint Guinefort de Pavie. Mais il est tout aussi certain que les paysans de la Dombes, aux XIIe - XIIIe siècles, ne pouvaient pas se fonder

---

10. ROLLAND, E., *op. cit.*, IV, p. 9.
11. POTT, A.-F., *op. cit.*, p. 156, s. v. *Wienert, Weinrart, Weinert,* provenant du haut allemand Winihart, « *in Freudschaft stark* », fort en amitié, dont les équivalents français sont Guinard, Guignard. Voir aussi : GOTTSCHALD, M., *op. cit.*, p. 612-613, s. v. Winibald, Winibert... etc. Sur les noms de saints bretons, voir : DULAURE, J.A., *op. cit.*, p. 211-212, et SAINTYVES, P., « Les saints protecteurs... », *op. cit.* : la racine « guen », en breton « blanc », « béni », doit être sans doute rapprochée de celle de Guinefort, attesté en Bretagne. Enfin, sur l'onomastique des chansons de geste (Guinehart, Guinehot, Guineman), voir : LANGLOIS, E., *op. cit.*, p. 311.

sur cette étymologie pour associer le nom du saint au lévrier de la légende.

Volontairement, nous n'irons pas plus loin dans l'étude du nom de saint Guinefort : dans le domaine de l'onomastique et de l'étymologie appliquée au folklore, les errements, jusque dans un passé récent, ont été assez nombreux pour nous inciter aujourd'hui à ne pas dépasser dans notre analyse les limites que le bon sens impose.

Entre les deux lieux de culte de Pavie et de Sandrans, nous avons montré qu'il y avait eu sans doute, historiquement, une relation : la diffusion du culte de Pavie a fait connaître à Sandrans le nom du saint et son titre de martyr. Un certain nombre de rapprochements phonétiques et sémantiques ont vraisemblablement favorisé l'association de la mémoire du saint Guinefort martyr et de la légende du lévrier fidèle injustement tué par son maître.

Un même nom de saint, une même réputation de martyr et de saint guérisseur : apparemment les deux lieux de culte n'ont que cela en commun. Pourtant la qualité du chien du chevalier d'une part, la date de la fête du saint le 22 août d'autre part, ne permettent-ils pas de mettre en lumière une relation implicite, mais peut-être fondamentale, entre le culte clérical de Pavie et le culte folklorique de Sandrans ?

Dans l'analyse du culte de saint Guinefort, nous avons insisté, volontairement, sur les dates des fêtes des saints. Cette insistance se justifie de façon générale par l'importance des cycles calendaires dans la culture folklorique. En outre, dans le cas précis de saint Guinefort, les différences formelles du culte d'un lieu à l'autre soulignent d'elles-mêmes cette importance des données temporelles : à Pavie où saint Guinefort est un homme, il est fêté le 22 août, à Sandrans où il est un chien, il est honoré toute l'année.

Saint Guinefort n'est pas le seul saint à avoir été représenté sous les traits d'un chien : c'est aussi le cas de saint Christophe. D'après les versions anciennes de sa légende, qui est orientale, il était un géant à tête de chien, et il dévorait les hommes, jusqu'au moment où il se convertit dans le Christ. Jacques de Voragine le dit d'origine chananéenne, c'est-à-dire, selon l'étymologie, qu'il venait du pays des chiens. Les traditions grecques le font venir aussi de Lycie et de Lycopolis, la ville et le pays des loups, ou de Cyno-

Illustration 7. Saint Christophe cynocéphale, martyrologe du XIIᵉ siècle
(Hist. fol. 415, fol. 50ʳᵉ), Stuttgart, Landesbibliothek (photo Institut
Marburg).

politanie et de Cynopolis, la ville et le pays des chiens. Les
représentations iconographiques associent dans la même image
sa tête de chien et l'auréole du saint : c'est là une tradition
surtout byzantine, mais elle a été suivie aussi, en Occident,
notamment dans un martyrologe de la seconde moitié du
XIIᵉ siècle[12] (illustration 7).

12. Stuttgart, Landesbibl. Hist. fol. 415, Martyrologium, fol 50ʳ°,
2ᵉ moitié du XIIᵉ siècle. Pour des représentations orientales, voir :

Or, comme l'a montré P. Saintyves[13], saint Christophe était fêté par l'Eglise byzantine le 9 mai, et dans la chrétienté latine le 25 juillet. A cette dernière date, l'Eglise copte fêtait saint Mercure, qui présente avec saint Christophe de nombreux traits communs. Les deux dates correspondent respectivement au coucher de l'étoile Sirius, puis à son lever dans la constellation du Chien. Aux mêmes dates, et avec un symbolisme comparable, ces fêtes chrétiennes auraient « succédé » à des fêtes païennes : en Egypte, en mai, au culte d'Anubis, dieu des morts à tête de chien ; le 25 juillet, en Grèce, à la cérémonie des *Kunophontes* ou Massacre des chiens ; à Rome, à la même date, au moment des basses eaux, les chiens roux étaient sacrifiés à la déesse Furrina[14].

Le culte de saint Christophe n'a évidemment pas « succédé », sans plus, à ces fêtes païennes : le système religieux chrétien dans lequel il se place est trop différent pour qu'on puisse se contenter de dire qu'un saint a été substitué à un dieu païen. La continuité n'en est pas moins frappante, et elle souligne, dans les civilisations traditionnelles, l'importance que revêt, dans les représentations religieuses, l'observation des astres et des effets de leur conjonction.

Le lever de Sirius dans la constellation du Chien ouvre une période essentielle dans l'année : la canicule. Autour de la Méditerranée, cette période est celle des plus grandes chaleurs, des basses eaux ; elle passait dès l'Antiquité pour favoriser la propagation des épidémies et la rage des chiens[15]. Ainsi s'explique une grande partie du symbolisme qui, à l'entrée de cette période, entoure saint Christophe : non seulement le thème du chien, mais celui de l'eau, puisque le saint fait traverser la rivière au Christ enfant ; de même, le thème de la végétation (qui lutte durant la canicule contre les ardeurs du soleil) : quand saint Christophe parvient sur la rive opposée, il fiche en terre son bâton qui aussitôt reverdit, se couvre de fleurs et porte des fruits. Ce trait de sa légende

Encyclopédie universalis, XI, art. « Monstre », p. 286, reproduction d'une icône byzantine du musée d'Athènes ; *Les Icônes dans les collections suisses*, Genève, 14 juin - 29 septembre 1968, musée Rath. Genève, musée d'Art et d'Histoire, 1968, pl. 123 : icône grecque daté du XVIIIe siècle.

13. SAINTYVES, P., *Saint Christophe..., op. cit.*

14. DUMÉZIL, G., *Fêtes romaines..., op. cit.*, p. 32-37, qui rapproche le mot *Furrinalia* de l'allemand *Brunnen*, fontaines.

15. DÉTIENNE, M., *op. cit.*, p. 34.

a été mis par P. Saintyves en rapport avec les rites de l'Invention de la Sainte Croix, qui avaient lieu en Europe au
début du mois de mai, à la même date que la fête de saint
Christophe dans l'église grecque : de petites croix d'herbe
tressée étaient placées dans les champs pour obtenir de
bonnes récoltes, et en août les paysans les retrouvaient au
moment des moissons. Parfois, l'on mettait aussi au pied
de la statue de saint Christophe des serpents « dont les
hagiographes ne savent comment expliquer la présence, mais
qui pourraient bien indiquer le pouvoir bienfaisant de ces
images ».

La période de la canicule, ouverte par la fête de saint
Christophe le 25 juillet, prend fin au coucher suivant de
Sirius dans la constellation du Chien, le 24 août. Or cette
date, à deux jours près, est à Pavie celle de la fête de saint
Guinefort, martyr percé de flèches, invoqué contre la peste
et associé à ce titre, dans les litanies, à saint Christophe et
à saint Roch. Certes, à Pavie, saint Guinefort n'a pas de
chien pour attribut (il n'a que la palme du martyr et l'épée
du *miles*) et n'est pas, *a fortiori,* représenté sous la forme
d'un chien. Aucun chien n'apparaît non plus dans sa légende.
Mais à Sandrans les pèlerins voyaient en saint Guinefort un
lévrier et plus généralement, au XIXᵉ siècle, un chien.

Entre les dates du 25 juillet et du 24 août, qui ouvrent
et ferment la période caniculaire, sont fêtés de nombreux
saints ayant un chien pour attribut, ou étant eux-mêmes
assimilés symboliquement à des chiens.

Certes, tous les saints honorés en juillet et août ne sont pas
représentés en compagnie d'un chien ; c'est le cas en particulier (à l'exception d'un seul, saint Guy) des saints de la
période avec lesquels saint Guinefort a été parfois confondu :
sainte Wilgeforte (20 juillet), saint Cucufat (25 juillet), ou
avec lesquels il a été associé, au Puy par exemple. Inversement, tous les saints du calendrier associés à un chien ne
sont pas honorés pendant cette période : par exemple, saint
Hubert, patron des chasseurs, invoqué contre la rage des
chiens, est fêté le 3 novembre. Mais aucune autre période
de l'année ne présente une telle densité de saints représentés
en compagnie d'un chien[16]. Considérons la période dans ses

16. CAHIER, C., *op. cit.,* I, p. 214-219. Voir aussi : *Vies des saints
et des bienheureux..., op. cit.,* aux dates correspondantes.

limites les plus larges du 3 ou 7 mai (premier coucher de
Sirius) au 24 août (deuxième coucher de Sirius) qui clôt la
canicule ouverte le 25 juillet par le lever de l'étoile dans la
constellation du Chien. Les saints de la période représentés
en compagnie d'un chien sont dans l'ordre du calendrier les
suivants :

Le 22 mai, sainte Quiterie (ou Guiteria), vierge et martyre,
invoquée en Espagne et en Gascogne contre les chiens
enragés.

Le 15 juin, saint Guy (Vito), martyr, originaire de Lucanie,
ou de Sicile, invoqué ensuite en Italie du Nord d'abord, puis
dans l'Europe du Nord, contre l'épilepsie (la « danse de saint
Guy ») et les morsures des chiens, des loups et des serpents.
Il est d'autant plus légitime de le rapprocher de saint Guinefort que l'ermitage de Tournus, au XVIIᵉ siècle, était attribué soit à l'un (saint Guy le Fort), soit à l'autre saint. On
voit bien qu'il est insuffisant d'invoquer la ressemblance des
noms pour expliquer la confusion des saints : aussi essentielles sont la date de la fête, ses fonctions et la manière
dont il a été représenté.

Le 4 juillet, saint Ulrich, évêque d'Augsbourg († 973),
réputé contre la morsure des chiens enragés.

Dans la période caniculaire proprement dite, après la fête
de saint Christophe :

Le 4 août, saint Dominique, fondateur de l'ordre des
prêcheurs, ou, selon le jeu de mot qu'inspirait son nom, des
« chiens du seigneur » (*Domini canes*). Le saint lui-même a
été identifié à un chien : « Avant sa naissance, sa mère vit
en songe qu'elle portait dans son sein un petit chien tenant
dans sa gueule une torche allumée avec laquelle il embrasait
tout l'univers. Quand elle l'eut mis au monde, une dame qui
l'avait levé des fonts sacrés du baptême crut voir sur le front
du petit Dominique une étoile très brillante qui éclairait toute
la terre. » La référence au symbolisme des astres — même
si l'étoile n'est pas nommée — est ici explicite. Les flammes
de la torche évoquent le symbolisme caniculaire, confirmé
dans la suite de la légende du saint par l'extrême importance
accordée aux thèmes de l'eau et du feu : le saint sauve les
noyés, ou écarte la pluie sur son passage ; par ailleurs, ses
écrits sont épargnés par le feu (miracle de Montréal), et pour
convertir les matrones hérétiques de Fanjeaux, saint Dominique fait bondir le diable devant elles, sous la forme d'un
chat affreux « qui avait les proportions d'un grand chien avec

des yeux gros et flamboyants...[17] ».

Le 16 août est fêté saint Roch, invoqué, plus encore que saint Christophe et saint Guinefort, contre la peste. Victime lui-même de l'épidémie, il fut guéri miraculeusement par l'eau d'une source. D'un château voisin, un chien de chasse lui apportait régulièrement du pain, à l'insu de son maître. Ayant suivi l'animal et découvert le saint, le chevalier se convertit.

Le 20 août est honoré saint Bernard de Clairvaux, que sa mère, avant la naissance, vit en songe sous la forme d'un chien. Cette tradition, déjà mentionnée dans la première *Vie* du saint, est à rapprocher de la légende de saint Dominique : « Etant enceinte de Bernard, son troisième fils, elle [sa mère] eut un songe qui était un présage de l'avenir. Elle vit dans son sein un petit chien blanc, tout roux sur le dos et qui aboyait. Elle déclara son rêve à un homme de Dieu. Celui-ci lui répondit d'une voix prophétique : " Vous serez la mère d'un excellent petit chien, qui doit être le gardien de la maison de Dieu ; il jettera de grands aboiements contre les ennemis de la foi ; car ce sera un prédicateur distingué, qui guérira beaucoup de monde par la vertu de sa langue "[18]. » La dernière phrase fait allusion au pouvoir de guérison traditionnellement attribué à la langue des chiens : « La chaleur de la langue du chien soigne les blessures et les ulcères », dit par exemple Hildegarde de Bingen.

D'autres épisodes de la *Vie* de saint Bernard doivent aussi être cités : « En effet, une fois que Bernard avait arrêté quelque temps les yeux sur une femme, à l'instant il rougit de lui-même et exerça sur son corps une vengeance très sévère ; car il se jeta dans un étang dont les eaux étaient glacées, où il resta jusqu'à être presque gelé, et par la grâce de Dieu, il éteignit en soi toutes les ardeurs de la concupiscence de la chair. » Après cet épisode, deux femmes ayant tenté en vain de le séduire, il décide d'entrer au monastère : « Réfléchissant donc qu'il n'est pas sûr de demeurer avec un serpent, il pensa à s'enfuir, et dès lors il résolut d'entrer dans l'ordre de Cîteaux. »

Enfin, le 22 août, le jour même où saint Guinefort est fêté à Pavie, se déroule à Villalago, dans les Abruzzes, et à Sora, dans le sud du Latium, la fête de saint Dominique

17. Jacques de Voragine, *La Légende dorée, op. cit.*, II, p. 45-64.
18. *Ibid.*, p. 111-113.

de Sora (ou Foligno) mort en 1031[19]. La date liturgique
officielle de la fête du saint est le 22 janvier. Mais les fêtes
populaires qui, selon une longue tradition, s'attachent à son
nom dans le Latium, en Ombrie et dans les Abruzzes, ont
toujours lieu au plus tôt en mai, et le plus souvent en août,
en particulier le 22 du mois. Le saint a la réputation de
libérer le territoire de la communauté des serpents qui l'in-
fectent, et de chasser les loups. A Cocullo, une dent du saint
est pieusement conservée : elle protège contre les morsures
des serpents. Deux rites singuliers se déroulent lors de la
fête du saint : les pèlerins enroulent des serpents autour de
la statue processionnelle. Ils les ont capturés les jours précédents, et ils les offrent au saint en lui demandant sa
protection. Une *sacra rappresentazione* a également lieu,
pendant laquelle un homme déguisé en loup feint d'enlever
un bébé, que l'intervention du saint ne manque pas de sauver.

A côté de l'hagiographie, d'autres témoignages renseignent
sur les représentations médiévales de la canicule.

Pour Vincent de Beauvais, au XIIIe siècle, « l'étoile caniculaire, que l'on appelle aussi Syrius, est durant les mois
d'été au centre du ciel, et comme le soleil monte vers elle,
sa chaleur, qui s'ajoute à celle du soleil, redouble, et les
corps sont dissous et partent en vapeur [...]. On l'appelle
" chien " parce qu'elle afflige les corps de la maladie, ou à
cause de la chaleur de la flamme qu'elle émet [...]. Que les
chiens soient pendant cette période de l'année le plus portés
à la rage, cela ne fait aucun doute...[20] ».

Il reprend ici les développements de Pline, transmis par
Isidore de Séville ; les astronomes ou les médecins du
XIIIe siècle, tels Arnaud de Villeneuve ou Gilbert d'Angle-
terre, font de même[21].

Dans la littérature française du Moyen Age, les mentions
de la canicule sont beaucoup plus allusives : Christine de
Pisan déplore simplement « l'arsure et trop excessive chaleur
de jours chennins du temps d'esté[22] ».

---

19. Di Nola, A.M., *op. cit.*, p. 31.

20. V. de Beauvais, *Speculum naturale*, Lib. XV, cap. LVI, *De
canicula*, éd. de 1624, col. 1126. Voir aussi, *ibid.*, Lib. XIX, cap. X à
XXVII (chapitres consacrés au chien).

21. Sur les recettes médicales d'Arnaud de Villeneuve, qui cite
à propos des fièvres les jugements de Gilbert d'Angleterre sur la
canicule, voir Thorndike, L., *op. cit.*, II, p. 484, n. 9.

22. Godefroy, F., *op. cit.*, s. v. « cienin », p. 122. En français,
le mot « canicule » n'est pas attesté avant 1500.

A la même époque, on peut enfin citer le témoignage de la culture matérielle : les chenets qui garnissent les cheminées tirent peut-être leur nom, attesté pour la première fois en 1287, des têtes de chien qui, à proximité du feu du foyer, les ornaient parfois[23].

Les témoignages récents sont beaucoup plus précis : dans le folklore français contemporain, des prescriptions minutieuses entourent le temps de la canicule : il ne faut pas se baigner par crainte d'un « chaud et froid », pour éviter les insolations, parce que les eaux sont trop dormantes, ou « parce que le sang est trop agité pendant les chaleurs »[24]. En Allemagne, il était recommandé de ne pas se marier durant les *Hundstage* (jours du chien), et de ne pas se faire saigner. L'interdiction de la saignée se justifie par le fait que le jaillissement du sang surchauffé serait trop abondant et qu'il mettrait la vie du malade en danger. En Angleterre, en 1878, une malade expliquait : « C'est la faute à l'étoile du chien. Ça n'ira pas mieux jusqu'à samedi, jusqu'à ce que finissent les jours du chien. C'est une mauvaise étoile[25]. » Notons enfin un aspect positif de la canicule : cette période passait pour favorable à la chasse[26].

Le folklore local apporte peut-être un témoignage supplémentaire sur les représentations liées à la canicule. Du nord de la Bourgogne à la Meuse et à la Moselle, le repas donné en été à la fin des fenaisons et des moissons porte le nom de « tue-chien ». En Brie, on dit « faire le chien d'août », « faire le chien de moisson », et en Franche-Comté on dit : « Quand on veut tuer son chien, on l'appelle cagne », mot qui dérive de l'ancien français *gaignon,* le chien. Il est vrai que ce repas cérémoniel du mois d'août porte ailleurs d'autres noms d'animaux (chat, lièvre, ânesse, coq, etc.), ou le nom des mets servis à cette occasion. Dans la région qui nous intéresse, le seul nom connu, aujourd'hui encore, est *revolle,* attesté dans les *Comptes des Syndics* de Châtillon-sur-Chalaronne en 1449. Aucune étymologie satisfaisante n'en a été proposée[27].

Notre hypothèse est la suivante : les croyances liées à la

23. GAY, V., *op. cit.*, I, Paris, 1887, s. v. « Chenet », p. 362-363.
24. Van GENNEP, A., *Le Folklore du Dauphiné...*, *op. cit.*, t. II, p. 351.
25. THOMAS, K., *op. cit.*, p. 333-334.
26. HOFFMANN-KRAYER, E., BÄCHTOLD-STÄUBLI, H., *op. cit.*, t. VIII, s. v. « *Stern* » (*Hundstern*).
27. Van GENNEP, A., *Manuel...*, *op. cit.*, t. I, v. 3, p. 2339-2367.

canicule ont-elles, à Sandrans, favorisé l'attribution du nom et du titre de saint Guinefort martyr, fêté le 22 août à Pavie, au lévrier de la légende ?

Dans la légende et le rite, tels que nous les connaissons grâce à l'*exemplum*, on peut reconnaître en effet un certain nombre de thèmes présents dans des légendes hagiographiques, des croyances et des rites liés à la canicule. Dans la légende, c'est le cas de l'opposition du chien — emblème caniculaire par excellence — et du serpent. Dans la thématique du chaud et du froid, du sec et de l'humide, cette opposition se justifie puisque le serpent est plus chaud que le chien (chaud lui aussi, mais moins que le serpent qui est « le plus chaud de tous les animaux »), et aussi plus humide que lui puisque plus proche de la terre. Un autre thème significatif est le jaillissement du sang, qui souille la tête du lévrier et le sol. Il faut mentionner enfin la croissance des arbres, qui évoque « le bâton qui reverdit » de saint Christophe. Si l'on tient compte des récits parallèles se retrouvent en outre le thème de la chasse, si important dans les deux versions du *Dolopathos* notamment, et aussi le thème du chien enragé : en R 7, lorsque les nourrices redescendent des créneaux de l'enceinte de la ville, elles trouvent le lévrier hurlant dans la cour et croient « qu'il fust enragiez et hors du sens ». Toutefois, une objection est possible : la légende R 1 ne situe pas le moment de l'action dans l'année ; s'il fallait, en considérant les autres versions, fixer ce moment, l'on penserait à la Pentecôte ou à la Trinité, au printemps en tout cas, plutôt qu'à l'été, période de la canicule. C'est au printemps également que le serpent « sort ». Mais il n'en reste pas moins actif en été : « Dans le froid de l'hiver, les serpents se tordent en faisant des nœuds qui l'été se défont », dit Vincent de Beauvais.

De son côté, le rite est accompli par les femmes (elles-mêmes chaudes et humides, comme le serpent), qui apportent le feu qui brûle et pour finir trempent l'enfant dans l'eau froide de la Chalaronne.

Ici, l'objection du calendrier est plus sérieuse encore : à Sandrans, le culte ne se déroule pas le 22 août, comme à Pavie, mais toute l'année. Faut-il pour autant rejeter catégoriquement l'hypothèse ? La comparaison des divers types de culte de saint Guinefort a montré que l'étalement dans l'année était le prix à payer à la folklorisation du culte, qui, dans sa forme ecclésiastique, connaissait au contraire un moment d'exaltation particulier dans l'année. Il faut d'ailleurs se garder de trop schématiser : à Pavie aussi, saint Guinefort était et reste parfois vénéré toute l'année, même si, le 22 août, il accueille plus de fidèles et avec plus de faste. Inversement, l'étude comparée de nombreux pèlerinages folkloriques « permanents » en Bresse, Dombes, Mâconnais notamment, révélerait une affluence toujours plus forte des pèlerins à la belle saison, et surtout en été avant la reprise des grands travaux agricoles. Il est vraisemblable que ce fut aussi le cas dans le bois de Saint-Guinefort.

Pendant longtemps, les historiens n'eurent le droit de choisir qu'entre l'affirmation péremptoire de « vérités historiques » et le silence. Or, les certitudes s'avèrent souvent fragiles, et une hypothèse encore mal assurée peut être plus féconde qu'une conclusion « définitive ». Restons-en là : informés, grâce aux cluniciens sans doute, du nom et de la réputation de saint Guinefort, les paysans de la Dombes lui assimilèrent le lévrier de la légende, injustement tué par son maître. Tout un jeu d'assonances verbales et de rapprochements sémantiques peut expliquer cette association du lévrier et du saint. De plus, par la date de sa fête, par ses pouvoirs contre la peste que symbolisaient les flèches du martyr, saint Guinefort de Pavie était un saint de la canicule. Peut-être les paysans de la Dombes l'ont-ils reçu en tant que tel : ils l'identifièrent à un chien martyr et lui vouèrent un culte dont plusieurs éléments semblent liés à la symbolique caniculaire.

QUATRIÈME PARTIE

TEMPS DU RÉCIT. TEMPS DE L'HISTOIRE

Si le culte décrit par Etienne de Bourbon met en œuvre des pratiques rituelles attestées très anciennement, et dont il serait vain de prétendre fixer les « origines », la légende du chien fidèle et la mention de saint Guinefort martyr laissent l'historien moins démuni : leur histoire présente des repères chronologiques, dont la coïncidence dans le temps permet de dater précisément la rencontre de l'une et de l'autre.

La légende du chien fidèle (si du moins l'on retient l'hypothèse de la diffusion et de la vulgarisation, qui nous est apparue dans le cas précis aussi probable que l'hypothèse de l'autochtonie) peut difficilement avoir été connue des paysans de la Dombes avant le XII⁰ siècle : rappelons que la première version connue de la légende est attestée, dans la culture savante, vers 1155.

De son côté, le culte de saint Guinefort de Pavie n'est pas attesté à une date précise avant 1082, près d'Allevard.

Il est donc probable que la légende du chien et la mémoire du saint se sont associées l'une avec l'autre, et avec le rite, entre la fin du XI⁰ siècle et le début du XIII⁰ siècle, avant qu'Etienne de Bourbon n'observe, vers 1250, le fonctionnement d'un ensemble cultuel parfaitement cohérent. Ainsi l'analyse de la structure de cet ensemble ne pouvait faire oublier le problème que pose sa genèse.

Le récit recueilli par Etienne de Bourbon a une histoire. Or, il se présente lui-même comme le récit d'une histoire. Il expose et explique (« par la volonté divine ») les mutations du paysage et les changements intervenus dans l'occupation et l'utilisation sociale d'un même lieu : une « terre » habitée et dominée par un *castrum* (château d'un chevalier ou village fortifié) aurait été désertée ; à cet emplacement aurait bientôt poussé un bois, visité par les paysannes portant leurs enfants malades. Cette histoire se présente comme le récit d'une désertion.

L'examen de la carte au centre de laquelle le bois de

Saint-Guinefort occupe, aujourd'hui encore, une place si remarquable, permet de relever des toponymes d'âges divers, qui témoignent de l'ancienneté et des étapes successives de l'occupation du sol : au nord du bois de Saint-Guinefort, Cerdan (attesté en 1215) est sans doute d'origine gauloise (du nom d'homme *Siros,* suivi du suffixe -*dunum,* forteresse). Romans est un toponyme typiquement latin ; Sandrans est d'origine germanique (nom d'homme *Sanderad* et suffixe -*ing*), attesté depuis 984. D'autres toponymes sont plus récents : ceux qui dérivent du mot *castrum* (Châtillon-sur-Chalaronne, Le Châtelard) ou reproduisent le nom d'un saint (Saint-Georges-sur-Renom) sont caractéristiques de l'époque féodale.

Surtout, plusieurs toponymes indiquent des modifications de l'occupation du sol : le nom de Neuville, cité par Etienne de Bourbon, trahit une fondation récente. L'existence de cette paroisse, dépendant d'un monastère de religieux, est attestée depuis le début du XIe siècle[1]. Au nord-est du bois de Saint-Guinefort, le toponyme Aux Nemes, du latin *nemus,* le bois, rappelle une couverture forestière qui, à l'époque, avait peut-être déjà disparu. Le nom *silva Rimite* au XIIIe siècle, et l'expression les « hermitures » au XVIIe siècle, font allusion soit au souvenir d'ermitages, soit, plus sûrement, à des terres laissées en friche.

Défrichements, créations de nouveaux centres de peuplement, désertions : ces trois phénomènes sont de ceux qui ont marqué le plus profondément les campagnes de l'Occident médiéval aux XIe - XIIIe siècles. Le troisième s'oppose aux deux autres, mais il en est inséparable : alors même que la période connaissait de grands défrichements, l'épuisement plus rapide des terres nouvellement conquises, la recherche de nouveaux terroirs, la persistance d'espaces disponibles favorisaient de nombreux déplacements des hommes et laissaient la forêt et la friche reprendre leurs droits[2]. Dans bien des régions, à l'image du Latium étudié par Pierre Toubert, des *castra* indépendants des formes antérieures d'occupation du sol se créèrent aux Xe - XIIe siècles, à l'initiative des seigneurs qui les fortifièrent et y regroupèrent leurs hommes. Cet *incastellamento* s'accompagna d'une restructuration complète de l'espace, de l'économie rurale, des rapports politi-

---

1. GUIGUE, M.-C., *Topographie...,* op. cit., p. 270-272.
2. *Villages désertés...,* op. cit., p. 104-141.

ques, sociaux et idéologiques. Mais tous les *castra* édifiés
aux Xe - XIIe siècles, dans les montagnes du Latium, n'ont
pas survécu : le nombre des désertions (quatre-vingts) fut
presque aussi important que celui des fondations durables
(quatre-vingt-dix environ). Surtout, les deux mouvements, loin
de se succéder, furent contemporains : le mauvais choix du
site ou l'impossibilité de rassembler en un ensemble orga-
nique les terroirs capables de faire vivre la communauté
paysanne expliquent la fréquence et la rapidité des échecs.
Sur place, il arrive qu'un toponyme ou quelques ruines rap-
pellent l'existence éphémère d'un *castrum* tôt disparu. Parfois la désertion fut partielle et le *castrum* a seulement été
rabaissé au rang de « casale », de grosse ferme. L'échec du
seigneur n'en était pas moins patent : « Un village réduit à
" casale " en pleine période d'expansion démographique,
c'était toujours l'aveu d'un échec seigneurial, d'une recon-
version forcée sur une base plus mesquine, avec tout ce qu'un
tel renoncement impliquait alors comme abandon de profits,
de pouvoirs de commandement et de justice sur les hommes
rassemblés, de possible extension des surfaces cultivées[3]. »

Comme le montre le livre de P. Toubert, cité à des fins
de comparaison, l'attention des historiens se porte aujourd'hui
sur les désertions antérieures aux *Wüstungen* mieux connues
des XIVe et XVe siècles, et sur le caractère synchronique, en
période d'expansion, des fondations et des désertions d'habi-
tats ; les effets de ces créations et de ces abandons sur l'organisation et la configuration des terroirs apparaissent mieux
aussi. C'est pourquoi il est nécessaire d'entreprendre l'étude
cartographique minutieuse de ces phénomènes, comme le
démontre, à propos de l'Eifel, l'ouvrage magistral de Walter
Janssen : l'auteur observe le démembrement des terroirs à
la suite de la création de centres secondaires, ou au contraire
leur remembrement, par l'absorption d'un terroir voisin dont
le centre a été déserté. Dans tous les cas, il en est résulté
un déséquilibre du terroir et une irrégularité de ses limites,
qui, confrontés à tous les autres indices (renseignements
d'archives, archéologie, tradition orale...) renseignent sur
l'histoire de chaque communauté[4].

Les communes de la région qui nous intéresse présentent
généralement des terroirs aux formes régulières — vaste

---

3. TOUBERT, P., *op. cit.*, I, p. 359.
4. JANSSEN, W., *op. cit.*, I, p. 99-136.

triangle à Châtillon-sur-Chalaronne, rectangle à Romans, etc.
Au centre se dresse, le plus souvent sur un « poype », relief
résiduel d'origine glaciaire, la localité principale, vieux *castrum* dont subsistent quelques murs ou le château. Dans les
zones déprimées du plateau, les étangs cernent le village, en
alternance avec les prairies et les champs du bocage. Les
bois ne subsistent qu'à la périphérie des terroirs. Cependant,
cette description ne s'applique pas à toutes les communes :
le territoire de La Chapelle-du-Châtelard s'allonge démesurément de part et d'autre de la Chalaronne, comme s'il était
né de la réunion de deux terroirs moins importants, mais
aux formes plus régulières. Il n'est pas impossible qu'à l'ancienne paroisse (aujourd'hui commune) de La Chapelle (du
Châtelard), mentionnée dès 1097, se soit ajouté au sud le
territoire du Châtelard, autour d'un château de l'archevêque
de Lyon, cédé vers 1200 en fief à Humbert de Thoire et
Villars. Le Châtelard perdit rang de paroisse au bas Moyen
Age et fut alors absorbé par La Chapelle-du-Châtelard[5].

Plus remarquable encore est la situation du bois de Saint-
Guinefort où, selon la tradition, aurait existé un *castrum*.
Le bois appartient à la seule enclave que la commune de
Sandrans possède au nord de la Chalaronne : cette zone
trapézoïdale de 800 sur 600 mètres environ s'insinue comme
un coin entre les terroirs de Châtillon, Romans et La Chapelle-du-Châtelard. L'imbrication des terroirs, à cet endroit
précis, est telle qu'il est aujourd'hui difficile, si l'on se
contente d'interroger les habitants de ces diverses localités
voisines, de savoir de laquelle dépend le bois car chacun
le revendique pour sa propre commune... La situation particulière de cette enclave autorise-t-elle à penser qu'un noyau
de peuplement a existé à cet endroit, qu'il a ensuite été
déserté et que son terroir a été alors absorbé par celui de
Sandrans ? L'étude cartographique invite à conclure dans le
sens de la tradition orale recueillie par Etienne de Bourbon,
selon laquelle un *castrum* aurait, à cet endroit précis, disparu
avant le milieu du XIIIe siècle.

Les indications fournies par la tradition orale se révèlent
souvent, pour l'histoire des désertions, d'une précision et
d'une justesse remarquables. En effet, les terres abandonnées
ont fait l'objet d'âpres convoitises de la part des commu-

---

5. GUIGUE, M.-C., *Notices historiques...*, *op. cit.*, p. 70, et ID.,
Essai sur les causes..., *op. cit.*, p. 55.

nautés voisines. Des débats interminables sont nés de ces rivalités, et ils ont laissé dans la mémoire collective une empreinte durable[6]. Chaque fois que cela est possible, il convient cependant de vérifier ces indications sur les documents d'archives, par l'examen de la surface du sol et par des fouilles archéologiques. Dans le bois de Saint-Guinefort aucun vestige de constructions n'est visible. L'ensemble de l'enclave de Sandrans ne comporte d'ailleurs pas un seul bâtiment, ni ferme, ni chapelle, et pas la moindre ruine. Aucune fouille archéologique systématique n'a été pour l'instant accomplie.

Toutefois, durant l'été 1977, quatre spécialistes d'archéologie médiévale se sont rendus à notre demande dans le bois de Saint-Guinefort[7]. A l'issue de cette prospection, ils ont bien voulu nous adresser le rapport que voici : « Le bois recouvre une étroite langue de terrain s'allongeant en direction de la vallée de la Chalaronne proche, perpendiculairement à la rivière et surélevée par rapport aux prairies et champs environnants.

« Des traces certaines d'aménagements ont été repérées, dont les plus évidentes sont un fossé large et profond isolant l'extrémité du relief. C'est cette partie du site, ainsi transformé en un îlot surélevé, qui porte d'autres vestiges évocateurs d'un aménagement délibéré. Un relevé topographique détaillé, d'ailleurs difficile à réaliser sur ce terrain densément boisé, serait nécessaire pour saisir et interpréter dans le détail tous les mouvements du terrain. La prospection à vue a révélé essentiellement deux monticules implantés l'un au bord du fossé, l'autre décalé vers l'extrémité de la langue de terrain. Ces monticules ne peuvent se comparer aux mottes isolées de la région bressane (dites " poypes ") ni par leurs dimensions, ni par leur élévation ; il est possible cependant de concevoir qu'elles aient porté des dispositifs défensifs à l'intérieur d'un site déjà protégé par le fossé et le relief naturel.

« En résumé, le bois de Saint-Guinefort contient des traces certaines d'un habitat de type défensif. Ses traits principaux,

---

6. DAY, J., *op. cit.*, p. 232.
7. Cette prospection a été effectuée par Mlle F. Pipponier, qui a rédigé le rapport, ici reproduit, et M. J.-M. Poisson, tous deux de l'Ecole des hautes études en sciences sociales, par MM. A. Nadolski et Glosek, de l'institut de la Culture matérielle de l'Académie polonaise des sciences, à Lodz (Pologne).

l'absence de vestiges construits en dur, ne permettent pas de
le rattacher à la fin du Moyen Age. Il pourrait s'agir d'une
résidence seigneuriale, et les dimensions du site ne permettent
pas d'exclure la présence d'un habitat accolé à celle-ci. »

A la suite de ce premier rapport des plus prometteurs,
M. Jean-Michel Poisson, l'un des responsables de la prospection archéologique de cette région, a effectué le relevé topographique du bois de Saint-Guinefort et présenté un certain nombre d'hypothèses que l'on pourra lire ici même en annexes. Ses
conclusions extrêmement importantes justifieront ultérieurement des sondages, voire une fouille archéologique systématique, qui sera un bel exemple de collaboration interdisci-
plinaire. Mais précisons dans quel esprit nous engageons
cette entreprise commune : il ne s'agira pas pour nous de
rechercher la « vérité historique » d'une tradition orale « mi-
rage de la réalité », comme la nommerait encore J. Vansina[8].
L'établissement que les fouilles permettront peut-être de
dégager et d'étudier n'a pas à nos yeux plus de « réalité »
que la légende recueillie par Etienne de Bourbon. Il n'est
que l'un des éléments entrés en combinaison, et dont l'ensemble cohérent a constitué le culte à un moment donné.
Nous n'avions donc pas ici à privilégier l'archéologie — qui
est venue clore l'enquête en attendant de lui donner un
second départ — et surtout pas à lui subordonner l'étude
de la légende. Plutôt que de sommer celle-ci de dire la
« réalité », nous avions à lui poser des questions autrement
essentielles : Quelles furent les conditions historiques de production de la tradition orale ? Quelle est la fonction sociale
de sa référence obligée au passé ? Il faut, pour tenter de
répondre, revenir au contenu même du récit et au statut
social des informateurs d'Etienne de Bourbon.

Ses informateurs étaient des *rustici,* qui dénoncèrent le
meurtre commis par le chevalier, maître du château, et dirent
quel châtiment Dieu lui avait infligé. Ils dirent aussi qu'eux-
mêmes, les paysans, avaient ensuite arraché le lieu au désert
et lui avaient donné une vocation religieuse. Là où Dieu
avait frappé un seigneur, ils établirent à leur propre usage
le culte d'un saint.

Le récit, pas plus qu'il ne rappelle seulement l'existence
possible d'un *castrum* disparu, n'est pas à prendre comme le

8. VANSINA, J., *op. cit.,* particulièrement le chapitre IV.

simple reflet des transformations sociales qu'a connues la paysannerie au XIIᵉ siècle. Mais il en est inséparable. Localement, ces transformations sont mal connues, mais elles n'ont pas dû être bien différentes de celles que Georges Duby a observées dans le Mâconnais tout proche : à la faveur de l'essor démographique et agricole, des défrichements et de la mise en culture des terres nouvelles, s'est tissé le réseau nouveau des villages et des paroisses. En même temps ont évolué les rapports de pouvoirs : les châtellenies indépendantes, centres de seigneuries banales, étaient menacées à la fois de tomber dans la dépendance de maisons plus puissantes, et de perdre leur autorité directe sur les hommes au profit des petites seigneuries villageoises. Les limites de celles-ci s'ajustèrent sur celles des paroisses, qui devinrent le cadre le plus actif de la vie rurale. Dans la population villageoise, les différences de statut juridique s'estompèrent, au profit d'une égalisation des conditions sociales, à laquelle échappèrent seulement, au sommet, la mince frange de paysans plus riches, et à la base, le groupe restreint des dépendants attachés à la terre plus que dans leur personne. L'église devint le centre de toute la vie sociale : là se prenaient en commun les décisions relatives aux communaux, que les paysans utilisaient, mais dont la possession éminente restait au seigneur ; à l'église aussi étaient évoqués les conflits qui surgissaient entre le seigneur, jaloux de ses droits, et la communauté rurale de plus en plus sûre de sa force. « Rassemblée par la seigneurie territoriale, la communauté rurale s'est faite aussi contre elle. Et c'est au cours du XIIᵉ siècle que se manifeste pour la première fois l'existence de ces communautés d'habitants, qui groupent, à l'exclusion des nobles, tous les paysans d'un même territoire. Manifestations encore extrêmement discrètes, et fugitives, car les titres d'archives de cette époque, plus encore que ceux du Xᵉ ou du XIIIᵉ siècle, ne parlent guère que des gens riches. La vie paysanne est très absente et l'on ne peut qu'esquisser à larges traits ces solidarités économiques ou sentimentales qui, s'affirmant au siècle suivant, n'apparaîtront en pleine lumière qu'au XIIIᵉ siècle, dressées contre le pouvoir seigneurial[9]. » Leur cohésion a largement aidé les communautés rurales à s'affranchir partiellement de la domination seigneuriale, comme c'est aussi le cas de l'est de la Saône :

---

9. DUBY, G., *La Société...*, *op. cit.*, p. 228.

en 1250 le sire de Bâgé affranchit la villa de Bourg, ses dépendances et ses habitants ; en 1253 le sire de Beaujeu l'imita à Miribel, qu'il déclara « libre et franc » ; en 1260 Humbert de Thoire et Villars accorda aux hommes de l'abbaye de Chassagne, fondée par ses ancêtres, la liberté « de toutes exactions, tous usages et autres droits pour sa terre de Villars » ; peu après, il affranchit aussi les hommes de Poncin[10]. Le prix de ces affranchissements se négociait entre les communautés rurales et les seigneurs, à qui il arrivait de devoir céder à la pression des paysans.

Les transformations originales que connut l'économie agraire de la Dombes à partir du XIIIᵉ siècle, sous l'impulsion seigneuriale et souvent contre les intérêts des paysans, donnèrent à ces tensions des raisons particulières de s'aviver et de s'exprimer. Aux XIᵉ - XIIᵉ siècles, la région avait connu des défrichements importants et l'essor d'une production agricole variée, dont témoignent, dans les chartes, les redevances paysannes en froment, seigle, avoine, foin, huile, miel et (notamment dans la région de Châtillon, du Châtelard et de Romans) en vin. Les redevances en poisson sont encore très rares à cette époque-là. Au contraire, à partir du XIIIᵉ siècle, les familles seigneuriales, et particulièrement les sires de Thoire et Villars, entreprirent de construire à leur profit des étangs artificiels en utilisant souvent des dépressions naturelles, déjà drainées et aménagées (*lescheria*). L'expression *stagnum facere*, faire un étang, désigne la construction d'une digue avec une chaussée, le creusement de fossés d'écoulement, l'immersion des champs du voisinage. De tels travaux supposaient des moyens matériels que seuls les seigneurs pouvaient mobiliser. Les premiers cas sont mentionnés à partir de 1230 (il s'agit d'un étang aménagé par Marguerite de Beaujeu), et de plus en plus souvent dans la seconde moitié du XIIIᵉ siècle. Au XIVᵉ siècle et plus encore au siècle suivant, le nombre des étangs construits devint considérable. Il sanctionne la mise en place d'une économie différente, reposant largement sur la pisciculture, au profit du marché lyonnais tout proche, et s'appuyant sur une population paysanne clairsemée. Point n'est besoin, pour expliquer le recul démographique, d'invoquer les guerres féodales et leurs ravages : « En résumé, les guerres féodales ont amené la dépopulation, la dépopulation a pro-

---

10. VALENTIN-SMITH, GUIGUE, M.-C., *op. cit.*, I, p. 6, 9, 12, 65.

duit les étangs et les étangs à leur tour sont une nouvelle
cause de dépopulation[11]. » Disons plutôt que dans ce pays,
où les désertions, comme semble le montrer notre *exemplum,*
n'étaient pas chose nouvelle, la courbe démographique a
fléchi sous l'effet de l'évolution des structures économiques.
Dès la fin du XIIIᵉ siècle ou le début du XIVᵉ siècle, un
pouillé (liste des revenus des églises d'un diocèse) signale
que plusieurs églises des archiprêtrés de Chalamont et de
Sandrans étaient ruinées (*dirute*) ou laissées à l'abandon ;
dans ce dernier cas, les mots employés, *herma* ou *hermos,*
sont à rapprocher directement des toponymes déjà rencon-
trés dans la même zone (*silva Rimite,* vers 1250, les « hermitures », en 1632). Cette mention accompagne notamment
le nom de l'église de Saint-Georges-de-Renom, l'une des cinq
paroisses sur lesquelles nous avons fixé notre attention[12].
Cependant, cette évolution ne se fit pas sans résistance de
la part des paysans. C'est plus tardivement, il est vrai, en
1388, en 1440, que des paysans, dont les terres avaient été
inondées à la suite de l'aménagement de nouveaux étangs
seigneuriaux, n'hésitèrent pas à rompre les digues. Mais dès
1247, une charte mentionne, malheureusement sans plus de
précisions, les « usages et coutumes » auxquels il fallait se
référer dans les conflits s'élevant au sujet des étangs. C'est
la tradition de cette coutume qui fut opposée en 1388 aux
prétentions de la dame de Villars, qui avait construit deux
étangs sans l'accord d'un certain Clarevallus et de ses hommes, qui possédaient et cultivaient les terrains qu'elle avait
fait inonder.

Dans ce climat d'opposition au pouvoir seigneurial, et
d'affirmation de la communauté paysanne, s'est formé le
récit recueilli par Etienne de Bourbon : les paysans qu'il
interrogea projetaient dans le passé l'anéantissement voulu
par Dieu du *castrum* seigneurial, et affirmaient qu'eux-mêmes
avaient voué au culte la terre désertée. Mais ces représentations étaient bien plus que le produit ou le reflet des
mutations économiques, sociales, politiques qui ont été décrites. Elles agissaient à l'intérieur même du processus de
transformation sociale, en informant, face au pouvoir seigneurial, la conscience de classe des paysans.

---

11. GUIGUE, M.-C., *Essai sur les causes...,* *op. cit.,* p. 89. La plupart
de nos données sont empruntées à ce livre très bien informé.
12. BERNARD, A., *op. cit.,* II, p. 922-924.

Mais à quelle communauté appartenaient précisément ces paysans ? La situation du bois, au point de contact de quatre ou cinq terroirs, montre que le culte ne concernait pas les habitants d'une seule paroisse. Peut-être le lieu a-t-il été l'objet de rivalités de plusieurs communautés voisines ? A moins qu'inversement, il ait permis aux habitants des cinq paroisses, aux confins de leurs territoires respectifs, de nouer des rapports de bon voisinage. Ainsi se justifie peut-être que le bois soit situé sur le territoire de Sandrans, qui était à la fois la plus ancienne des paroisses (attestée depuis le Xe siècle) et celle dont dépendaient les autres, car elle avait rang d'archiprêtré. Si la paroisse était le cadre essentiel de la vie sociale, il est possible que les relations interparoissiales se soient nouées à ce niveau immédiatement supérieur dans la hiérarchie des circonscriptions ecclésiastiques.

Au centre de ce réseau interparoissial, aux confins de tous ces terroirs, se plaçaient le bois et l'image légendaire du *castrum* disparu. Nous aurions voulu pouvoir situer dans l'espace, au moins au XIXe siècle, l'organisation de la vie religieuse par rapport à ce point central, reconstituer notamment les itinéraires processionnels, identifier toutes les chapelles rurales et retrouver l'emplacement de tous les calvaires, le plus souvent détruits aujourd'hui. La complète disparition de ces pratiques collectives et même de leurs traces matérielles nous ont interdit de pousser l'enquête jusque-là.

Retenons du moins que le bois de Saint-Guinefort accueillait sans doute les femmes de plusieurs paroisses. L'une de ces femmes au moins, la *vetula,* était détentrice d'un savoir médical et rituel. Beaucoup (*multe mulieres*) étaient porteuses de la tradition orale, qui énonçait l'histoire de la communauté tout entière. Les difficultés qu'Etienne de Bourbon dut surmonter (*inquisivi, audivi ad ultimum*) pour obtenir en confession le récit qu'il a reproduit ne tenaient pas, comme l'a suggéré le Dr V. Edouard, à la surdité d'une petite vieille... L'enjeu de la tradition orale explique les réticences des femmes à se livrer à un étranger sur un mode relationnel (la confession) totalement opposé à celui de la narrativité populaire. S'il est vrai que, même dans les rapports normaux de la communication, les silences sont essentiels à la tradition orale (tout n'est pas dit n'importe où, n'importe quand, à n'importe qui...) parce qu'ils règlent toute une hiérarchie de droits à la parole et à la connaissance[13], à plus forte raison l'intrus se heurte à un barrage qu'il lui est difficile de forcer. Le silence obstiné qu'Etienne de Bourbon a d'abord rencontré était celui des femmes et des mères. On conçoit les raisons pour lesquelles, dans ce cas tout particulièrement, elles étaient les gardiennes de la tradition : elles qui assuraient la reproduction biologique de la communauté, assuraient aussi, par le rite d'agrégation des enfants arrachés aux « faunes », et par la connaissance de l'histoire collective, sa reproduction idéologique.

Ainsi nous paraît-il légitime de comparer la fonction de ce récit, dans la collectivité paysanne, à la fonction, dans certains lignages aristocratiques du XIIe siècle, de la légende de Mélusine « maternelle et défricheuse[14] ». Dans le même contexte d'affirmation idéologique, de conquête agricole et d'essor démographique, ces deux légendes, celle du saint lévrier et celle de la femme serpent, exprimaient symboliquement la mainmise d'un groupe sur un territoire et son désir de croissance biologique. Cette comparaison est d'autant plus fondée que les deux groupes concernés, la communauté paysanne et le lignage de petite aristocratie, étaient, avec la ville, les cadres privilégiés de la formation et du fonctionnement de la culture folklorique aux XIe - XIIIe siècles.

L'analyse historique du contenu du récit confirme les indices chronologiques déjà concordants que l'étude du culte de saint Guinefort et celle de la diffusion de la légende du chien fidèle avaient permis de proposer : il ne fait plus de doute que l'ensemble cultuel du bois de Saint-Guinefort s'est constitué aux XIe - XIIIe siècles. Peu importent, encore une fois, les « origines », plus anciennes peut-être, des divers éléments qui se sont alors combinés : l'essentiel est de comprendre dans quelles conditions historiques le culte s'est constitué dans sa globalité.

La genèse du culte fut exactement contemporaine des mutations considérables qu'ont connues les campagnes de l'Occident médiéval en général, et de cette région en particulier. Et ce ne sont pas les moindres de ces changements qu'évoque justement le récit recueilli par Etienne de Bourbon : évolution des rapports des paysans et de leur seigneur,

---

13. JAMIN, J., *Les Lois du silence. Essai sur la fonction sociale du secret*, Paris, 1977, p. 13.
14. LE GOFF, J., LE ROY LADURIE, E., *op. cit.*

modifications de l'habitat et du paysage, inscription dans l'espace des communautés paysannes... S'il est particulièrement frappant, le cas n'est pas isolé : nous avons dit déjà le grand nombre des traditions folkloriques recueillies dans les *exempla* du XIIIe siècle, qui mettent en scène l'église paroissiale et la communauté des paroissiens, curé en tête. C'est dans ce cadre nouveau de la communauté rurale que s'est constituée, en même temps qu'elle, la culture folklorique paysanne. Elle n'en était pas le décor pittoresque et superflu. Elle jouait un rôle essentiel dans son fonctionnement : c'est aussi pourquoi l'une a duré aussi longtemps que l'autre.

A la genèse rapide du culte de saint Guinefort s'oppose l'apparent immobilisme du culte jusqu'à la fin du XIXe siècle. Or, la permanence des jugements ecclésiastiques durant la même période n'est pas moins remarquable. Cette double fixité n'a-t-elle pas la même raison : une relative stabilité de la structure sociale jusqu'à l'aube de la révolution industrielle ?

On connaît les implications théoriques et pratiques de cette question, qui appelle à la fois une définition satisfaisante du mode de production féodal — qui est loin d'être donnée — et une étude précise de l'histoire régionale pluriséculaire — qui est inexistante.

Quelques repères existent pourtant[15] : le type d'agriculture caractéristique de cette région, associant sur des terres ingrates étangs et champs immergés et cultivés en alternance, s'est développé de façon continue du XIIIe siècle au début du XIXe siècle. Ses effets furent considérables : réduction de la surface cultivable, transformation du réseau des communications et de l'habitat (d'une façon parfois radicale : chemins supprimés, hameaux brutalement détruits, au XVIIe siècle, sur l'ordre des seigneurs, puis noyés sous de nouveaux étangs). Les conséquences démographiques de cette évolution ont été souvent dénoncées : en 1704, une enquête de l'intendant de la Souveraineté de la Dombes conclut que la région était dix fois plus peuplée au Moyen Age, et qu'elle possédait encore en 1500 cinq fois plus d'habitants et de maisons qu'au début du XVIIIe siècle[16]. Même si ces chiffres ne sont pas à prendre pour argent comptant, ils renseignent

---

15. Pour un aperçu général, voir d'abord les travaux des géographes : DEMANGEON, A., *op. cit.*, I, p. 85, et CHABOT, G., *op. cit.*, p. 234-237. Une monographie utile : EGLOFF, W., *op. cit.*, p. 14.
16. PÉRICAUD, A., *op. cit.*

au moins sur le sentiment de désolation qu'inspirait alors ce pays. Du reste, des voix s'élevaient de plus en plus nombreuses, pour réclamer l'assèchement des étangs, accusés de favoriser le paludisme. Le bilan sanitaire du XIX° siècle était en effet peu enviable, et sans doute n'était-il pas sans rapport avec la pérennité du culte de guérison à Sandrans, et le foisonnement de pèlerinages comparables dans toute la région il y a un siècle encore. Dans le canton de Châtillon, en 1842-1847, avec un taux de mortalité infantile de 40 p. 1 000, l'espérance de vie était de vingt-trois ans, un mois. Dans les cinq communes du canton les plus riches en étangs (dont La Chapelle-du-Châtelard, Romans et Sandrans), le chiffre s'abaissait à dix-huit ans, cinq mois. A la même époque le chiffre correspondant, pour l'ensemble de la France, était de trente-cinq ans.

Ces chiffres sont confirmés par ceux qui concernent les seuls conscrits : en 1837-1847, sur 323 appelés, 303 furent réformés (90,71 p. 100) dont 61 pour faible constitution, 57 pour défaut de taille, 33 en raison de leurs varices et 13 parce qu'ils y voyaient mal. A l'échelle de la carte nationale, c'est le facteur « petite taille » qui, dans ces années-là, distinguait le plus nettement le département de l'Ain des départements voisins[17].

Les travaux de drainage et d'assèchement commencèrent en 1836. En 1886, la superficie des étangs avait été ramenée de 20 000 hectares à 8 600 hectares. Cette nouvelle transformation du paysage s'accompagna de changements décisifs sur tous les plans : l'existence des exploitations traditionnelles fut menacée par une concentration accrue de la propriété foncière entre les mains de la bourgeoisie lyonnaise ; cependant la situation sanitaire, grâce au recul du paludisme, s'améliora ; la construction du chemin de fer mit fin, au moins partiellement, à l'isolement du plateau ; enfin dans ce pays désolé, conservatoire des « traditions populaires », commença la désintégration de la culture folklorique. Sa disparition allait être aussi rapide que sa formation sept ou huit siècles plus tôt. Paradoxalement, c'est sur cette phase de déclin que nous disposons du plus grand nombre de documents.

Les témoignages qui renseignent sur le culte local de saint Guinefort ont pour caractéristiques communes d'émaner pour

17. DEMONET, M., DUMONT, P., LE ROY LADURIE, E., « Anthropologie de la jeunesse masculine en France au niveau d'une cartographie cantonale (1819-1830) », *Annales E.S.C.*, 1976, p. 712-713.

l'essentiel de représentants de l'Eglise et de sanctionner le culte aux deux extrémités de sa chaîne chronologique, au moment où la culture folklorique venait de se constituer et au moment où elle commençait à se désintégrer. Cette observation pourrait être faite dans d'autres cas aussi : l'Eglise s'est montrée plus vigilante à l'égard de la culture folklorique chaque fois qu'une mutation profonde des structures sociales menaçait l'équilibre acquis, et notamment sa propre prééminence matérielle et idéologique.

On voit bien de la sorte quel était l'enjeu du conflit opposant à propos de la religion la culture folklorique et la culture ecclésiastique : le contrôle des « biens symboliques » — et dans le cas présent tout particulièrement la relation entre les hommes et les puissances surnaturelles (Dieu, saints, démons) — était essentiel au fonctionnement de la société féodale. Que la religion fût au cœur des rapports sociaux, c'est ce que souligne en définitive notre récit au XIIIᵉ siècle, quand il met en scène les trois représentants de la société rurale : les paysans et, face à eux, le seigneur et le clerc. Au conflit des paysans et de l'Eglise, qui prétendait définir la sainteté et servir d'intermédiaire obligé entre les hommes et l'au-delà, répond en termes également religieux l'antagonisme du seigneur et des paysans, qui prétendaient avoir établi un pèlerinage à l'emplacement du *castrum* seigneurial.

Le récit paysan semble ainsi se référer, bien que de manière implicite, aux termes de l'idéologie trifonctionnelle, qui, dans la culture dominante, s'exprimait au contraire, depuis le XIᵉ siècle, sous la forme d'un schéma systématique[18]. Selon ce schéma, la hiérarchie sociale repose sur les services réciproques des *oratores,* qui prient, des *bellatores,* qui guerroient, et des *laboratores,* qui peinent pour tous les autres. Certes, jamais ce schéma ne décrivit la réalité concrète, et autrement complexe, des rapports sociaux. Il n'en traduisait pas moins la vérité profonde de l'exploitation seigneuriale, dont bien des indices laissent à penser qu'elle n'échappait pas à la conscience des travailleurs : les revendications populaires s'exprimant à l'occasion du mouvement de la paix de Dieu, les révoltes paysannes, l'hérésie, en portent témoignage. Ici même, une telle résistance n'est-elle pas sensible ?

18. Sur la trifonctionnalité indo-européenne, étudiée par Georges Dumézil, et sa version médiévale, voir DUBY, G., *Les Trois Ordres...,* *op. cit.*

Les paysans paraissent en effet s'emparer de l'idéologie des trois fonctions, mais pour en inverser les termes, et en modifier profondément la signification : ils s'arrogent la première fonction, de souveraineté religieuse, puisqu'ils prétendent avoir institué un culte et le contrôler de façon autonome ; ce faisant, ils s'opposent à la fois aux représentants de la fonction militaire (le chevalier de la légende, dont ils disent avec complaisance que Dieu l'a châtié, et le sire de Villars, qui les menace de confisquer leurs biens) et au représentant de l'Eglise, l'inquisiteur, qui prétend au monopole du sacré et détruit le culte paysan.

Différente était la situation au XIX⁰ siècle. Certes, quand le pèlerinage de saint Guinefort émerge de nouveau du silence des documents, la permanence des principaux traits du culte et tout autant l'hostilité durable de la culture dominante sont bien les traits les plus marquants. Nous avons noté toutefois une transformation de la légende, où le chevalier a été remplacé par des paysans, signe d'une évidente mutation des rapports sociaux. Il faut enfin noter les mutations du discours savant au cours du siècle lui-même : le débat, introduit en termes religieux, et, dans le contexte politique d'alors, éminemment polémiques (des chrétiens ont-ils pu « adorer » un chien ?), est devenu à la fin du XIX⁰ siècle discours historiciste (« des Gaulois à nos jours »). Les clercs ont cédé la place aux érudits. Mais si le débat y a peut-être gagné quelque rigueur, il a perdu de sa violence : c'est que l'enjeu, au XIX⁰ siècle, n'était plus le même. La relève des folkloristes a manifesté à la fois une laïcisation de la culture savante et une marginalisation de la culture folklorique devenue, selon certains, un beau cadavre réduit au silence[19]. De cette évolution, la raison profonde est que la religion ne jouait plus, dans la société bourgeoise, le rôle essentiel qu'elle avait joué au cœur des rapports sociaux dans la société féodale.

---

19. CERTEAU, M. de, JULIA, D., REVEL, J., *op. cit.*

CONCLUSION

Du XIIIᵉ au XIXᵉ siècle, un même bois, situé à l'écart sur le territoire communal de Sandrans, dans l'actuel département de l'Ain, fut le but d'un pèlerinage réputé pour la guérison des enfants. Leurs mères, des paysannes, y imploraient saint Guinefort, martyr. La légende attachée à ce lieu, attestée vers 1250, et aussi en 1879, affirmait que ce saint était un chien. D'une époque à l'autre, en dépit des siècles écoulés, les gestes rituels accomplis par les mères restèrent eux aussi à peu près inchangés.

Même ténue et lacunaire, la documentation rassemblée présente trois caractères d'un intérêt exceptionnel qui, à eux seuls, justifiaient largement cette étude.

Elle offre d'abord la possibilité d'étudier un fait précis de folklore dans la très longue durée. Ni les historiens « médiévistes », ni les spécialistes de folklore contemporain ne manquent de documents en eux-mêmes très passionnants. Mais les uns sont condamnés le plus souvent à n'étudier qu'un texte unique, et les autres déplorent de ne pouvoir remonter très haut dans le temps. C'est la première fois à notre connaissance qu'il est possible, pour un phénomène de cette nature et dans un espace aussi bien délimité, de faire se rejoindre les deux bouts de la chaîne chronologique.

De plus, il n'est pas rare que l'historien se plaigne de ne pouvoir connaître que les modes de pensée des élites, de l'infime minorité qui savait écrire ou qui avait le pouvoir de faire écrire pour elle. Nous sommes, il est vrai, très ignorants de la culture des classes populaires des siècles passés. Mais gardons-nous de jeter le manche après la cognée ! Plus nombreux qu'on ne le pense souvent sont les documents du Moyen Age qui, à l'instar de l'*exemplum*

d'Etienne de Bourbon, attendent, publiés depuis un siècle
ou plus, d'être véritablement étudiés. Les documents font
moins défaut que les outils conceptuels pour les comprendre.
Mais reconnaissons-le de bonne grâce : par sa richesse comme par sa précision, le document autour duquel nous avons
bâti ce livre est véritablement exceptionnel.

Enfin, si les écrits qui nous ont transmis des légendes
médiévales ne manquent pas, pas plus que les textes qui
décrivent des pratiques rituelles, notre document nous permettait de façon tout à fait extraordinaire d'appréhender *à
la fois* une légende *et* un rite folklorique. Chance inouïe,
si l'on songe qu'elle est loin, même dans le cas de la culture
aristocratique, de se présenter souvent : il est rare, par exemple, que les textes faisant connaître l'adoubement chevaleresque livrent en même temps la description des rites et les
récits légendaires qui s'y rapportaient. Il convenait donc de
ne pas dissocier la légende et le rite, de prendre, sur ce
point, le contrepied de la plupart des approches qui ont été
jusqu'à présent tentées : l'étroitesse de la problématique (les
historiens de la littérature ne se sont intéressés qu'à la légende, les folkloristes n'ont vu que le rite) et les *a priori*
idéologiques (comment admettre que des pèlerins aient pu
vénérer un chien-saint ? La légende n'aurait donc rien à voir
avec le rite...) ont conjugué leurs effets pour empêcher que
le document soit jamais considéré dans son unité et sa
cohérence. Nous avons voulu au contraire étudier en même
temps les deux éléments constitutifs du culte, l'un par rapport
à l'autre. Leur unité, telle qu'elle apparaît clairement au
XIIIe siècle, est en effet confirmée au XIXe siècle, où la
légende est toujours attachée au lieu de culte, tandis que le
rite, presque inchangé, continuait de s'y dérouler. L'un n'a
pas vraiment disparu avant l'autre, même si les témoignages
qui concernent la légende au siècle dernier sont moins nombreux que les descriptions du rite. Indissociable, leur couple
l'est resté, jusqu'à la fin. Il était donc indispensable de les
étudier ensemble, comme deux modes d'expression distincts,
mais complémentaires, d'une même culture. En ce sens, nous
n'avons pas cherché à voir dans la légende l'« origine » du
rite — même si c'est ainsi qu'elle se donne — ni dans le
rite la mise en actes de la légende. C'est leur logique de
fonctionnement commune que nous avons voulu mettre
d'abord en lumière, pour ensuite, mais à la fin seulement,
tenter de la comprendre.

tique, de l'étymologie, plus fécondes en hypothèses qu'en certitudes, mais qui, maniées avec prudence, nous ont permis de compléter les données immédiates de l'« étymologie populaire ».

Notre étude a privilégié le document du XIIIᵉ siècle : non parce que son ancienneté lui conférait à nos yeux une authenticité d'autant plus grande que les « origines » du culte auraient été plus proches, mais parce qu'aucun document plus récent ne présente la même cohérence. Cette qualité du document est due, sans nul doute, à la rigueur de la procédure inquisitoire. Efficacité et précision des instruments de répression vont de pair : c'est, avouons-le, une chance de l'historien !

Le but du pèlerinage était de récupérer l'enfant volé par les démons de la forêt, et de leur rendre, en échange, leur enfant, le changelin, qu'ils avaient substitué à l'enfant des hommes. Cette restitution s'effectuait hors de la vue de la mère, au cours d'un rite de passage constitué de trois phases successives : séparation, marge, agrégation. La situation intermédiaire du lieu de culte, à mi-chemin du *castrum* et de la *silva* s'accordait avec la fonction du rite. A ce lieu était de plus attachée une légende qui était, pour les paysans, leur histoire même : ils disaient qu'à l'emplacement d'un *castrum* seigneurial disparu par la « volonté divine », eux-mêmes avaient converti un désert en un lieu de pèlerinage pour y vénérer comme saint martyr le chien abattu comme une bête fauve par son maître. Il y avait donc homologie de structure entre les transformations du statut du héros de la légende et la représentation de l'histoire du lieu.

Cette structure narrative prend d'autant plus de relief qu'elle se déroule au long d'un temps du récit présenté par les paysans comme le temps de leur propre histoire. Les paysans aussi avaient leur histoire, dont la tradition orale, à défaut de l'écrit, était le support. Elle était pour eux un moyen d'identification collective. Dans le récit paysan du XIIIᵉ siècle, qui évoque l'existence d'un *castrum* disparu, dans l'acte notarié du XVIIᵉ siècle, qui mentionne la présence, jadis, de chapelles, dans les témoignages du XIXᵉ siècle qui reprennent la même tradition, nous avons été frappé par la continuité d'une référence obligée au passé. Même à supposer qu'un *castrum* puis des chapelles aient existé en ce lieu, la signification profonde de cette référence au passé est ailleurs. Elle traduit la volonté de la communauté paysanne

de s'inscrire dans une histoire. Pas plus que l'histoire dominante celle-ci n'était neutre. On le voit bien au xiiie siècle :
tandis que le rite assurait l'avenir du groupe (en sauvant les
enfants et en les agrégeant à la société des hommes), la
légende légitimait l'existence de cette communauté exhumant
du passé le souvenir de son élection surnaturelle. En effet,
c'est « par la volonté divine » que le seigneur aurait été
châtié pour sa faute, et inversement ce sont les paysans qui,
d'un désert, auraient fait un lieu consacré. La conviction des
paysans était d'être les acteurs d'une histoire voulue par
Dieu. *Gesta Dei per paganos* : c'était là le fondement de leurs
représentations, de leurs gestes et de leurs paroles rituelles.

Mais dans le champ du religieux ils n'étaient pas seuls à
agir. Si les paysans accusaient un seigneur légendaire d'avoir
martyrisé son chien, inversement les seigneurs de Villars
menaçaient de confisquer les biens des « idolâtres ». Et cela
à la demande de l'inquisiteur dominicain, représentant d'une
Eglise qui se voulait l'intermédiaire obligé entre les hommes
et Dieu. D'où une interprétation cléricale du culte inversant
complètement sa signification : là où le rite paysan visait à
repousser l'emprise du Mal, l'inquisiteur ne voyait au contraire qu'une complicité des femmes et des démons.

Ainsi l'intérêt théorique de ce dossier apparaît-il en définitive beaucoup plus fondamental qu'il pouvait paraître au
premier abord : il aide tout à la fois à cerner la conscience
de classe des paysans et à comprendre la nature profondément religieuse des conflits idéologiques au sein de la société
féodale.

Cette interprétation appelle pourtant une objection. Dans
l'accomplissement du rite comme dans l'énoncé de la légende, le rôle des femmes fut essentiel. Cette constatation
ne va-t-elle pas contre notre interprétation, selon laquelle
l'idéologie de la communauté tout entière se serait exprimée
dans ce culte ? Ne faut-il pas y voir plutôt un rite exclusivement féminin, refoulé sur les marges du terroir par la
religion peut-être plus orthodoxe et masculine de l'église
villageoise ? Il est possible que cette seconde interprétation
rende mieux compte d'un état plus récent du culte. Mais
au xiiie siècle, le rôle des mères ne nous semble pas le
signe d'une marginalité culturelle. Elles agissaient en tant que
responsables de la reproduction biologique du groupe, et
peut-être aussi en tant que détentrices privilégiées de la
tradition orale de la communauté. D'ailleurs leur récit, loin

de ne parler que des femmes, évoquait le rôle civilisateur
de l'ensemble des paysans (*homines rusticani*).

Si, pour les raisons que l'on a dites, une place centrale
revenait dans notre étude à l'*exemplum* d'Etienne de Bourbon, il est évident que l'ensemble du dossier devait être
considéré dans son unité, tant la longue durée était ici un
instrument de compréhension irremplaçable. Bien des aspects
des documents du XIIIe siècle n'auraient pu être saisis sans
le recours aux données plus récentes (pour tout ce qui concerne l'espace notamment), et inversement la légende liée
au pèlerinage n'aurait pas été recherchée au XIXe siècle si
l'*exemplum* médiéval n'avait pas révélé son existence. Les
lacunes de la documentation interdisent de retracer l'histoire
fine du culte, et obligent à dresser un constat brutal des
différences, à sept siècles de distance. Nous savons tout ce
qui est resté inchangé, et c'est l'essentiel : l'emplacement du
culte, l'association de la légende et du rite, la plupart des
gestes, les principaux acteurs : les mères, les enfants, la *vetula*
elle-même, dont la réplique, bien plus tard, fut la Fanchette
Gadin. Mais les différences ont aussi leur importance : dans
la légende, le chevalier a cédé la place à un couple de fermiers ou à un bûcheron. Les ambiguïtés du rite médiéval
(guérison/substitution/infanticide) sont dissipées : il n'est plus
question que de guérison. Au contraire, un doute s'est insinué
quant à l'identité du saint : chien selon la tradition orale au
XIXe siècle encore, homme pourtant d'après les statuettes
grossières qui, à plusieurs reprises, auraient été confection-
nées. Enfin, la phase ultime du rituel, l'immersion dans la
rivière, a disparu, alors qu'elle était essentielle à la cohérence
symbolique de l'ensemble du culte. Mais sa disparition n'est
pas arbitraire : elle est peut-être à mettre en relation avec
la disparition locale de la croyance aux changelins et d'un
rite de substitution dont l'efficacité, dès lors, n'avait plus
à être vérifiée dans l'eau rapide de la Chalaronne. Ainsi,
même si le culte fonctionnait fort bien encore au XIXe siècle,
il fonctionnait différemment. Les permanences structurelles
du culte ne doivent pas cacher les transformations de cette
structure même. L'histoire du folklore de l'époque médiévale
à la révolution industrielle ne fut pas « immobile ».

Si les lacunes de la documentation interdisent une connaissance complète de cette histoire, elles font elles-mêmes
partie des problèmes à résoudre. En effet, le rythme de
production des textes qui nous renseignent sur la culture

folklorique n'est qu'un aspect de la domination idéologique. Plus précisément, l'émergence du folklore dans la documentation écrite manifeste que de nouveaux conflits ont surgi entre culture folklorique et culture savante à la faveur de transformations d'ensemble des rapports sociaux. Les documents ne se mettent à parler que lorsqu'ils ont quelque utilité à le faire : si le silence pluriséculaire des textes ne signifie pas l'absence de toute tension idéologique durant cette longue période, du moins est-il sûr que l'apparition et la réapparition du culte dans nos documents révèlent des modifications importantes du rapport de force entre culture folklorique et culture savante au XIIIe siècle d'abord, au XIXe siècle ensuite. En effet, la culture folklorique, et plus particulièrement paysanne, était l'un des pôles essentiels du système socialement différencié de représentation propre à l'Europe féodale. Nous parlons d'*un* système, au singulier, car l'ensemble de ces représentations a une évidente parenté, qui est la référence au christianisme. Même le culte du bois de Saint-Guinefort, où certains ont cru reconnaître une survivance du paganisme, témoigne d'une pénétration profonde du christianisme dans les campagnes, sous l'un de ses traits les plus caractéristiques à l'époque médiévale : le culte des saints. Mais nous parlons aussi de système *différencié,* par opposition aux sociétés sans écriture. Dans l'Europe féodale, l'Eglise était en position dominante, grâce notamment à sa maîtrise de l'écrit : face à la culture longtemps exclusivement orale du plus grand nombre des laïcs, elle détenait ainsi un pouvoir temporel considérable (qu'on pense à la rédaction des chartes par exemple). En même temps, dans une société profondément religieuse, le contrôle de l'Ecriture, c'est-à-dire de la Parole de Dieu, permettait à l'Eglise de légitimer son pouvoir spirituel et ses prétentions, qui étaient considérables : l'Eglise affirmait connaître seule les voies du Salut, elle voulait se réserver le monopole du dialogue avec l'au-delà, déterminer les critères de la sainteté, etc.

Or, à la culture des clercs s'opposait bien souvent la culture folklorique, elle aussi chrétienne, quelles qu'aient été les « origines » des éléments qui s'y combinaient. Chrétienne, mais souvent rebelle aux normes de la culture ecclésiastique. La tentation est de ne donner de la culture folklorique qu'une définition négative : ce serait la culture des laïcs, une fois retranché tout ce qu'elle avait d'irréductible à celle des clercs. Mais la différence n'était pas seulement de l'ordre

du contenu, elle résidait aussi dans la logique de son fonctionnement : que pour les paysans la notion de sainteté ne
fût pas inconciliable avec la mémoire d'un chien, il faut
bien s'en persuader même si, dans cette « pensée sauvage »,
la théologie du temps et le rationalisme moderne ne trouvent
pas leur compte.

Clercs, seigneurs, paysans : les trois acteurs principaux
de la société rurale au Moyen Age sont présents dans notre
exemplum. Mais leurs relations ne se réduisaient pas à un
face à face égalitaire et serein. L'Eglise était en position
dominante, face aux paysans, mais aussi face aux seigneurs,
dont elle pouvait, par exemple, réquisitionner le pouvoir de
contrainte : ainsi les paysans furent-ils menacés de perdre
leurs biens. Plus continûment, ils subissaient l'exploitation
matérielle du seigneur dont ils dépendaient, et on le voit
tout particulièrement quand les maîtres du sol, à partir du
XIIIᵉ siècle, noyèrent des terres sous les nouveaux étangs,
aux dépens des paysans. Mais cette exploitation ne peut être
analysée que si elle est replacée dans l'ensemble des relations
sociales spécifiques de l'Europe féodale, au centre desquelles
le pouvoir de l'Eglise et les fonctions de la religion jouaient
un rôle primordial.

Représentant d'une Eglise si puissante au spirituel comme
au temporel, Etienne de Bourbon a pourtant échoué : il
pensait avoir supprimé le pèlerinage du bois de Saint-Guinefort, mais il n'en fut rien. Au début du XIXᵉ siècle encore,
ni l'hostilité du curé Dufournet, ni les prêches de deux autres
prêtres (selon le témoignage de l'abbé Delaigue) n'ont eu
raison de ce culte « superstitieux ». Insensible aux attaques,
le culte a connu la même durée que l'ensemble de la culture
folklorique et la pérennité de celle-ci fut à la mesure de la
permanence structurelle d'un système idéologique où le folklore jouait un rôle essentiel, même si c'était le second.

Ainsi la culture cléricale et la culture folklorique ont-elles
disparu ensemble. Là où la violence était restée vaine agirent
avec succès les mutations d'ensemble du système social. Il
n'y eut pas un vainqueur, mais deux vaincus. Dieu venait
de mourir. Les « libres penseurs » et les folkloristes succé-
daient aux prêtres, mais il ne leur restait plus à recueillir
que les derniers souffles du culte de saint Guinefort.

Cléricale ou « superstitieuse », la religion ne jouait plus,
au temps du baron Raverat et du chemin de fer à voie
étroite, le rôle central qui avait longtemps été le sien dans

l'Europe féodale. Cette évolution se fit lentement, de la Réforme à la Révolution française, jusqu'à ce qu'au nom d'une autre vérité la religion de l'Eglise soit elle-même rejetée par la Raison des Philosophes, dans l'enfer haïssable des « superstitions ».

ANNEXE

LE PLAN TOPOGRAPHIQUE
DU BOIS DE SAINT-GUINEFORT
ET SON COMMENTAIRE
Jean-Michel Poisson

Le lieu-dit le « bois de Saint-Guinefort » est situé sur la commune de Sandrans (Ain, Bourg-en-Bresse), en bordure de la D 7 (de Châtillon-sur-Chalaronne à Marlieux), à deux kilomètres environ au sud-est de Châtillon.

Le site se présente sous la forme d'un éperon grossièrement triangulaire orienté nord-sud (la pointe vers le sud), mesurant 200 mètres sur 75 et dont le point culminant est à 256 mètres d'altitude. Ce relief couvert d'arbres est bordé à l'est par un ancien bief servant à présent de champ d'épandage, où subsiste cependant un petit ruisseau, à l'ouest par un pré, et au sud par un petit champ qui lui-même borde la route (altitude : 241 mètres).

Le plan topographique en courbes de niveau (équidistance entre les courbes : 0,50 mètre), effectué sur la pointe de l'éperon (4 000 mètres carrés), permet de mettre en relief une série d'accidents de terrain ; du nord vers le sud, la topographie présente : un fossé, une butte, une plate-forme supérieure et une plate-forme inférieure[1].

1. *Le fossé* (W) : Isolant la pointe du reste de l'éperon, un fossé coupe le plateau sur toute sa largeur, en s'évasant à ses extrémités (longueur : 20 mètres, largeur : 5 mètres, profondeur : 2 mètres). Son dessin et son profil en U sont encore nettement visibles.

2. *La butte* (Y) : Située immédiatement au sud du fossé, une butte se dégage de la surface du plateau. Sa pente nord

---

1. *Cf.* plan topographique.

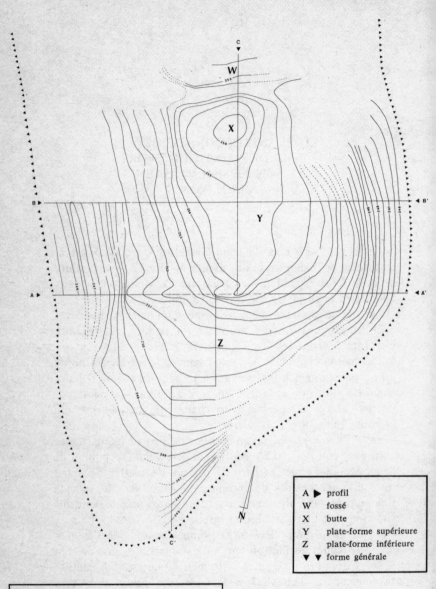

C

W

X

B ▶   ◀ B'

Y

A ▶   ◀ A'

Z

N

C'

A ▶	profil
W	fossé
X	butte
Y	plate-forme supérieure
Z	plate-forme inférieure
▼ ▼	forme générale

Lieu-dit « LE BOIS DE SAINT-GUINEFORT »
(Ain, com. de Sandrans)

Eperon barré plan topographique

éq. 0,50 m   0 2 4 6 8 10 m

SUD

NORD

Profil C C'

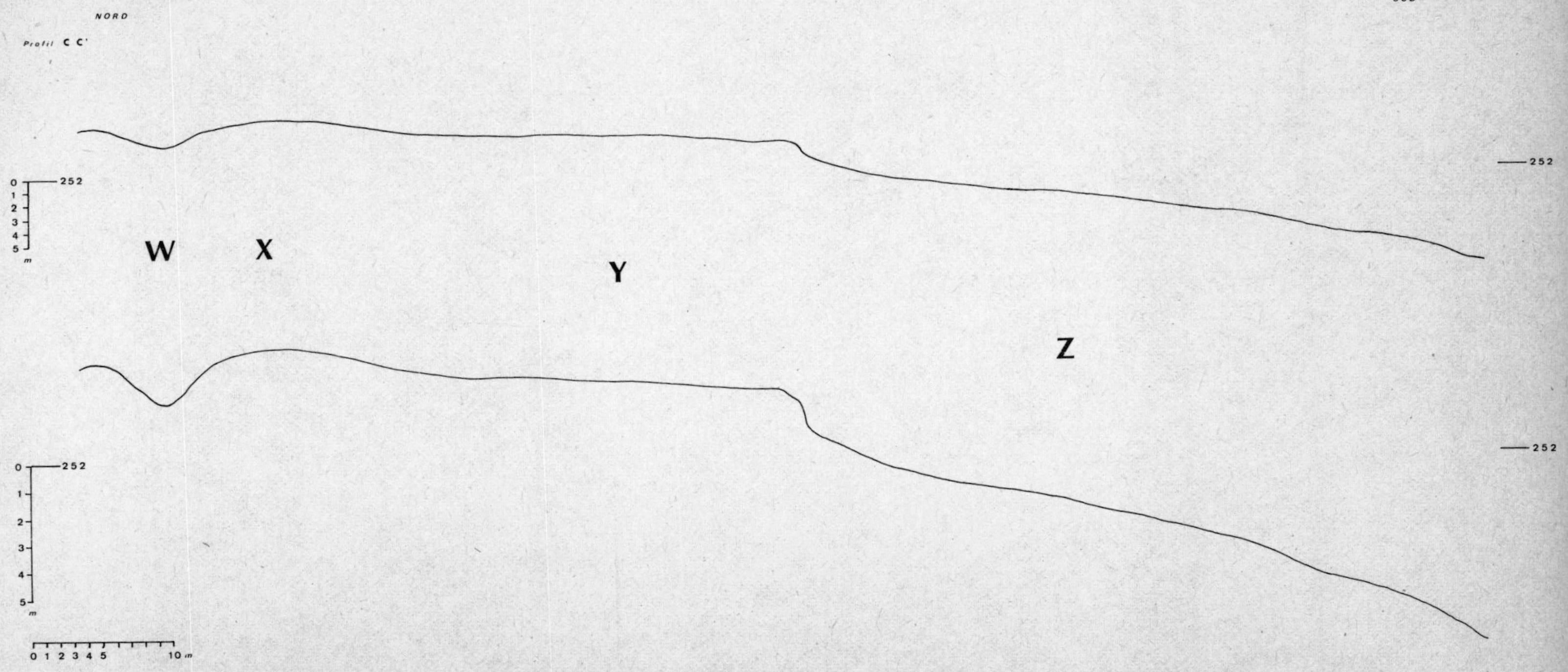

— 252

— 252

— 252

— 252

Z

Y

X

W

0 1 2 3 4 5
0
1
2
3
4
5 m

0 1 2 3 4 5
0
1
2
3
4
5 m

0 1 2 3 4 5   10 m

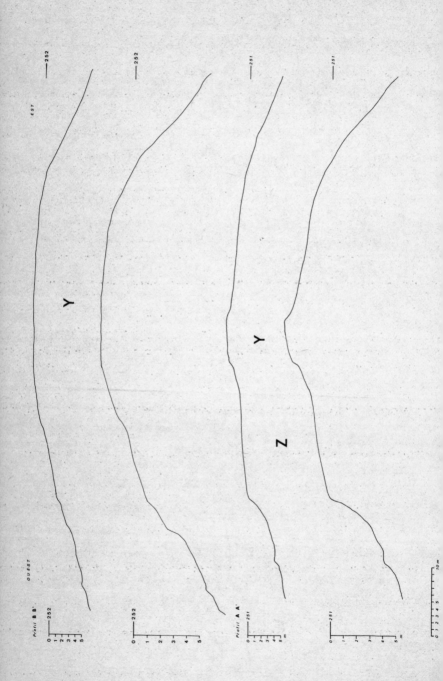

est située dans l'exact prolongement du versant du fossé. De forme grossièrement ellipsoïdale, elle mesure environ 15 mètres (ouest-est) sur 12. Son sommet est à 10 mètres au-dessus du pré, à 2 mètres au-dessus du fond du fossé et à 1 mètre au-dessus de la plate-forme supérieure. Son profil par rapport au fossé fait penser à un *vallum* ou rempart de terre formé en partie avec les matériaux rejetés du creusement du fossé, et destiné à renforcer la défense en cet endroit[2]. Son aplatissement et son étalement vers le sud seraient dus à l'action du temps. Il pourrait également s'agir de la ruine d'un bâtiment (défensif ?) recouvert d'humus.

L'hypothèse de la motte est selon toute probabilité à écarter. En effet, les dimensions sont beaucoup trop réduites en surface et en hauteur ; de plus, on sait que les « poypes » bressanes sont généralement de dimensions nettement supérieures à la moyenne des mottes médiévales.

3. *La plate-forme supérieure* (Y) : De forme rectangulaire (environ 30 mètres [nord-sud] sur 25), la plate-forme supérieure constitue l'élément le plus important du site. Elle est assez régulièrement plane, son inclinaison par rapport à l'horizontale ne dépasse pas 0,50 mètre (dans le sens nord-sud) et ses bords sont bien nets. L'examen du plan montre que la butte X repose en fait sur la plate-forme, dont le côté nord est donc bordé par le fossé ; la longueur de ce dernier correspond en effet à la largeur du replat (longueur totale : 40 mètres, hauteur au-dessus du pré : 9 mètres, au-dessus du fond du fossé : 1 mètre, au-dessus de la plate-forme inférieure : 4 à 5 mètres).

Cette zone semble, par ses caractéristiques d'emplacement, de forme et d'horizontalité, pouvoir être le lieu d'établissement d'un habitat. Cependant, elle ne présente aucun mouvement de terrain caractéristique. On doit donc supposer, s'il y a eu effectivement des constructions, que celles-ci étaient construites en matériaux légers (bois, torchis, etc.).

4. *La plate-forme inférieure* (Z) : A partir du rebord de la plate-forme supérieure, le terrain descend en pente assez marquée vers le plan de campagne ; cette pente est assez raide sur les côtés, et forme, au sud, un second replat. Cette surface, d'environ 40 mètres (ouest-est) sur 20, n'est pas horizontale mais sa pente est faible (2 mètres dans le sens nord-sud) et régulière. Son axe est décalé vers le sud-ouest

2. *Cf.* profils de l'éperon.

par rapport à celui de la plate-forme supérieure. Il n'est pas possible de dire à partir du seul plan s'il s'agit du relief naturel du terrain ou d'un aménagement.

En résumé, ce site présente un certain nombre d'aménagements certains : le fossé (rectiligne, aux bords parallèles et à la profondeur constante), la plate-forme supérieure (horizontale, bien délimitée, formant un rectangle assez rigoureux) et un aménagement probable, la butte ou *vallum* (forme assez nette, placée précisément au bord du fossé).

Cependant, la présence d'un habitat n'est confirmée ni par la présence de matériaux ou de mobilier archéologique, ni par l'aspect de la surface du terrain. On ne remarque pas en effet en superficie de pierres, ni en amas, ni isolées. De plus, on n'a recueilli en surface aucun tesson de céramique. Seul le champ labouré situé entre la pointe de l'éperon et la route a fourni quelques fragments de tuiles et de briques. Ces matériaux peuvent provenir d'ailleurs (à signaler parmi ceux-ci un fragment de tuile vraisemblablement « mécanique »).

Néanmoins, ces observations ne doivent pas faire écarter l'hypothèse de la présence d'un habitat. Les vestiges de constructions en bois — qui constituent pratiquement la règle dans cette région où la pierre est très rare, avant l'utilisation généralisée de la brique au XVIe siècle — ne laissent en effet pas de traces en surface. C'est par ailleurs cette considération qui doit faire préférer, en ce qui concerne la butte X, l'hypothèse du *vallum* à celle d'un vestige de bâtiment.

En ce qui concerne la terrasse inférieure Z, même si elle n'est pas le résultat d'un aménagement volontaire, il est possible qu'elle ait également été occupée, en dehors de la zone mieux défendue.

A la lumière des observations faites sur le terrain, le rapprochement avec l'*exemplum* d'Etienne de Bourbon est assez séduisant ; le site correspond en effet assez bien à l'appellation de *castrum*. Cependant, la surface de la plate-forme supérieure (25 mètres sur 40) est bien exiguë pour un bourg fortifié. On serait plutôt tenté de penser que l'appellation de *castrum* donnée par l'inquisiteur se réfère seulement à la forme du site[3], celui-ci ne devant sans doute pas comporter beaucoup de structures en dehors de la *domus* sei-

---

3. Il faut noter à ce propos que l'auteur parle encore de *castrum* après sa destruction (ligne 53).

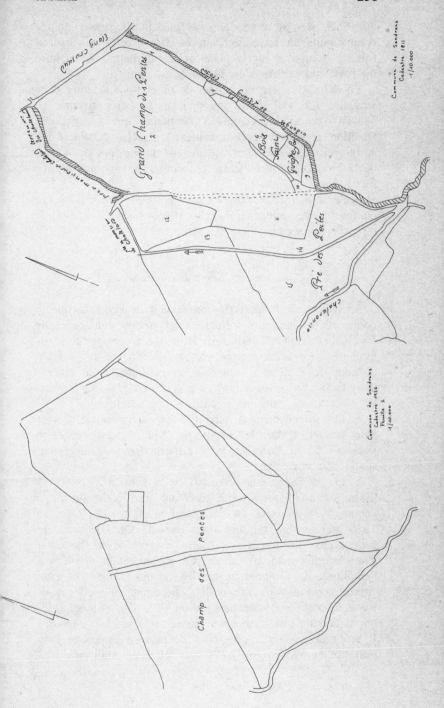

Commune de Sandrans
Cadastre 1811
1/10.000

Étang Crussou
Grand Champ des Pentes

Bois Saint Guignefol

Pré des Pentes

Chalaronne

Commune de Sandrans
Cadastre 1856
Feuille 1
1/10.000

Champ des Pentes

gneuriale. Il n'est cependant pas interdit de penser qu'une communauté ait pu exister auprès d'une sorte de « maison forte[4] » (peut-être sur la plate-forme inférieure, ou au nord du fossé, ou encore « en plaine »).

En définitive, rien ne permet de dater pour l'instant cette structure. Le seul indice qui pourrait la faire attribuer au Moyen Age reste le document mentionné, qui rapporte une tradition et qui doit, bien évidemment, être considéré — surtout en ce qui concerne des détails qui ne font pas l'objet de la préoccupation majeure de l'auteur — avec une grande précaution.

Seule une fouille archéologique pourrait être en mesure de fournir des informations plus précises sur la date et le type d'établissement dont il s'agit.

Commentaire des plans cadastraux

En dehors de l'aspect très intéressant de l'enclave que la commune de Sandrans présente à cet endroit dans celles de La Chapelle-du-Châtelard et de Romans, du passage à proximité des limites de cantons, de la position du site à égale distance des centres voisins, qui seront exposés par ailleurs dans l'ouvrage, on peut faire, à propos des plans cadastraux (1811 et 1936), quelques remarques importantes.

1. Le morcellement du terroir à l'emplacement du bois de Saint-Guinefort, dans le cadastre de 1811 (signe d'occupation ancienne ?) ; ce morcellement a disparu dans une large part sur le nouveau cadastre.

2. Les déplacements successifs de la route (D 7) : le cadastre de 1811 montre un tracé en trait plein (utilisé à l'époque) et un tracé en pointillé (ancien tracé) ; celui de 1936 présente un troisième tracé (actuel). On sait que dans cette région les tracés des routes ont été assez fluctuants avant le milieu du XIXe siècle. Cependant, étant donné que l'amplitude du déplacement ne dépasse pas 500 mètres à cet endroit, cela illustre bien qu'il s'agit d'une voie obligée de passage, entre la pointe de l'éperon et la Chalaronne. Doit-on en déduire que le site commandait une voie de passage ? Il serait intéressant à ce propos de pouvoir apprécier l'importance au Moyen Age de la voie Thoissey-Ambérieu.

---

4. On note la présence d'un *miles*.

LISTE DES ABRÉVIATIONS

AA.SS. : *Acta Sanctorum.*

Annales E.S.C. : *Annales Economies Sociétés Civilisations.*

D.S. : *Dictionnaire de spiritualité.*

D.T.C. : *Dictionnaire de théologie catholique.*

P.L. : Migne, J.P., *Patrologiae cursus completus.*

OUVRAGES CITÉS

AARNE, A., THOMPSON, S., *The types of folktale. A classification and bibliography,* rééd. Helsinki, 1961, 588 p.

Acta Sanctorum, rééd. Paris, 1863-1867, 67 vol.

Agobard de LYON, *Liber contra insulsam vulgi opinionem de grandine et tonitruis,* Migne, J.-P., *P.L.,* 104, col. 140-147.

Alain de LILLE, *Liber poenitentialis,* J. Longère, Louvain/Lille, 1965, 2 vol.

ALTON, J., *Li Romans de Marques de Rome,* Tübingen, 1889, C - 182 p.

ARIÈS, Ph., *L'Enfant et la Vie familiale sous l'Ancien Régime,* rééd. Paris, 1973, XX - 503 p.

ARMAND, P., « La superstition dans les pays de l'Ain en 1823-1825 », *Bulletin de la Société Gorini, Revue d'histoire ecclésiastique et d'archéologie religieuse du diocèse de Belley,* 116, 1943, p. 5-22.

AUBERT, L., *Mémoires pour servir à l'histoire des Dombes,* Trévoux, 1868, 3 vol.

BARING-GOULD, S., *Curious Myths of the Middle Ages,* Londres, 1888, 660 p.

BAUSINGER, H., *Formen der Volkspoesie,* Berlin, 1968, 291 p.

BÉDIER, J., *Les Fabliaux. Etude de littérature populaire et d'histoire littéraire du Moyen Age,* Paris, 1893, 485 p.

BELMONT, N., *Mythes et croyances dans l'ancienne France,* Paris, 1973, 187 p.

BELMONT, N., *Les Signes de la naissance. Etudes des représentations symboliques associées aux naissances singulières,* Paris, 1971, 225 p.

BENVENISTE, E., *Le Vocabulaire des institutions indo-européennes,* Paris, 1969, 2 vol.

BERLIOZ, J., *Etienne de Bourbon, O.P.* († *1261),* « *Tractatus de diversis materiis predicabilibus* » (*Troisième partie,* « *De dono scientie* »), *étude et édition.* Thèse de l'école nationale des Chartes, Paris, 1977, 4 vol. dactylographiés.

BERNARD, A., *Cartulaire de Savigny suivi du petit Cartulaire de l'abbaye d'Ainay,* Paris, 1853, 2 vol.

BERNARD, A., BRUEL, A., *Recueil des Chartes de l'abbaye de Cluny,* Paris, 1876-1903, 6 vol.

Bernard Gui, *Manuel de l'Inquisiteur*, édition et traduction françaises par G. Mollat, Paris, 1926, 2 vol.

Bibliotheca Casinensis seu codicum manuscriptorum qui in tabulario casinensi asservantur series... III. *Florilegium*, Monte-Casini, 1877.

Bibliotheca hagiographica latina antiqua et mediae aetatis, Socii Bollandiani, Bruxelles, 1898-1911, 3 vol.

Bibliotheca Sanctorum, F. Caraffa et G. Morelli, présenté par P. Ciriaci, Rome, 1961-1970, 13 vol.

Biraben, J.-N., *Les Hommes et la Peste en France et dans les pays européens et méditerranéens*. I. *La Peste dans l'histoire*, Paris, 1975, 456 p. - II. *Les Hommes face à la peste*, Paris, 1976, 416 p.

Bianchi, M., « Proposte iconografiche per il ciclo pittorisco di Santo Stefano nell'oratoria di Lentate sul Seveso », *Arte Lombarda*, 36, 1972, p. 27-32, 45-49, 65-70.

Bloch, M., *Les Rois thaumaturges. Etude sur le caractère surnaturel attribué à la puissance royale, particulièrement en France et en Angleterre*, Paris, 1961, VII - 544 p.

Bloch, M., *La Société féodale*, rééd. Paris, 1968, 713 p.

Bloch, O., Wartburg, W. von, *Dictionnaire étymologique de la langue française*, Paris, 1960, XXXII - 675 p.

Blondel, P., *Vies des saints du diocèse de Sens et d'Auxerre*, Sens/Auxerre, 1885, XVIII - 384 p.

Bossi, G.A.C., *Statistique générale de la France publiée par ordre de Sa Majesté l'Empereur et Roi... Département de l'Ain*, Paris, 1856, XXXII - 432 p.

Brissaud, Y.B., « L'infanticide à la fin du Moyen Age, ses motivations psychologiques et sa répression », *Revue historique de droit français et étranger*, 50, 1972, p. 229-256.

Brunet, C., Montaiglon, A. de, *Li Romans de Dolopathos*, Paris, 1856, XXXII - 432 p.

Buchner, G., *Die Historia Septem Sapientium nach der Innsbrucker Handschrift v. J. 1342*, Erlangen/Leipzig, 1889, 112 p.

Burchard de Worms, *Decretum*, Migne J.-P., *P.L.* 140, col. 834-837.

Bureau, A., *L'Eglise de Malicorne et le culte de saint Fort*, Tonnerre, 1889, 47 p.

Cahier, C., *Caractéristiques des Saints dans l'Art populaire*, Paris, 1867, 2 vol.

Callet, A., « Derniers vestiges du paganisme dans l'Ain », *Revue des traditions populaires*, 18, 1903, p. 496-503.

Cambry, *Description du département de l'Oise*, Paris, 1803, 2 vol.

Campbell, K., *A Study of the Romance of the seven Sages with special reference to the middle english versions*, Baltimore, 1898, 107 p.

Campbell, K., *The Seven Sages of Rome*, Boston/New York/Chicago/Londres, 1907, CXIV - 217 p.

Caro Baroja, J., *Les Sorcières et leur monde*, traduction française, Paris, 1972, 306 p.

Cattin, P., « Catalogue des visites pastorales de l'Ain », *Bulletin d'histoire et d'archéologie du diocèse de Belley, publié sous les auspices de la Société Gorini*, 45-46, 1970-1971, p. 3-50.

Certeau, M. de, Julia, D., Revel, J., « La beauté du mort : Le concept de culture populaire », *Politique aujourd'hui*, décembre 1970, p. 3-23.

Césaire de HEISTERBACH, *Dialogus Miraculorum*, J. Stange, Cologne/Bonn/Bruxelles, 1851, 2 vol.

CHABANEAU, C., « Sermons et préceptes religieux en langue d'oc du XIIᵉ siècle », *Revue des langues romanes*, 18, 1880, p. 105-146 ; 22, 1882, p. 157-179 ; 33, 1883, p. 53-70 et p. 157-169.

CHABOT, G., *Géographie régionale de la France*, rééd. Paris, 1969, 433 p.

CHASTELAIN, C., SAINT-ALLAIS, M. de, *Martyrologe universel*, Paris, 1823, 2 parties en 1 vol.

CLAYTON, M., *Catalogue of rubbings of brasses and incised slabs*, Londres, 1968, 250 p., 72 pl.

CLEMEN, C., *Fontes Historiae Religionis Germanicae (Fontes Historiae Religionum ex auctoribus graecis et latinis collectos*. C. Clemen, fasc. III), Berlin, 1928, 112 p.

COHN, N., *Europe's Inner Demons. An enquiry inspired by the great witch-hunt*, Londres, 1975, 302 p.

COLEMAN, E.R., « L'infanticide dans le haut Moyen Age », *Annales E.S.C.*, 1974, 2, p. 315-335.

CORBLET, J., *Hagiographie du diocèse d'Amiens*, Paris, 1869-1875, 5 vol.

CRAMPON, M., *Le Culte de l'arbre et de la forêt en Picardie. Essai sur le folklore picard*, Amiens/Paris, 1936, 584 p.

CRANE, J.F., *The Exempla or illustrative stories from the sermones vulgares of Jacques de Vitry*, rééd. Nendeln/Liechtenstein, 1967, CXVI - 303 p.

DAVIS, N.-Z., *Society and culture in early modern France*, Londres, 1975, 362 p.

DAY, J., « Villagi abbandonati e tradizione orale : il caso sardo », *Archeologia medievale*, III, 1976, p. 203-239.

DELAIGUE, J., « Pèlerinage à saint Guinefort (près de Châtillon-les-Dombes), *Revue de la société littéraire, historique et archéologique du département de l'Ain*, 7-8, juillet-août 1886, p. 155-162 ; 9-10, septembre-octobre 1886, p. 193-199 ; 11-12, novembre-décembre 1886, p. 265-272.

DELARUELLE, E., *La Piété populaire au Moyen Age*, Turin, 1975, XXVIII - 563 p.

DEMANGEON, A., *France économique et humaine*, Paris, 1946-1948, 2 vol.

DEMAUSE, L., *The History of Childhood*, New York / Evanston / San Francisco / Londres, 1975, VIII - 450 p.

DERENBOURG, J., *Deux versions hébraïques du livre de Kalilâh et Dimnah*, Paris, 1881, 396 p.

DERENBOURG, J., *Johannis de Capua, Directorium Vitae Humanae... version latine du livre de Kalilâh et Dimnah*, Paris, 1887.

DESAIVRE, L., « Les enfants changés par les fées (ou changelling) », *Bulletins de la société de statistique, sciences, lettres et arts du département des Deux-Sèvres*, V, 1882-1884, p. 409-410.

DÉTIENNE, M., *Les Jardins d'Adonis. La mythologie des aromates en Grèce*, introduction de J.-P. Vernant, Paris, 1972, XLVII - 255 p.

DEVAILLY, G., *Le Berry du Xᵉ siècle au milieu du XIIIᵉ*, Paris/La Haye, 1973, 637 p.

Dictionnaire de spiritualité. Ascétique et Mystique. Doctrine et Histoire, Paris, 1937-1975, 9 vol. parus.

Dictionnaire de théologie catholique..., A. Vacant et E. Mangenot, puis E. Amann, Paris, 1935-1950, 15 tomes en 30 vol. *Tables générales,* par B. Loth et A. Michel, Paris, 1951-1972, 3 vol.

Di Nola, A.M., *Gli aspetti magico-religiosi di una cultura subalterna italiana,* Turin, 1976, 331 p.

Dobiache-Rojdestvensky, O., *La Vie paroissiale en France au XIIIᵉ siècle d'après les actes épiscopaux,* Paris, 1911, 191 p.

Douais, C., *L'Inquisition, ses origines, sa procédure,* Paris, 1906, XI - 366 p.

Drouet de Maupertuy, *De la vénération rendue aux reliques des saints selon l'esprit de l'Eglise et purgée de toute superstition populaire,* Avignon, 1713, 117 p.

Duby, G., *L'Economie rurale et la vie des campagnes dans l'Occident médiéval,* Paris, 1962, 2 vol.

Duby, G., *Guerriers et Paysans. VIIᵉ-XIIᵉ siècle, premier essor de l'économie européenne,* Paris, 1973, 309 p.

Duby, G., *La Société aux XIᵉ et XIIᵉ siècles dans la région mâconnaise,* rééd. Paris, 1971, 527 p.

Duby, G., *Les Trois Ordres ou l'imaginaire du féodalisme,* Paris, 1978, 428 p.

Dulaure, J.-A., *Des divinités génératrices (ou du culte du phallus chez les anciens et les modernes),* rééd. Paris, 1905, 338 p.

Duméril, E., *Poésies inédites du Moyen Age,* Paris, 1854, 456 p.

Dumézil, G., *Fêtes romaines d'été et d'automne,* suivi de *Dix questions romaines,* Paris, 1975, 300 p.

Dumézil, G., *Heur et Malheur du guerrier. Aspects mythiques de la fonction guerrière chez les Indo-européens,* Paris, 1969, 151 p.

Dumont, L., *La Tarasque. Essai de description d'un fait local d'un point de vue ethnographique,* Paris, 1951, 253 p.

Duplessis, D.T., *Description géographique et historique de la haute Normandie,* Paris, 1740, 2 vol.

Duru, L.M., *Calendrier historico-bibliographique des saints du diocèse de Sens et d'Auxerre,* Sens, 1865, 2 vol.

Edouard, V., « L'énigme du bois de Saint-Guinefort », *Visages de l'Ain,* 61, mai-juin 1962, p. 26-32.

Edouard, V., « Le mystère de saint Guinefort », *Annales de l'Académie de Mâcon,* 1970-1971, p. 77-90.

Egloff, W., *Le Paysan dombiste. Etude sur la vie, les travaux des champs et le parler d'un village de la Dombes, Versailleux (Ain),* Paris, 1937, 242 p.

Enfants et Sociétés, Annales de démographie historique, Paris, 1973, 488 p.

Epinat, J., « La situation religieuse du diocèse de Lyon d'après la visite pastorale de Jean de Talaru, 1378-1379. Essai cartographique », *Cahiers d'histoire,* VI, 1961, p. 217-243.

Evans-Pritchard, E.E., *Sorcellerie, oracles et magie chez les Azandé,* traduction française, Paris, 1972, 643 p.

Fabre, D., Lacroix, J., *La Tradition orale du conte occitan,* Paris, 1973, 2 vol.

FABRE, D., LACROIX, J., *La Vie quotidienne des paysans du Langue-doc au* XIXe *siècle*, Paris, 1974, 480 p.

FLÜRY-HÉRARD, E., *L'Image de la femme dans les exempla,* XIIIe *siècle*, Mémoire de maîtrise, université de Paris IV, Paris, 195 p. dactylographiées.

FLUTRE, L.-F., *Table des noms propres... dans les romans du Moyen Age écrits en français et en provençal*, Poitiers, 1962, XVI - 324 p.

FOERSTEMANN, E., *Altdeutsches Namenbuch.* I, *Personennamen*, Nordhausen/Bruxelles et Genève/Londres, 1856, 1 400 col. ; II, *Ortsnamen*, Nordhausen, 1872, 1 744 col.

FOURNÉE, J., *Le Culte populaire des saints en Normandie*, I. *Etude générale*, Paris, 1973, 288 p.

GAIDOZ, H., « Saint Christophe à tête de chien », *Mémoire de la Société nationale des antiquaires de France*, LXXVI, 1924, p. 195-197.

GAIFFIER, B. de, *Etudes critiques d'hagiographie et d'iconologie*, Bruxelles (coll. « Subsidia Hagiographica 43 »), 1967, 532 p.

GARDETTE, P., *Atlas linguistique et ethnographique du Lyonnais*, Paris, 1968, 4 vol.

GASTON PHÉBUS, *Livre de chasse*, G. Tilander, Karlshamn (coll. « Cynegetica XVIII »), 1971, 453 p.

GAY, V., *Glossaire archéologique du Moyen Age et de la Renaissance*, Paris, 1887, 2 vol.

GEMAHLING, M., *Monographie de l'abbaye de Saint-Satur près Sancerre (Cher)*, Paris, 1867, 160 p.

GEORGES, P., *Les Pays de la Saône et du Rhône*, Paris, 1941, VI - 216 p.

Gervais de TILBURY, *Otia Imperialia*, G.W. von Leibniz, *Scriptores rerum brunsvicensium*, I, Hanovre, 1707, p. 881-1004 ; II, *Emendationes et supplementa*, Hanovre, 1709, p. 751-784.

GERVAISE, « Le Bestiaire », P. Meyer, *Romania*, I, 1872, p. 420-443.

GINZBURG, C., *I Benandanti. Stregoneria e culti agrari tra cinquecento et seicento*, Turin, 1966, 252 p.

GINZBURG, C., *Il formagio e i vermi. Il cosmo di un mugnaio del'500*, Turin, 1976, 190 p.

GISSEY, O. de, *Discours historique de la très ancienne dévotion à Notre-Dame-du-Puy et de plusieurs belles remarques concernant particulièrement l'histoire des évêques du Velay*, Lyon, 1627, 644 p.

GODEFROY, F., *Dictionnaire de l'ancienne langue française et de tous ses dialectes du* IXe *au* XVe *siècle*, Paris, 1881-1902, rééd. Vaduz/New York, 1961, 10 vol.

GOTTSCHALD, M., *Deutsche Namenkunde. Unsere Familiennamen nach ihren Entstehung und Bedeutung*, Berlin, 1971, 646 p.

GRAUS, F., *Volk, Herrscher und Heiliger im Reich der Merovinger. Studien zur Hagiographie des Merovingerzeit*, Prague, 1965, 535 p.

GRIMM, J., *Deutsche Mythologie*, rééd. Gütersloh, 1876-1878, 3 vol.

GRUNDMANN, H., « Literatus-illiteratus. Die Wandlung einer Bildungsnorm vom Altertum zum Mittelalter », *Archiv für Kulturgeschichte*, 40, 1958, p. 1-65.

GUERREAU, A., *La Fin du comte. Esquisse d'analyse d'un récit de Pierre le Vénérable et de ses rapports avec la culture populaire et la culture savante de l'Europe féodale*, Paris, 1976, 485 p. dactyl.

GUICHENON, S., *Histoire de la souveraineté des Dombes*, M.-C. Guigue, Lyon, 1863, 2 vol.

GUIGUE, G., *Recueil des visites pastorales du diocèse de Lyon aux* XVIIᵉ *et* XVIIIᵉ *siècles*, I, *Visites de 1613-1614*, Lyon, 1926.

GUIGUE, M.-C., *Cartulaire lyonnais, documents inédits pour servir à l'histoire des anciennes provinces de Lyonnais, Forez, Beaujolais, Dombes, Bresse et Bugey*, Lyon, 1885-1893, 2 vol.

GUIGUE, M.-C., *Documents inédits pour servir à l'histoire des Dombes du* Xᵉ *au* XVᵉ *siècle*, Trévoux, 1867-1868, 2 vol.

GUIGUE, M.-C., *Essai sur les causes de la dépopulation de la Dombes et l'origine de ses étangs*, G. Guigue, Trévoux, 1908, VIII - 123 p.

GUIGUE, M.-C., *Notices historiques sur les fiefs et paroisses de l'arrondissement de Trévoux*, Trévoux, 1863, XV - 335 p.

GUIGUE, M.-C., *Topographie historique du département de l'Ain*, Trévoux, 1873, XLVI - 520 p.

Guillaume d'AUVERGNE, *Opera Omnia*, Rouen, 1674, 2 vol.

GUILLEMAUT, L., *Bresse louhannaise : les mois de l'année ; usages, mœurs, fêtes, traditions populaires*, Louhans/Romans, 1907, 239 p.

GUIRAUD, J., *Histoire de l'Inquisition au Moyen Age*, Paris, 1935-1938, 2 vol.

GY, P.M., « Le précepte de la confession annuelle (Latran IV, c. 21) et la détection des hérétiques. S. Bonaventure et S. Thomas contre S. Raymond de Peñafort », *Revue des sciences philosophique et théologique*, LVIII, 1974, p. 444-450.

HANSEN, J., *Quellen und Untersuchungen zur Geschichte des Hexenwahns und der Hexenverfolgung im Mittelalter*, Bonn, 1901, 703 p.

HANSEN, J., *Zauberwahn, Inquisition und Hexenprozess im Mittelalter, und die Entstehung der grossen Hexenverfolgung*, München/Leipzig, 1900, 538 p.

HARLÉ, E., « Chiffons sur buissons, au bord d'une source », *Bulletin de la société préhistorique française*, XIV, 1917, p. 389-391, 441-443 ; XV, 1918, p. 224-225, 485.

HENNET de BERNOVILLE, H., *Mélanges concernant l'évêché de saint Papoul. Pages extraites et traduites d'un manuscrit du* XVᵉ *siècle*, Paris, 1863, 312 p.

Henry INSTITORIS, Jacques SPRENGER, *Le Marteau des sorcières*, traduction française A. Danet, Paris, 1973, 697 p.

HERLIHY, D., « Medieval Children », *in* LACKNER, B.K., ROY PHILIP, K. (ed.), *Essays on Medieval Civilization*, University of Texas Press, Austin / Londres, 1978, p. 109-141.

HERVIEUX, L., *Les Fabulistes latins depuis le siècle d'Auguste jusqu'à la fin du Moyen Age*, t. V, *Jean de Capoue et ses dérivés*, rééd. Paris, 1899.

Hildegarde de BINGEN, *Physica*, P.L. 197, col. 1117-1352.

HOFFMANN-KRAYER, E., BÄCHTOLD-STÄUBLI, H., *Handwörterbuch des deutschen Aberglaubens*, Berlin/Leipzig, 1927-1942, 10 vol.

Hugues de SAINT-VICTOR, *De bestiis et aliis rebus*, P.L. 177, col. 14-164.

Humbert de ROMANS, *De eruditione praedicatorum Libri duo*, M. de la Bigne, *Maxima Bibliotheca Veterum Patrum*, XXV, Lyon, 1677, p. 426-567.

Ibn al-MUQAFFA', *Le Livre de Kalila et Dimna*, traduction André Miquel, Paris, 1957, 347 p.

L'Intermédiaire des Chercheurs et Curieux. Questions et réponses littéraires, historiques, scientifiques et artistiques. Trouvailles et curiosités. Paraissant le 15 et le 30 de chaque mois, depuis 1864.

Isidore de SÉVILLE, *De natura rerum*, P.L. 83, col. 963-1018.

Isidore de SÉVILLE, *Differentiae*, P.L. 83, col. 9-98.

Isidore de SÉVILLE, *Etymologiae*, P.L. 82, col. 73-728.

Isidore de SÉVILLE, *Sententiae*, P.L. 83, col. 537-738.

Jacques de FOUILLOUX, *La Vénerie et l'Adolescence*, G. Tilander, Karlshamn, 1967, 330 p.

Jacques de VORAGINE, *Legenda aurea*, Th. Graesse, Dresde/Leipzig, 1846.

Jacques de VORAGINE, *La Légende dorée*, traduction française, Paris, 1967, 2 vol.

JANSSEN, W., *Studien zur Wüstungsfrage im Frankischen Altsiedelland zwischen Rhein, Mosel und Eifelnordrand*, Cologne/Bonn, 1975, 2 vol.

JAUSS, H.R., « Littérature médiévale et théorie des genres », *Poétique*, I, 1970, p. 79-101.

Jean GOBI, *Scala Celi*, Lübeck, 1476, in folio.

Jean de SALISBURY, *Policraticus*, C.C.I. Webb., Oxford, 1909, 2 vol.

JEANTON, G., *Le Mâconnais traditionaliste et populaire*, Mâcon, 1920-1923, 4 vol.

JOLLES, A., *Formes simples*, traduction française, Paris, 1972, 221 p.

JONES, E., *Essais de psychanalyse appliquée*, I, *Essais divers*, Paris, 1973, 267 p. ; II, *Psychanalyse, Folklore, Religion*, Paris, 1973, 321 p.

Journal de Trévoux ou Mémoires pour l'histoire des sciences et des beaux arts, Trévoux, 1714, art. XXIV, p. 313-323.

KELLER, H.A., *Li Romans des sept sages nach der pariser Handschrift*, Tübingen, 1836, CCXLVI - 197 p.

KELLUM, B.A., « Infanticide in England in the later Middle Ages », *History of Childhood Quaterly : the Journal of Psychohistory*, 1, 3, 1974, p. 367-388.

KITTREDGE, G.L., « Arthur and Gorlagon », *Studies and Notes in Philology and Literature*, VIII, 1903, p. 149-275.

LA BORDERIE, A. de, *Œuvres françaises d'Olivier Maillard. Sermons et poèmes*, Nantes, 1877.

LAISNEL de la SALLE, G., *Croyances et légendes du Centre de la France. Souvenirs du Vieux Temps. Coutumes et traditions populaires comparées à celles des peuples anciens et modernes*. Préface de George Sand, Paris, 1875-1881, 2 vol.

LANGLOIS, E., *Table des noms propres de toute nature compris dans les chansons de geste imprimées*, Paris, 1904, XX - 674 p.

LAUGARDIÈRE, M. de, « Le culte liturgique des saints à Bourges aux XIIe et XIIIe siècles », *Cahiers d'archéologie et d'histoire du Berry*, 15, 1968, p. 12-17.

LEBEUF, J., *Histoire de la ville et de tout le diocèse de Paris*, Paris, 1883-1893, 7 vol.

LECOY de la MARCHE, A., *Anecdotes historiques, légendes et apologues tirés du recueil inédit d'Etienne de Bourbon, dominicain du XIIIe siècle*, Paris, 1877, XLVIII - 468 p.

LECOY de la MARCHE, A., *La Chaire française au Moyen Age, spécialement au XIIIe siècle, d'après les manuscrits contemporains*, rééd. Paris, 1886, XVII - 547 p.

LE GOFF, J., *La Civilisation de l'Occident médiéval*, Paris, 1964, 693 p.

LE GOFF, J., « Culture cléricale et traditions folkloriques dans la civilisation mérovingienne », *in* BERGERON, L., *Niveaux de culture et groupes sociaux*, Paris, 1967, p. 21-32.

LE GOFF, J., « Culture ecclésiastique et culture folklorique au Moyen Age : saint Marcel de Paris et le dragon », *in Ricerche Storiche ed economische in memoria di Corrado Barbagallo*, t. II, Naples, 1970, p. 53-90.

LE GOFF, J., « Entre l'enfant Jésus et les petites filles modèles », *Les Nouvelles littéraires*, 2562, 9-16 décembre 1976, p. 17.

LE GOFF, J., « Les gestes symboliques dans la vie sociale. Les gestes de la vassalité », *in Settimane di Studio del Centro italiano di Studi sull'alto medioevo XXIII. Simboli e Simbologia nell'alto medioevo*, Spoleto, 3-9 aprile 1975, Spolete, 1976, p. 679-788.

LE GOFF, J., « Ordres mendiants et urbanisation dans la France médiévale », *Annales E.S.C.*, 1970, p. 924-946.

LE GOFF, J., LE ROY LADURIE, E., « Mélusine maternelle et défricheuse », *Annales E.S.C.*, 1971, p. 587-622.

LE GOFF, J., VIDAL NAQUET, P., « Lévi-Strauss en Brocéliande », *Critique*, 325, juin 1974, p. 541-571.

LE GRAND D'AUSSY, P.J.B., *Fabliaux ou contes du XIIe siècle traduits ou extraits*, Paris, 1779-1781, 4 vol.

LE ROY LADURIE, E., *Montaillou, village occitan de 1294 à 1324*, Paris, 1975, 646 p.

Lexikon der christlichen Ikonographie, E. Kirschbaum puis W. Braunfels, Rome / Fribourg / Bâle / Vienne, 1968-1976, 8 vol.

Liber Exemplorum ad usum praedicantium saeculo XIII compositus a quodam Fratre Minore anglico de provincia Hiberniae, A.G. Little, Aberdeen, 1908, rééd. Farnborough, 1966, XXIX - 177 p.

LITTLE, L.K., « Formules monastiques de malédiction aux IXe et Xe siècles », *Revue Mabillon*, LVIII, 1970-1975, p. 377-399.

LITTLE, L.K., « Pride goes before avarice : social change and the Vices in Latin Christendom », *The American Historical Review* LXXVI, 1, 1971, p. 16-49.

LOISELEUR-DESLONGCHAMPS, A.L.A., *Essai sur les fables indiennes et leur introduction en Europe*, suivi du *Roman des sept sages de Rome en prose*, publié par Le Roux de Lincy, Paris, 1838, 2 parties en 1 vol.

LOISNE (comte de), « Superstitions et usages particuliers à Montreuil-sur-Mer », *Bulletin de la société des antiquaires de Picardie*, XXII, 1904-1906, p. 360-407.

LOMBARD-JOURDAN, A., « Oppidum et banlieue. Sur l'origine et les dimensions du territoire urbain », *Annales E.S.C.*, 1972, p. 373-395.

LONGÈRE, J., *Œuvres oratoires de Maîtres parisiens au XIIe siècle. Etude historique et doctrinale*, Paris, 1975, 2 vol.

LOOMIS, C.G., *White magic. An introduction to the folklore of Christian legend*, Cambridge, Mass., 1948, 251 p.

LORCIN, M.-Th., *Les Campagnes de la région lyonnaise aux XIVe et XVe siècles*, Lyon, 1974, XXXI - 549 p.

LOTH, J., *Les Mabinogion*, I, *in* d'ARBOIS de JUBAINVILLE, H., LOTH, J., *Cours de Littérature celtique*, t. III, Paris, 1889, 360 p.

LÜTHI, M., *Das europäische Volksmärchen. Form und Wesen*, Bern, 1947, rééd. 1960, 127 p.

MADDEN, F., *The Old English Version of the Gesta Romanorum*, Londres, 1838, XXIII - 532 p.

MAIOCCHI, R., *La legenda e il culto di S. Guniforto Mart. in Pavia*, Pavie, 1917, 191 p.

MALE, E., *L'Art religieux de la fin du Moyen Age en France. Etude sur l'iconographie du Moyen Age et sur ses sources d'inspiration*, Paris, 1931, t. V, 512 p.

MALLEY, Th., « Les visites pastorales de 1655 dans le diocèse de Lyon », *L'Université catholique*, 71, 1919, p. 15-42.

MANDROU, R., *Magistrats et sorciers en France au XVIIIe siècle. Une analyse de psychologie historique*, Paris, 1968, 385 p.

MANSELLI, R., *La Religion populaire au Moyen Age. Problème de méthode et d'histoire*, Montréal / Paris, 1975, 234 p.

MARRIER, M., DUCHESNE, A., *Bibliotheca cluniacensis*, rééd. Bruxelles / Paris, 1915.

MARTIN, H., *Les Ordres mendiants en Bretagne (vers 1230 - vers 1530)*, Paris, 1975, XXV - 571 p.

MARTIN, H.-J., « Culture écrite et culture orale, culture savante et culture populaire dans la France d'Ancien Régime », *Journal des Savants*, juillet-décembre 1975, p. 225-282.

MAURY, A., *Croyances et légendes du Moyen Age*, rééd. Paris, 1896, V - 459 p.

McCULLOCH, F., *Mediaeval Latin and French Bestiaries*, Chapell Hill, 1962, 212 p.

MEYER, P., « Chanjon, enfant changé en nourrice », *Romania*, 32, 1903, p. 452-453.

MEYER-LÜBKE, W., *Romanisches Etymologisches Wörterbuch*, Heidelberg, 1911, XXII - 1092 p.

MIGNE, J.-P., *Encyclopédie théologique*, 48. *Dictionnaire des sciences occultes*, Paris, 1846-1848, 2 vol.

MIGNE, J.-P., *Patrologiae cursus completus... Patres ecclesiae latinae*, Paris, 1844-1864, 221 vol.

MIQUEL, A., *Un conte des Mille et Une Nuits, Ajib et Gharîb (traduction et perspectives d'analyses)*, Paris, 1977, 331 p.

« Miracula B. Guniforti martyris », *Analecta Bollandiana*, XLIII, 1925, p. 359-362.

MOREL, O., *La Vie à Châtillon-en-Dombes d'après les comptes des syndics (1375-1500)*, Bourg, 1925-1927, 2 vol.

MUSSAFIA, A., « Beiträge zur Literatur der sieben weisen Meister », *Sitzungsberichte der Kaiserlichen Akademie der Wissenschaften. Philosophisch, Historische Classe*, LVII, I. Heft, 1867, p. 37-118.

Nicolau EYMERICH, Francisco PENA, *Le Manuel des Inquisiteurs*, L. Sala-Molins, Paris / La Haye, 1973, 251 p.

NUSSAC, L. de, « Les fontaines du Limousin : culte, pratiques, légendes », *Bulletin archéologique du comité des travaux historiques et scientifiques*, 1897, p. 150-177.

OESTERLEY, H., *Gesta Romanorum*, Berlin, 1872, 756 p.

OESTERLEY, H., *Iohannis de Alta Silva Dolopathos sive De Rege et Septem Sapientibus*, Strasbourg / Londres, 1973, XXIII - 100 p.

ORTALLI, G., « Natura, storia e mitografia del lupo nel medioevo », *La Cultura*, XI, 1973, p. 257-311.

OTT, A.G., *Etude sur les couleurs en vieux français*, Paris, 1899, XII - 186 p.

Pañcatantra, traduction du sanskrit et annotations par Edouard Lancereau, préface de Louis Renon, Paris, 1965, 387 p.

PARIS, G., « Caradoc et le serpent », *Romania*, XXVIII, 1899, p. 214-231.

PARIS, G., *Deux rédactions du Roman des Sept Sages de Rome*, Paris, 1876, XLIII - 217 p.

« Passio beati Guiniforti martyris », *Acta Sanctorum*, août, V, p. 524-530.

PATISSIER, J., *Les Classes populaires dans la Dombes seigneuriale (XIII⁰ et XIV⁰ siècles)*, Trévoux, 1946, 211 p.

PAULI, J., *Schimpf und Ernst*, Strasbourg, B. Greininger, 1535, in-folio.

PAULI, J., *Schimpf und Ernst*, J. Bolte, Berlin, 1924, 2 vol.

PAULME, D., *La Mère dévorante. Essai sur la morphologie des contes africains*, Paris, 1976, 323 p.

PAYEN, J.-C., *Le Motif du repentir dans la littérature française médiévale (des origines à 1230)*, Genève, 1967, 650 p.

PÉRICAUD, A., *De l'amélioration de la Dombes, par M. de Messimi*, Lyon, 1862, 139 p.

PETRÉ, H., CANTEL, R., RICARD, R., art. « Exemplum », *Dictionnaire de spiritualité*, IV, 2, Paris, 1961, col. 1885-1902.

PEUCKERT, W.E., *Deutscher Volksglaube des Spätmittelalters*, Stuttgart, 1942, 222 p.

PHILIPON, E., *Dictionnaire topographique du département de l'Ain comprenant les noms de lieux anciens et modernes*, Paris, 1911, LXXXIII - 528 p.

Philippe de THAÜN, *Le Bestiaire*, E. Walberg, Lund, 1900, CXIV - 175 p.

PIASCHEWSKY, G., *Der Wechselbalg. Ein Beitrag zum Aberglauben der nordeuropäischen Völker*, Breslau, 1935, 199 p.

Pierre le MANGEUR, *Historia Scholastica. Liber Genesis*, P.L. 198, col. 1055-1142.

PLONGERON, B., *La Religion populaire. Approches historiques*, préface d'André Latreille, Paris, 1976, 239 p.

POTT, A.-F., *Die Personennamen insbesondere die Familiennamen und ihre Entstehungsarten auch unter Berücksichtigung der Ortsnamen*, Leipzig, 1859.

PROPP, V.J., *Edipo alla luce del folclore. Quattro studi di etnografia storico-strutturale*, traduction italienne, Turin, 1975, 162 p.

PROPP. V.J., *Morphologie du conte*, suivi de *Les Transformations du conte merveilleux*, et de E. MÉLÉTINSKI, *L'Etude structurale et typologique du conte*, traduction française, Paris, 1970, 256 p.

PROPP, V.J., *Le Radici storiche dei racconti di fate*, traduction italienne, Turin, 1972, 578 p.

QUÉTIF, J., ECHARD, J., *Scriptores ordinis praedicatorum...* Paris, 1719-1721, rééd. 1910-1914, 2 vol.

Raban MAUR, *De universo*, P.L. 111, col. 9-614.

RAVERAT (baron), *De Lyon à Châtillon-sur-Chalaronne, par Marlieux et le chemin de fer à voie étroite. Etude géologique, historique et descriptive du plateau de la Dombes, son passé, son présent, son avenir, avec cartes*, Lyon, 1886, 88 p..

Raymond Lulle, *Doctrine d'enfant, traduction française médiévale*, A. Llinarès, Paris, 1969, 257 p.

Réau, L., *Iconographie de l'Art chrétien*, Paris, 1955-1959, 6 vol.

La Religion populaire en Languedoc du XIIIᵉ siècle à la moitié du XIVᵉ siècle. Les Cahiers de Fanjeaux, XI, Toulouse, 1976, 472 p.

Renard, F., *Superstitions bressanes*, Bourg, 1893, 25 p.

Renoud, G., « Visites pastorales de 1469-1470 par Etienne de la Chassaigne, évêque suffragant... », *Bulletin d'histoire et d'archéologie du diocèse de Belley, publié sous les auspices de l'abbé Gorini*, 17, octobre 1952, p. 1-18 ; 18, avril 1953, p. 27-31 ; 20, mars 1954, p. 15-21 ; 21, septembre 1954, p. 14-22 ; 22, avril 1955, p. 19-29 ; 25, août-septembre 1956, p. 1-12 ; 26, avril 1957, p. 2-13.

Rolland, E., *Faune populaire de la France, noms vulgaires, dictons, proverbes, légendes, contes et superstitions*, Paris, 1877-1911, 13 vol.

Russel, G.B., « The Rous'Roll », *Burlington Magazine* XXX, 1917, p. 23-31.

Salin, E., *La Civilisation mérovingienne d'après les sépultures, les textes et le laboratoire*, Paris, 1949-1959, 4 vol.

Saintyves, P., *En marge de la Légende dorée ; songes, miracles et survivances ; essai sur la formation de quelques thèmes hagiographiques*, Paris, 1931, 596 p.

Saintyves, P., *Essais de mythologie chrétienne, les saints successeurs des dieux*, Paris, 1907, 416 p.

Saintyves, P., *Saint Christophe, successeur d'Anubis, d'Hermès et d'Héraclès*, Paris, 1936, 55 p.

Saintyves, P., « Les saints protecteurs des nourrices et les guérisseurs de maladies des seins », *Revue des traditions populaires*, XXXI, 1916, p. 77-84.

Saintyves, P., « Le transfert des maladies aux arbres et aux buissons », *Bulletin de la société préhistorique française*, XV, 1918, p. 296-300.

Scheeben, H.-C., « Prediger und general prediger im Dominikanerorden im 13. Jahrhundert », *Archivum Fratrum Praedicatorum*, 31, 1961, p. 112-141.

Schenda, R., « Stand und Aufgaben der Exemplaforschung », *Fabula*, 10, 1969, p. 69-85.

Schmitt, J.-C., « " Jeunes " et danse des chevaux de bois. Le folklore méridional dans la littérature des *exempla* (XIIIᵉ-XIVᵉ siècles), *in La Religion populaire en Languedoc, op. cit.*, p. 127-158.

Schmitt, J.-C., « " Religion populaire " et culture folklorique », *Annales E.S.C.*, 1976, p. 941-953.

Schmitt, J.-C., « Le suicide au Moyen Age », *Annales E.S.C.*, 1976, p. 3-28.

Schultz, A., *Das höfische Leben zur Zeit der Minnesinger*, rééd. Leipzig, 1889, 2 vol.

Sébillot, P., *Le Folklore de la France*, Paris, 1904-1907, 4 vol.

Sébillot, P., *Le Paganisme contemporain chez les peuples celto-latins*, Paris, 1908, XXVI, 378 p.

Seguin, J., *En basse Normandie. Saints guérisseurs, saints imaginaires, dévotions populaires ; leur statuaire ; leurs rapports avec les assemblées, les confréries, les légendes et dictons, les foires, la botanique, etc.*, Paris, 1929, 175 p.

SPENCER, W.R., « Beth Gêlert or the grave of the greyhound », *in Poems,* Londres, 1811, p. 78-86.

Sulpice SÉVÈRE, *Vie de saint Martin,* J. Fontaine, Paris, 1967-1969, 3 vol.

SUMMERS, M., *The werewolf,* Londres, 1933, XIV - 307 p.

THIERS, J.-B., *Traité des superstitions qui regardent les sacremens selon l'Ecriture Sainte...,* etc., rééd. Avignon, 1777, 4 vol.

THOMAS, K., *Religion and the decline of magic. Studies in popular beliefs in sixteenth and seventeenth century England,* Londres, 1971, XVIII - 716 p.

Thomas de CHOBHAM, *Summa confessorum,* éd. F. Broomfield, Louvain/Paris, 1968, LXXXVIII - 719 p.

THOMPSON, S., *Motiv-Index of folk Literature. A classification of narrative elements in folk tales, ballads, myths, fables, mediaeval romances, exemples, fabliaux, jest books and local legends,* Helsinki, 1932-1937, 6 vol.

THORNDIKE, L., *A history of magic and experimental science during the first thirteen centuries of our era,* New York/Londres, 1923, 2 vol.

TOBLER, A., LOMMATZSCH, E., *Altfranzösisches Wörterbuch,* Berlin puis Wiesbaden, 1925-1975, 10 tomes parus.

TOUBERT, P., *Les Structures du Latium médiéval. Le Latium méridional et la Sabine du IXe siècle à la fin du XIIe siècle,* Rome, 1973, 2 vol.

TUBACH, F.-C., « Exempla in the decline », *Traditio,* XVIII, 1962, p. 407-417.

TUBACH, F.-C., *Index exemplorum. A handbook of medieval Religion tales,* Helsinki, 1969, 530 p.

TUBACH, .F.-C., « Strukturanalytische Probleme. Das mittelalterliche Exemplum », *Hessische Blätter für Volkskunde,* 59, 1968, p. 25-29.

TRÉNARD, L. et G., *Histoire du diocèse de Belley,* Paris, 1978, 288 p.

TREXLER, R.C., « Infanticide in Florence : new sources and first results », *History of Childhood Quaterly : the Journal of Psychohistory,* 1, 1, 1973, p. 98-116.

VALENTIN-SMITH, GUIGUE, M.-C., *Bibliotheca Dumbensis ou Recueil des chartes, titres et documents pour servir à l'histoire des Dombes,* Trévoux, 1854-1885, 2 vol.

VALOUS, G. de, *Le Monachisme clunisien des origines au XVe siècle,* Paris, 1935, 2 vol.

Van GENNEP, A., *Le Culte populaire des saints en Savoie,* Paris, 1973, 217 p.

Van GENNEP, A., *Le Folklore du Dauphiné, Isère ; étude descriptive et comparée de psychologie populaire,* Paris, 1932-1933, 2 vol.

Van GENNEP, A., *Manuel de folklore français contemporain,* Paris, 1937-1972, 3 tomes parus en 9 vol.

Van GENNEP, A., *Les Rites de passage,* rééd. Paris, 1969, 288 p.

Van MARLE, R., *Iconographie de l'art profane au Moyen Age et à la Renaissance et la décoration des demeures,* La Haye, 1931, 2 vol.

VANSINA, J., *De la tradition orale. Essai de méthode historique,* Tervuren, 1961, X - 179 p.

VAULTIER, A., FOURNÉE, J., *Enquête sur les saints protecteurs et guérisseurs de l'enfance en Normandie*, Paris, 1953, 47 p. dactylographiées. *Supplément*, Paris, 1954, 21 p. dactylographiées.

VAYSSIÈRE, A., « Saint Guinefort, origine, forme, et objet du culte rendu à ce prétendu saint dans la paroisse de Romans (Ain) », *Annales de la société d'émulation (Agriculture, Lettres et Arts) de l'Ain*, XII, 1879, p. 94-108, 209-221.

VERNANT, J.-P., *Mythe et Société en Grèce ancienne*, Paris, 1974, 256 p.

Vies des saints et des bienheureux selon l'ordre du calendrier avec l'historique des fêtes, par les R.R. P.P. Bénédictins de Paris, Paris, 1935-1959, 13 vol.

Villages désertés et histoire économique, XIe-XVIIIe *siècles*, Ecole pratique des hautes études, VIe Section, Centre de recherches historiques, Paris, 1965, 619 p.

VILLEPELET, J., *Sur les traces des saints en Berry*, Bourges, 1968, 153 p.

VINCENT, A., *Toponymie de la France*, Bruxelles, 1937, 418 p.

Vincent de BEAUVAIS, *Speculum Naturale*, Douai, 1624, 2480 col., 50 p., rééd. Graz, 1964.

VINGTRINIER, A., *Etudes populaires sur la Bresse et le Bugey*, Lyon, 1902, 349 p.

Vita Bonifatii auctore Willibaldo, 6, W. Levison, *Vitae sancti Bonifatii archiepiscopi Moguntini. Monumenta Germaniae Historica in usum scholarium*, Hanovre, 1905, LXXXVI - 241 p.

VOGEL, C., « Pratiques superstitieuses au début du XIe siècle d'après le *Corrector sive medicus* de Burchard, évêque de Worms (965-1025) », *in Mélanges E.R. Labande*, Poitiers, 1974, p. 751-761.

Voyage littéraire de deux religieux de la congrégation de Saint-Maur, Paris, 1717-1724, 2 vol.

WALDE, A., *Vergleichendes Wörterbuch der indogermanischen Sprachen*, Julius Pokorny, Berlin / Leipzig, 1930, 3 vol.

WARD, H.L.D., *Catalogue of Romances in the Department of manuscriptes in the British Museum*, I et II, Londres, 1883-1893, 2 vol.

WARTBURG, W. von, *Französisches etymologisches Wörterbuch, eine Darstellung des gallo-romanischen Sprachschatzes*. I. Bonn, 1829 ; II. 1. Leipzig / Berlin, 1940 ; II. 2. Bâle, 1946 ; III. Paris, 1934 ; IV - XXIII Bâle, 1952-1970.

WELTER, J.T., *L'Exemplum dans la littérature religieuse et didactique du Moyen Age*, Paris-Toulouse, 1927, rééd. Genève, 1973, 562 p.

WRIGHT, C.E., « The Rous'Roll. The English version », *The British Museum Quaterly*, XX, 4, 1956, p. 77-81, pl. XXVI-XXVII.

ZINK, M., *La Prédication en langue romane avant 1300* - Paris, 1976, 581 p.

INDEX

Les noms de personnes sont cités en caractères majuscules ; ils sont classés, pour les personnages morts avant 1500, dans l'ordre alphabétique des prénoms, transcrits dans leur forme française. Les noms de lieux sont cités en caractères minuscules, les noms de matières en italiques.

AARNE, A. : 235.
ADAM DE BRÊME : 35.
AGAPIT (saint) : 157.
AGOBARD DE LYON : 109.
ALAIN DE LILLE : 47.
ALEXANDRE IV : 52, 54.
Allevard : 138, 143, 144, 148, 149, 165-167, 217.
ALTER AESOPUS : 72 n. 21.
AMATOR (saint) : 39.
AMBROISE (saint) : 98.
Amphiclée de Phocide : 64.
ANTOINE (saint) : 133.
Appeville : 139, 158.
ARCHADE (saint) : 152.
ARCHAMBAUD II DE BOURBON : 152, 153.
ARIÈS, P. : 123-125.
ARNAUD DE VILLENEUVE : 210.
Arques : 139, 168.
Ars : 195.
AUGUSTIN (saint) : 27, 31, 33, 34, 36, 46.
AVELINE (sainte) : 156, 167.

BÄCHTOLD-STÄUBLI, H. : 235.
Bâgé : 52, 108, 146, 147, 224.

baptême : 106, 110, 116, 119, 120.
BARING-GOULD, S. : 17.
BARTHÉLEMY (saint) : 116.
BASILICE (saint) : 41.
BAUSANGE (saint) : 94.
BAUSINGER, H. : 62, 63.
Beaumont (N.-D. de) : 195.
BÉDIER, J. : 66.
Belley : 96, 173-175, 183, 184, 190.
BENVENISTE, E. : 92.
Béreins : 138, 149, 189.
BERNARD (saint) : 209.
BERNARD GUI : 23, 53.
BERNARDIN DE SIENNE (saint) : 74 n. 26.
BÉROUL : 202.
BLAISE (saint) : 156, 199.
Blangy : 139, 158, 167.
BONAVENTURE (saint) : 112.
BONINO (saint) : 74 n. 26.
Bouillant : 138, 160, 161.
Bourg-en-Bresse : 138, 191, 224, 245.
Bourges : 138, 152, 153, 155, 156, 162, 165-167, 170.

BROIEFORT (cheval) : 201.
BRUNFORT (cheval) : 201.
BRUSLÉ, C. : 156.
BURCHARD DE WORMS : 39, 47, 109.

CALLET, A. : 191.
Camps-en-Amiénois : 139, 158.
canicule : 206-213.
Canon Episcopi : 38.
canonisation : 34.
Casatisma : 135, 138.
CÉSAIRE DE HEISTERBACH : 112.
Chalamont : 146, 147, 225.
changelin : 109-118, 193, 237, 239.
Chanson de Roland : 73.
CHARLEMAGNE : 35, 39, 95.
Chassagne : 51, 224.
chasse : 76, 77, 80, 90, 207, 209, 211, 212.
CHASTELAIN, C. : 162, 163.
Châtillon-sur-Chalaronne : 52, 149, 174, 178, 183, 184, 188, 190, 191, 194-196, 211, 218, 220, 224, 229, 245.
CHRÉTIEN DE TROYES : 201.
CHRISTINE DE PISAN : 210.
CHRISTOPHE (saint) : 134, 204-209, 212.
Clerdan : 178, 188.
Cluny, clunisien : 108, 138, 143-151, 156, 157, 165-167, 170, 171, 213.
Côme : 132, 133, 155.
Commandements (Les Dix) : 44.
CONSORCE (sainte) : 150, 151.
CORBLET, J. : 164.
Crêches : 138, 149.
Crépy-en-Valois : 138, 160, 161.
CUCUFAT (saint) : 162, 163, 165, 207.

Dammartin-en-Goële : 138, 162, 169.
Daubeuf-Serville : 139, 159.
DELAIGUE, J. : 188-191, 241.
DENIS (saint) : 163.
désert, désertion : 14, 16, 25, 75, 95, 98, 103, 127, 128, 219, 220, 224, 225, 236.
DEVIE (évêque) : 173.
DIGNEFORT (saint) : 138, 157, 158, 162, 167.
Dolopathos : 65, 66, 68, 76, 80, 83, 212.
DOMINIQUE (saint) : 208.
DOMINIQUE DE SORA (saint) : 209-210.

dragon : 38, 78, 88, 90, 151.
DUBY, G. : 126, 223.
DUFOURNET (curé) : 174, 175, 179, 184, 186, 189, 190, 241.

Écosse : 110, 119, 155, 157, 160.
ÉDOUARD, V. : 19 n. 7, 164, 192, 195, 200, 226.
EIGIL : 39.
EIKE DE REPKOW : 111.
enfant, enfance : 104, 105, 123-127, 137, 142, 147, 152, 158-160, 169, 175, 188, 189, 193, 195, 223.
ÉTIENNE (saint) : 113-117, 157.
ÉTIENNE DE THOIRE ET VILLARS : 51.
ÉTIENNE II DE VILLARS : 50, 51.

FANCHETTE GADIN : 194-198, 239.
faune : 14, 16, 17, 32, 35-38, 103, 106, 112, 118, 127, 191, 227.
Fauville : 139, 159.
FAVILLA (sainte) : 132, 167.
fée : 36, 101, 109, 112.
FLANDRIN, J.-L. : 124.
Florence de Rome : 201.
folet : 37.
FORT (saint) : 155-156, 167.
FORTUNAT : 38.
fourmilière : 15, 101, 102.

GABRIEL (saint) : 150, 151.
Galles (Pays de) : 73.
GANELON (saint) : 73.
GAUTHIER CORNUT (archevêque) : 156.
GELERT (lévrier) : 72.
Gênes : 133.
GEOFFROY DE MONMOUTH : 30.
GÉRARD DE CAMBRAI (évêque) : 38.
GERMAIN D'AUXERRE (saint) : 39.
GERVAIS DE TILBURY : 30, 37, 125.
GERVAISE : 88.
Gesta Romanorum : 8, 77, 116.
Gigny : 108, 109, 145-148.
GILBERT D'ANGLETERRE : 210.
GIRAUDE DE LAVAUR : 93.
Golleville : 138, 158.
Gonfreville-L'Orcher : 139, 159.
GRAUS, F. : 17.
GRÉGOIRE LE GRAND : 11, 104.
GRÉGOIRE VII : 142.
GRÉGOIRE IX : 24.
Gruchet-la-Valasse : 139, 159.
GUILLAUME D'AUVERGNE : 30, 35, 37, 111.
GUILLAUME PERRAUD : 27.
GUILLAUME DE TUDÈLE : 93.

GUINALOT (lévrier) : 202.
GUINEBOLDE (saint) : 131, 132, 135, 150, 155, 167.
Guinefolle : 165.
Guinefort (rivière) : 138, 163.
GUINEFORT (saint) : 165, *passim*.
GUINEHOCHET (démon) : 200.
GUY (saint) : 149, 178, 182, 189, 207, 208.

HERBERT : 68. Voir : *Dolopathos*.
HILDEGARDE DE BINGEN : 89, 209.
HOFFMANN-KRAYER, E. : 235.
homme sauvage : 90, 91.
HUBERT (saint) : 207.
HUGO NIGRI : 41, 55.
HUGUES DE SAINT-VICTOR : 88.
HUMBERT DE ROMANS : 27, 43, 45, 49.
HUMBERT DE THOIRE ET VILLARS : 51, 220, 224.

IBN AL-MUQAFFA' : 64. Voir : *Livre de Kalila et Dimna*.
incube : 37, 38, 112, 116.
Indiculus superstitionum et paganiarum : 41.
infanticide : 16, 31, 57, 58, 120, 148, 239.
Irlande : 131, 155.
Irmensul : 35, 39.
ISIDORE DE SÉVILLE : 29, 37, 88, 104, 210.

JACQUES (saint) : 150, 151.
JACQUES DE FOUILLOUX : 201.
JACQUES FOURNIER (évêque) : 55.
JACQUES DE VITRY : 46, 111, 200.
JACQUES DE VORAGINE : 204.
JANILA (sainte) : 150. Voir : FA-VILLA.
JANSSEN, W. : 219.
JEAN-BAPTISTE (saint) : 150.
JEAN DE CAPOUE : 64, 72.
JEAN GOBI : 68.
JEAN DE HAUTE-SEILLE : 65. Voir : *Dolopathos*.
JEAN DE SALISBURY : 30.
JEANTON, G. : 192.
JÉRÔME (saint) : 37.
JOHN ROUS : 73.
JONES, E. : 150.
JULIAN ou JULIEN (saint) : 41, 157.
JUST (saint) : 152.

La Bouvaque : 138, 157, 167.
La Chapelle-d'Anguillon : 138, 154.

La Chapelle-du-Châtelard : 178, 183, 218, 220, 224, 229, 252.
La Ferté-sous-Jouarre : 138, 160, 162.
Lamballe : 138, 163, 168.
lamie, strix : 111.
La Neuville-sous-Corbie : 139, 158.
Latran IV (*concile*) : 47.
LAURENT (saint) : 116.
LEBEUF, J. (abbé) : 154, 155, 162, 163.
LECOY DE LA MARCHE, A. : 10, 185.
LÉGER (saint) : 144.
LE GOFF, J. : 124.
Le Puy : 138, 150-152, 166, 170, 207.
LE ROY LADURIE, E. : 124.
Les Planhes : 41, 45, 55.
lévrier : 87, 201-202, *passim*.
Levroux : 138, 154.
Lignon (rivière) : 138, 152, 168, 169.
Livre de Kalila et Dimna : 64.
LLEWELIN : 72.
LOUIS DE MELUN (archevêque) : 156.
loup : 14, 32, 36, 45, 64, 103, 107, 120, 127, 191, 208, 210.
LUCINE (sainte) : 132.
LUCRÈCE : 29.
lucus : 15, 35, 191.
LUGLE (saint) : 157.
LUGLIEN (saint) : 157.
LUTHER, M. : 115.
Lyon : 10-15, 23-25, 27, 75, 102, 109, 146, 147, 183, 190, 191, 220, 229.

Mâcon : 23, 25, 104, 138, 146, 223.
MAIOCCHI, R. : 164.
Malicorne : 138, 156.
MARCEL (saint) : 38, 88.
MARGUERITE DE BEAUJEU : 224.
Marlieux : 138, 149, 169, 190, 245.
Marteau des Sorcières : 54, 114 n. 27.
MARTHE (sainte) : 88.
MARTIANUS CAPELLA : 36.
MARTIN (saint) : 39-41.
MARTIN V. : 134.
MARTINO DI BARTOLOMEO : 113 116, 117.
MAURICE DE SULLY (évêque) : 44, 56.
MÉLUSINE : 227.

merger ou *murger* : 94.
Meaux : 159, 162.
MERCURE (saint) : 206.
MERLIN : 112.
Méry-ès-Bois : 138, 154.
Mesnie Hellequin : 33, 56 n. 36.
MICHEL (saint) : 90, 150, 151.
Milan : 132-135, 138, 142, 144, 155.
MILLEFORT (saint) : 138, 157-162, 165-167, 189.
Miribel : 224.
MOIRAGHI, A. : 137.
Mont-Aimé : 24, 54.
Mont-Berthoud : 146, 147.
Montpinçon : 139, 159.
Montdidier : 139, 156.
Montaillou : 104, 125.

Neuville-les-Dames : 13, 15, 51, 75, 102, 108, 146, 147, 195, 218.
NICOLAS DE JAWOR ou JAUER : 111, 112.
NICOLAU EYMERICH : 49.
Nosate : 135, 138, 142.
NOTKER : 111.
nourrice : 15, 16, 69, 91, 97, 116, 126, 148, 158, 186, 212.
Novare : 131.

ODON DE GISSEY : 150.
Ogier de Danemark : 201.
OLIVIER MAILLARD : 44.
Ophitée : 64.
ordalie : 118, 119.
ours : 75, 87.

Pañcatantra : 63, 64, 66, 72.
PARIS, G. : 17, 67, 68.
PAUL (saint) : 46.
PAULI, J. : 69, 76, 81, 98.
PAULINUS (saint) : 74 n. 26.
PAUSANIAS : 64, 66, 72.
Pavie : 74 n. 26, 132-134, 136-138, 142-145, 149, 152, 155, 160, 165-171, 203, 204, 207, 212, 213.
PERRET DU CHATELARD, J.-F. : 175, 178.
peste : 105, 134, 207.
PHILIPPE DE THAÜN : 89.
PIERRE DE MARICOURT : 30.
PIERRE LE MANGEUR : 88.
PIERRE SOYBERT (évêque) : 41.
PIERRE LE VÉNÉRABLE : 145.
Piscop : 138, 154, 155, 162, 166, 167, 169.
PLINE : 210.
POISSON, J.-M. : 222.
PONCE-PILATE : 92.

Poncin : 224.
porte : 75, 92, 110.
PROPP, V. : 94, 95 n. 49.
puits : 16, 92-94, 127.
PUSILLANA (sainte) : 131, 167.

QUENTIN (saint) : 157.
QUITERIE (sainte) : 208.
Quod super nonnullis : 52.

RABAN MAUR : 88.
RABBI JOËL : 64.
rage : 206, 208, 210, 212.
RAPHAËL (saint) : 150, 151.
RAVERAT (baron) : 190, 192, 200, 241.
RAYMOND DE BÉZIERS : 72 n. 21.
RAYMOND LULLE : 105.
revolle : 211.
Rimite *(silva de)* : 14, 16, 103, 183, 218, 225.
ROBERT LE BOUGRE : 24, 55.
ROCH (saint) : 133, 134, 200, 207, 209. *Fleurs de-* : 194.
ROCHETTE (Comte de la) : 178, 189.
RODOLPHE (saint) : 152.
ROGER BACON : 30.
Roman des Sept Sages : 65-68, 75-77, 91.
Romans : 52, 178, 183, 218, 220, 224, 229, 252.
Rome : 75, 97, 132.
Rouen : 139, 159.
Roz-sur-Couesnon : 138, 168.

Saint-Aubin-Rivière : 139, 158.
Saint-Broladre : 138, 163, 168, 169.
Saint-Georges-sur-Renom : 178, 183, 218, 225.
Saint-Papoul : 41, 45, 55.
Saint-Pardoux-Corbier : 138, 152, 168, 169.
Saint-Satur : 138, 153, 155.
SAINTYVES, P. : 17, 206, 207.
Sancerre : 138, 153.
Sancoins : 138, 154.
Sandrans : 52, 138, 178, 180, 183, 188, 189, 199, 204, 212, 218, 220, 221, 226, 229, 233, 245, 252.
Saussay-en-Caux : 139, 159.
SÉBASTIEN (saint) : 132-134.
SÉBILLOT, P. : 235.
sel : 106, 119.
Sens : 138, 155, 156, 162, 165, 167.

serpent : 88-90, 208-210, 227, *passim.*
SIMÉON-SETH : 64, 65.
SOTERIUS (saint) : 74 n. 26.
SPENCER, W.R. : 72.
succube : 37, 112.
SULPICE-SÉVÈRE : 39, 41.
SULPICE-SÉVÈRE (saint) : 152, 153.
Summa de officio inquisitionis : 53.
sureau : 101, 102.
SYLVAIN (saint), *feu- :* 154.
SYMPHORIEN (saint) : 153.

TACITE : 35.
Tarasque : 88.
TAURIN (saint) : 108, 109, 145-148.
THOMAS D'AQUIN (saint) : 27, 28, 30, 32, 34, 112.
THOMAS DE CHOBHAM : 47.
THOMPSON, S. : 235.
Tigery : 138, 162, 163, 169.
TIREFORT (chien) : 201.
TOUBERT, P. : 218, 219.
Tortezais : 138, 154.
Tournus : 94, 138, 148, 149, 169, 208.

ULRICH (saint) : 208.
ULRICH DE VARAX : 52.
URSIN (saint) : 152, 153.

Valence : 24. *Concile de :* 52.
VALÉRIEN (saint) : 94.
Valigny-le-Monial : 138, 154.
VAN GENNEP, A. : 235.
VANSINA, J. : 222.
VAYSSIÈRE, A. : 185-189, 191-193, 199.
Verneuil-sur-Igneraie : 138, 154.
Vierge (La sainte-) : 133.
Villars-en-Dombes : 15, 50, 51, 75, 224, 225, 231, 238.
Villefranche-sur-Saône : 25.
VINCENT DE BEAUVAIS : 87-89, 210, 212.
VINGTRINIER, A. : 191, 192.
Vittefleur : 139, 159.

WILGEFORTE ou LIVRADE ou KÜMMERNIS ou UNCUMBER (sainte) : 138, 157-168, 207.
WINEBAUD (saint) : 203.
WINIFRID ou BONIFACE (saint) : 203.
WINIFRIDE (sainte) : 203.

TABLE DES TABLEAUX, ILLUSTRATIONS, CARTES ET PLANS

I. TABLEAUX.

1. Succession des sires de Villars 51
2. La logique du récit 85
3. Transformations au cours du récit 128
4. « Les » saints Guinefort 167
5. « La Fanchette Gadin » : arbre généalogique 197

II. ILLUSTRATIONS.

1. Le chevalier tue son chien avec une massue, Jean Pauli, *Schimpf und Ernst,* Strasbourg, B. Greininger, 1535 (photo B.N.) 69
2. Le lévrier et le berceau, emblèmes du Pays de Galles, *Rous'Roll* (1483-1484), Londres, British Museum (photo du musée) 70
3. Martino di Bartolomeo, Sienne, 1389-1434, *Vie de saint Etienne,* Francfort, Städel Museum (photo U. Edelmann) 113
4. Saint Guinefort de Pavie.
    a. Le reliquaire (photo Silvana Vecchio) 135
    b. Détail de la tête (photo de l'auteur) 136
    c. Une image pieuse recueillie par l'auteur (en 1976) 137
5. Statue de saint Guinefort (ou Millefort, évêque ?) : provient de l'église de Bouillant, Oise. En dépôt au musée de Crépy-en-Valois (photo Pierrette Scart) 161
6. Le « bois de Saint-Guinefort » à Sandrans, Ain (photos de J.-M. Poisson et de l'auteur) .... 180 à 182
7. Saint Christophe cynocéphale, martyrologe du XIIᵉ siècle (Hist. fol. 415, fol. 50ʳᵉ), Stuttgart, Landesbibliothek (photo Institut Marburg) 205

III. CARTES ET PLANS.

1. Le culte de saint Guinefort (Laboratoire de graphique de l'E.H.E.S.S.) 138
2. « *Circumvectio* » des reliques de saint Taurin par les moines de Gigny, 1158 (Laboratoire de graphique de l'E.H.Æ.S.S.) .. 146
3. Situation du « bois de Saint-Guinefort », commune de Sandrans, Ain (Laboratoire de graphique de l'E.H.E.S.S.) 174

Plan topographique du « bois de Saint-Guinefort », coupes et relevé des plans cadastraux, par J.-M. Poisson ...... 246 à 251

TABLE DES MATIÈRES

INTRODUCTION 9

PREMIÈRE PARTIE

L'INQUISITEUR

I. ÉTIENNE DE BOURBON 23

II. DES « SUPERSTITIONS » 27

III. PRÉDICATION, CONFESSION, INQUISITION 43

DEUXIÈME PARTIE

LA LÉGENDE ET LE RITE

I. LA LÉGENDE 61

  Le corpus des récits 63

  Analyse formelle 74

  Analyse de contenu 86

  L'originalité de la version paysanne 97

II. LE RITE 102

III. L'UNITÉ DU RÉCIT 123

TROISIÈME PARTIE

SAINT GUINEFORT

I. LES AUTRES LIEUX DE CULTE 131

II. L'ENQUÊTE ETHNOGRAPHIQUE EN
DOMBES 173

III. CHIEN ET SAINT 199

QUATRIÈME PARTIE

TEMPS DU RÉCIT. TEMPS DE L'HISTOIRE

CONCLUSION 233

ANNEXE 243

Le plan topographique du bois de Saint-Guinefort
et son commentaire, par Jean-Michel Poisson 245

Liste des abréviations 249

Ouvrages cités 251

Index 269

Table des tableaux, illustrations, cartes et plans .. 275

IMPRIMERIE DE L'INDRE
N° d'imprimeur : 5599 - N° d'éditeur : 10255
Dépôt légal 2ᵉ trimestre 1979
Printed in France